Dieses Buch ist der *Royal Society for the Prevention of Cruelty to Animals* (RSCPA; Königliche Gesellschaft zum Schutz vor Tierquälerei) und der assoziierten *Freedom Food*, dem landesweiten Nutztierversicherungs- und Lebensmittelkennzeichnungsprogramm gewidmet. Die Organisationen fördern die artgerechte Haltung von Tieren von ihrer Geburt bis zum Schlachtvorgang. Freedom Food fokusiert sich ausschließlich auf das Wohlergehen von solchen Tieren, die zum Verzehr bestimmt sind, daher sind alle Teilnehmer an diesem Programm den strengen Richtlinie der RSCPA unterworfen.

Wir beide sind fest davon überzeugt, dass die Tätigkeit der RSPCA sowohl für das Wohlergehen der Tiere als auch für die Zukunft unseres Landes wegweisend ist. Britische Farmer produzieren eine der besten Fleischqualitäten auf gutem Boden und aus einheimischen Rassen – das verbessert die Bedingungen sowohl für die Tiere als auch für den Konsumenten, wobei das Tier immer an erster Stelle stehen muss.

„Als Farmer und Metzger sehe ich mich zu guter Tierhaltung verpflichtet, so kann ich meinen Kunden die beste Qualität und ein gutes Gewissen garantieren."

Tim Wilson

„Als Food-Autorin ist es meine große Leidenschaft, die Herkunft unserer Lebensmittel zu erkunden. Wenn es um Fleisch geht, heißt das, das Tier muss artgerecht gehalten werden, natürliches Futter bekommen, rücksichtsvoll geschlachtet werden und von einem seriösen Metzger abgehangen und verkauft werden, damit ich meine Arbeit in der Küche wirklich genießen kann."

Fran Warde

„Deutlich ist, dass The Ginger Pig Herz und Verstand für gute Tierhaltung besitzt und ganz hervorragend darin ist, die Herkunft von Lebensmitteln transparent zu machen. Ich freue mich daher sehr, es mit dem RSCPA Good Business Award 2010 zu würdigen und wünsche ihm viel Erfolg für die Zukunft."

David Bowles, Direktor der Kommunikationsabteilung, RSPCA

Ginger Pig

NATÜRLICH FLEISCH

TIM WILSON & FRAN WARDE
Fotografien von Kristin Perers

DUMONT

INHALT

THE GINGER PIG	6
FLEISCH	
SCHWEIN	15
RIND	35
LAMM	57
GEFLÜGEL	73
WILD	91
REZEPTE	
September	99
Oktober	119
November	137
Dezember	155
Januar	171
Februar	189
März	209
April	227
Mai	245
Juni	263
Juli	283
August	303
BEIGABEN & MEHR	219
BRATTEMPERATUREN	327
KÜCHENTIPPS	328
DIE GINGER-PIG-BESETZUNG	331
REGISTER	332
DANKSAGUNG	336

THE GINGER PIG

Tim mit Brisket, einem Grand Basset Griffon Vendéen.

Dieses Buch soll als Leitfaden für wissenshungrige Menschen dienen, die Fleisch zubereiten wollen und dabei Wert auf Qualität legen. Ein Schlüsselbegriff, der aus gutem Grund in Bezug auf Lebensmittelqualität in der letzten Zeit immer häufiger in den Mund genommen wird, ist der Begriff „Herkunft". Sie sagt viel über die Quelle, den Geburtsort, den Stammbaum und den Ursprung aus und gibt damit grundlegende Informationen über jedes Stück Fleisch, das wir kaufen.

Wir möchten Ihnen zeigen, wie sich Fleisch im Lauf der Jahreszeiten verändert und was man am besten zu welchem Zeitpunkt zubereitet. Sie erfahren, wie Fleisch zerlegt wird und wofür sich die einzelnen Stücke am besten eignen. Und wir hoffen, dass Sie nach der Lektüre ein Fachgespräch mit Ihrem Metzger führen können und Ihnen das Einkaufen von Fleisch Spaß macht.

Eines der Dinge, die mir am meisten Freude bereiten, ist zu erklären, wie die britische Landwirtschaft funktioniert, wo das Fleisch herkommt und wie man Viehzucht betreibt. Kleine Bauernhöfe sind vom Aussterben begriffen – sie müssen unterstützt werden, weil sie die Grundlage ländlicher Gebiete bilden. Gute Farmer sorgen gut für ihr Vieh, das das Kapitel ihres Betriebs darstellt, und liefern dem Metzger ausgezeichnetes Fleisch.

Landwirtschaft hat unsere Landschaft gestaltet: Cottages, Felder, Hecken, Wiesen und Vögel. Wenn wir all diese Schönheit bewahren wollen, müssen wir die Produkte aus dieser Landwirtschaft kaufen.

Mein Geschäft, The Ginger Pig, hat mich in die Lage versetzt, eine Farm im Hochland mit Nutztieren zu unterhalten, Arbeitsplätze für erfahrene Züchter und Metzger zu schaffen und gleichzeitig die Zahl britischer Landrassen zu erhöhen. Ich fände schön, wenn sich dieses Modell, dass die Tiere vom selben Besitzer aufgezogen und verkauft werden, durchsetzen würde, weil dieser dann für das Wohlbefinden seiner Tiere stärker in die Pflicht genommen wird.

In diesem Buch zeigen Fran und ich Ihnen, wie viel Arbeit und Erfahrung nötig sind, um Fleisch hoher Qualität zu produzieren. Außerdem beschreiben wir die Vorzüge der einzelnen Rassen, wie sie aufgezogen und gefüttert und wie ihr Fleisch zubereitet werden sollte. Ich möchte nur noch eine Anmerkung beisteuern, um alle zu ermutigen, die nachhaltige Landwirtschaft betreiben möchten: Zu Beginn des Ginger Pig brauchte ich einen Bankkredit. Ich ging zu einer Bank im Ort, wo man mir sagte, meine Geschäftsidee sei bescheuert und würde nie funktionieren. Also warf ich mich in Schale und fuhr zu einer großen Bank nach London, der meine Idee gefiel. Sie gewährte mir den Kredit, und heute habe ich mehr als vierzig Angestellte.

FLEISCH

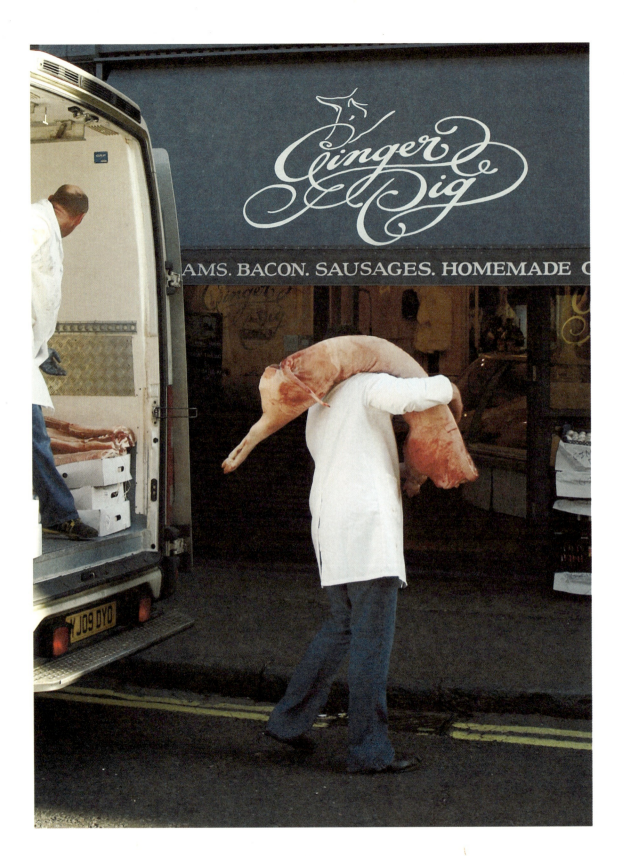

FLEISCH

Die Erzeugung von hochwertigem Fleisch beginnt, lange bevor es zum Metzger kommt: beim Farmer. Zu dem Zweck ist es wichtig, die richtigen Rassen zu züchten, denn jede passt in bestimmte Regionen am besten und benötigt andere Methoden der Aufzucht. Daneben hat jede Rasse ihre eigenen Vorzüge bei der Verwendung in der Küche.

Im Ginger Pig haben wir viele seltene Rassen, die auf den britischen Inseln heimisch sind. Wir lassen sie auf natürliche Weise aufwachsen, was uns ermöglicht, dem Koch und dem Restaurantgast eine höhere Fleischqualität anzubieten. Bevor Sie ein in Styropor und Plastik verpacktes Stück Fleisch in Ihren Einkaufswagen werfen, sollten Sie sich fragen: Macht es mir Spaß, das zu essen, oder füllt es nur den Magen?

Die richtige Wahl

Wenn Sie Fleisch kaufen, überlegen Sie genau, was Sie damit machen wollen. Es gibt drei verschiedene Körperregionen beim Tier, und die beste Zubereitungsmethode dafür ist jeweils abhängig davon, wie die Muskelpartien belastet wurden.

1. Die am schwersten arbeitenden Muskeln tragen Kopf und Vorderpartie des Tiers: Hals, Schulter, Vorderbeine. Sie müssen lange, langsam und mit Flüssigkeit gegart werden.

2. Die weniger arbeitenden Muskeln liegen in der Mitte des Tiers: Rippen, Lende und Filet. Sie können schnell zubereitet und „rare" serviert werden.

3. Die Muskeln mit mittlerer Belastung finden sich am Hinterteil des Tiers: Schwanzstück, Lende und Hinterbein. Sie können gegrillt, gebraten oder geschmort werden.

Auf den Seiten 26–29, 48–49 und 68–69 wird im Detail gezeigt, wie die einzelnen Stücke von Schwein, Rind und Schaf zubereitet werden.

Im Supermarkt wird verpacktes Fleisch oft ohne Knochen angeboten, weil sie die Verpackung beschädigen könnten und so nicht mehr verkäuflich wären. Aber ein guter Metzger wird Ihnen raten, Fleisch mit Knochen zu kaufen, besonders für die schonende Zubereitung, weil der Knochen mehr Geschmack verleiht.

Fleisch muss „atmen", weshalb es kühl gelagert werden sollte. Wenn Sie es beim Metzger kaufen, sollte es in Pergamentpapier eingepackt werden. Zu Hause legen Sie es ausgepackt auf einen Teller in den Kühlschrank.

Eine frühmorgendliche Belieferung des Ladens in der Moxon Street von unserer Farm in Yorkshire.

Reden Sie mit Ihrem Metzger

Ziehen Sie Ihren Metzger ins Vertrauen, besprechen Sie mit ihm, was Sie kochen wollen, und hören Sie auf seinen Rat. Falls Sie mit dem Ergebnis nicht zufrieden sind, reden Sie beim nächsten Mal mit ihm darüber, was Sie falsch gemacht haben könnten. Gute Metzger freuen sich über Kunden, die dazulernen möchten.

Fragen Sie ihn nach dem besten Preis-Leistungs-Verhältnis, weil die teuersten Stücke nicht immer die besten sind. Beim Einkauf müssen Sie außer Ihrem Budget und der Jahreszeit auch bedenken, was Sie selbst kochen können. Ich erinnere mich an einen Kunden, dem eine glänzende, perfekt marmorierte Oberschale ins Auge stach. Er wollte ein großes Stück haben. Als ich fragte, wie er es zubereiten wolle, lautete die Antwort: „Braten". Ich riet ihm davon ab und schlug ihm ein Stück Kalbshüfte vor, das sich viel besser zum Braten eignet. Eine Woche später kam er wieder und bat um einen weiteren Vorschlag.

Gute Messer

Es kommt nicht darauf an, die teuersten oder angesagtesten Messer zu besitzen, entscheidend ist, wie man damit umgeht. Man sollte sie regelmäßig an einem feuchten Schleifstein oder einem Wetzstahl schärfen. Der Winkel, in dem man mit der Klinge über den Stahl fährt, sollte 25 Grad betragen. Man muss nur sanften Druck ausüben, Messer in gutem Zustand brauchen auf jeder Seite nur vier oder fünf Mal abgezogen werden, bis die Klinge wieder scharf ist. Messer gehören weder in die Spülmaschine noch in eine Schublade, wo sie stumpf oder sogar schartig werden. Man bewahrt sie am besten an einer Magnetleiste, in einem Messerblock oder einer Messertasche auf. Versuchen Sie, Ihre Messer nicht mit anderen zu teilen, sie sollten nur Ihrer eigenen Hand angepasst sein. Das ist in einer Familie schwierig, aber vielleicht können Sie Ihr Lieblingsmesser beiseite legen, damit Sie alleiniger Nutzer dieses gut nutzbaren Werkzeugs sind.

Ein guter Metzger geht schonend mit seinem Werkzeug um, ob er nun Messer schleift oder ein Tier zerlegt, und Sie sollten es ihm gleichtun. Keine Klinge sollte mit purer Kraft durch ein Stück Fleisch gedrückt werden. Es geht darum, einen langen, sauberen, gleitenden Schnitt durch das Fleisch zu machen, der eine glatte, glänzende Oberfläche hinterlässt.

Metzger haben eine gepflegte, kompakte Messersammlung: eine Dreißig-Zentimeter-Klinge, um Steaks zu schneiden, eine 15-Zentimeter-Klinge zum Ausbeinen, eine Dreißig-Zentimeter-Säge, eine Bridiernadel, einen Wetzstahl und einen Schleifstein zum Schärfen der Messer. (Eine Säge kann nicht geschärft werden; man muss das Blatt ersetzen.) Mehr braucht man nicht.

Wenn Sie Knochen herausschneiden, tasten Sie sich mit der Spitze des Messers heran und schneiden behutsam um die Knochen herum, sodass Sie am Ende ein Stück Fleisch in seiner natürlichen Form haben.

Ein gerolltes Stück Rinderbrust beim Metzger.

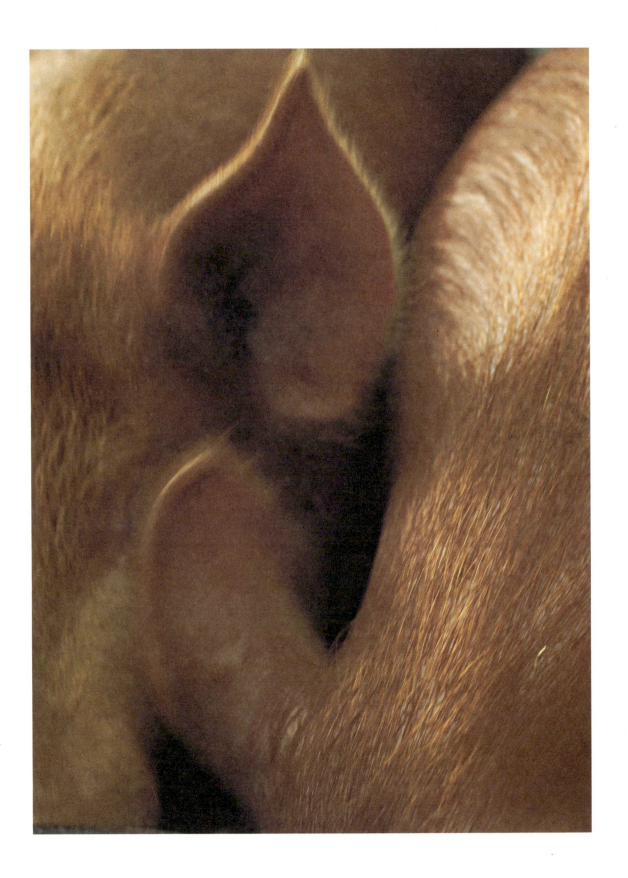

SCHWEIN

Vor fünfzehn Jahren begannen wir mit der Ginger-Pig-Farm mit drei Tamworth-Jungsauen — Milli, Molly und Mandy — und einem Eber namens Dai Bando (den Namen verdankte er dem Roman *So grün war mein Tal*). Jede Sau warf acht Ferkel, sodass wir in vier Monaten 24 Ferkel hatten.

Schweine vermehren sich — und Ferkel wachsen — mit einer solchen Geschwindigkeit, dass ihre natürliche Aufzucht für uns zu einer Herausforderung wurde. Weitere Eber wurden gekauft, um einen guten, starken Stamm zu erzeugen. Die Vermehrung machte solche Fortschritte, dass mir die Pferche ausgingen und Chrysantheme unter dem Küchentisch ferkelte — wieder acht kleine Quieker!

Heute haben wir tausend Schweine, eine Mischung von Zucht- und Mastschweinen aus sechs Schweinerassen: Tamworth, Gloucester Old Spot, Berkshire, Saddleback, Lops und Welsh. Vor kurzem habe ich noch mit der Zucht von Oxford- bzw. Plum-Pudding-Schweinen begonnen. Schon die Viktorianer wussten sie als traditionelle Kleinbauernschweine zu schätzen. Aus der Kreuzung einer Berkshire-Sau und einem Tamworth-Eber resultiert ein robustes, gutmütiges, freundliches Schwein, dessen orangefarbenes Fell schwarze Flecken aufweist (daher der Name Plum Pudding).

Über Schweinerassen

Reinrassige Schweine alter Rassen haben einige typische Probleme. Reinrassige Gloucester Old Spot beispielsweise können unglaublich fett werden. Das war früher kein Problem, als das meiste Schweinefleisch von Farmarbeitern verzehrt wurde, die viele Stunden draußen in der Kälte verbrachten und viele Kalorien brauchten. Aber zu der vorwiegend sitzenden Lebensweise unserer Zeit passen solche Kalorienbomben nicht mehr. Und die Tamworth-Schweine haben Schwierigkeiten mit der Wurfgröße — sie kann deutlich variieren —, was die Zucht für den Farmer erschwert. Wegen solcher Probleme kreuzen wir in Großbritannien unsere seltenen Rassen, um kräftige, gesunde Schweine zu erzeugen, die ausgezeichnet schmecken, selbst wenn das manchmal mehr mit Gewinn- als mit Qualitätsdenken zu tun hat.

Rassen für die Massenproduktion

Das Fleisch aus industrieller Schweinehaltung hat sich im Lauf der Jahre verändert, zumeist wegen der Anforderungen durch die Supermärkte. Diese Großunternehmen und deren Kunden wollen kein fettreiches Fleisch. Außerdem sind

Die liebevollen Ohren von Tamworth-Schweinen.

Linke Seite oben: Tamworth-Ferkel, die Rasse mit rötlich-brauner (engl.: ginger) Haut, von der The Ginger Pig seinen Namen hat.

Linke Seite unten: Unsere Schweinezüchterin Sarah füttert eine stolze Berkshire-Mama und ihre schönen, eine Woche alten Plum-Pudding-Ferkel.

Schweine mit kleinen Wurfgrößen nicht profitabel für die Massentierhaltung. Deshalb wurde mit einer selektiven Züchtung begonnen, bei der magere Schweine wie die schnell wachsende Holländische Landrasse mit dem englischen Large White gekreuzt werden, die einen großen Wurf produziert. Das bedeutet, dass man viele, schnell wachsende Ferkel bekommt, die einen raschen Gewinn abwerfen, besonders wenn sie in engen Ställen gehalten werden. Die Schweinehalter erwarten eine durchschnittliche Wurfgröße von zwölf Ferkeln und einen Zeitraum von zwanzig Wochen bis zur Schlachtreife. Diese Art der Schweinehaltung hatte den Rückgang alter britischer Schweinerassen zur Folge.

Seltene Rassen

Ein paar passionierte Farmer setzen weiterhin auf die traditionellen Rassen, weil der wunderbare Geschmack Ihres Fleisches und die liebenswerten Charakterzüge der Tiere das Farmerleben weitaus angenehmer macht. Obwohl diese alten Schweinerassen allmählich beliebter werden, ist ihr Genpool viel kleiner als vor hundert Jahren, was ihre Zucht zu einer Herausforderung werden lässt. Durch das Kreuzen der Rassen tritt der „Heterosis-Effekt" in Kraft, wodurch die Zahl und die Leistungsfähigkeit der Mischlingsferkel gesteigert wird. Durch die Wahl des richtigen Ebers — vielleicht eines mageren Lop zum Decken einer fetteren Gloucester Old Spot —, können wir ein fettärmeres Fleisch erhalten.

Jede Rasse hat ihre besondere Eigenschaft, die für das Fleisch am Ende wichtig ist. Manche ergeben mit ihrem langen Rücken ausgezeichneten Speck, andere sind besser für Braten, wieder andere machen gute Schinken, manche fantastische Würste und Pasteten. Wir sind an dieser Vielfalt interessiert, um unser Angebot in den Läden zu verbessern.

Für einige Schweine haben wir uns entschieden, um seltene britische Rassen für die Zukunft zu erhalten. Die Herkunft mancher Rassen reicht Hunderte von Jahren zurück. Sie haben sich ihren Platz sowohl auf dem Hof wie auf dem Speisezettel verdient.

Der Geschmacksunterschied

Unsere Schweine bekommen alle das gleiche, unveredelte Futter — zum größten Teil auf dem Hof angebautes Getreide und Grünzeug sowie zusätzlich Soja und Erbsen für die Eiweißversorgung und Melasse als Leckerbissen —, und alle Nutztiere sind nur so gut wie das Futter, das sie fressen. Alle meine Schweine nehmen im Rahmen ihrer natürlichen Wachstumsrate zu, während sie freien Auslauf haben, an Fett zulegen, um sich warm zu halten, und saftiges, süßes und aromatisches Fleisch erzeugen.

Das moderne Hybridschwein dagegen wurde gezüchtet, um proteinreiches, Muskelmasse aufbauendes Futter in unnatürlich rascher Zeit in mageres Fleisch zu verwandeln. Das verlangen die Supermärkte, aber es bringt wenig Spaß in die Küche. Das Fleisch ist häufig trocken und fast faserig, wenn es zubereitet ist.

Saisonabhängigkeit von Schweinefleisch

Für Schweinefleisch ist ein hoher Fettanteil wichtig, weil das für Würste, Speck, Schinken und Schweinebraten ausschlaggebend ist. Beim Braten schmilzt das Fett und sorgt für Süße und Saftigkeit. Im Lauf des Jahres variiert der Fettanteil bei einem Schwein, weshalb sich auch das Fleisch verändert. Im Sommer haben Schweine weniger Fett, während sie sich im Winter eine Extraschicht zulegen, damit ihnen nicht kalt wird. Winter-Schweinefleisch ist auch dem Koch lieber.

Die Rolle von Schweinefett bei der Zubereitung

Schweinefleisch wird am besten am Knochen mit dem Fett gebraten, weil es das Aroma intensiviert und das fertige Gericht damit bereichert. Wie wichtig Schweinefett ist, sollte man nicht unterschätzen. Es verleiht dem Fleisch einen süßeren, runderen Geschmack und schützt im Backofen vor dem Austrocknen.

Also schneiden Sie das Fett nie vor dem Braten ab. Es kann dann entfernt werden, wenn es auf Ihrem Teller liegt und seine Arbeit verrichtet hat. Wenn der Braten langsam gegart wird, dringt das Fett durch das Fleisch und verschwindet im Bratensaft, von dem es abgeschöpft werden kann: Sie haben ein zartes, saftiges Stück Schweinefleisch und eine fettarme Sauce. Das unterscheidet sich erheblich von der mageren, schnell wachsenden Variante, die es oft zu einem verdächtig günstigen Preis gibt.

Beim Fleisch gibt es kein Schnäppchen. Billiges Fleisch ist immer mit einer Beeinträchtigung sowohl der Lebensqualität des Tiers als auch des Geschmacks verbunden.

Rechts oben: Johnny füttert eine Lop-Sau.
Rechts unten: Eine Saddleback-Sau und ein Saugferkel.

Folgende Doppelseite
Oben: Eine Saddleback-Sau säugt ihre Ferkel.
Unten: Eine Jungsau der Rasse Gloucester Old Spot.

Stationen eines Schweinelebens

Saugferkel	Ferkel vom Zeitpunkt der Geburt bis zum Absetzen
Absatzferkel	abgesetztes Ferkel bis zum Alter von zehn Wochen
Spanferkel	drei bis sechs Wochen altes Ferkel mit zwölf bis zwanzig Kilo Gewicht
Läufer	Mastschwein mit einem Gewicht von 25 bis fünfzig Kilo
Borg	kastrierter Eber
Eber	zeugungsfähiges, geschlechtsreifes, männliches Schwein
Jungsau	weibliches Schwein nach dem Decken, vor dem ersten Wurf
Sau	weibliches Schwein nach dem ersten Wurf
Mastschwein	zur Schlachtung bestimmtes Schwein ab einem Alter von zehn Wochen

Eigenschaften von Schweinerassen

Die Ohren eines Schweins verraten eine Menge über seinen Charakter. Tamworths, Saddlebacks und Berkshires haben alle hoch stehende Ohren, die ihnen ein freies Sichtfeld gestatten, sie lebhaft und neugierig machen. Für sie braucht man stabile Zäune! Gloucester Old Spots und Lops haben Ohren, die ihnen über die Augen fallen und ihr Sichtfeld beschränken. Das macht sie ruhig, entspannt und ein bisschen faul. Die Rassen haben außerdem unterschiedliche Staturen und verschiedene Fettanteile, was die Verwendung ihres Fleisches bestimmt.

Tamworth: Diese Schweine mit ihrem rötlichen Fell sind mitteilsam und fröhlich – deshalb nennt Tim sie „Grinsebacken". Sie haben einen langen Körper, der gut für Speck geeignet ist, aber am Hinterteil abfällt, wodurch ihre Schinken kleiner sind. Wenn man sie mit einem Gloucester Old Spot kreuzt, erhält man Schweine, die guten Speck und Schinken liefern. Fleischeigenschaften: große, lange Tiere, gut für Speck.

Gloucester Old Spot: Das klassische Kleinbauern-Schwein hat ein weißes Fell mit schwarzen Flecken; man ließ es ursprünglich auf Obstwiesen weiden (Fallobst). Es wird sehr groß, lang und schwer: Ein ausgewachsenes Zuchtschwein wiegt bis zu dreihundert Kilo. Dadurch liefert es ebenso guten Speck wie Schinken. Das Old Spot ist ein toller Fleischlieferant, kann aber etwas gewöhnlich aussehen. Fleischeigenschaften: prima Fleisch, Speck und Vorderschinken.

Berkshire: Das schwarze Schwein mit weißen Flecken an Beinen, Gesicht und Ohren ist kleiner und kürzer. Wenn es mit 65 bis siebzig Kilo geschlachtet wird, ist das Fleisch gut; größere Berkshires entwickeln zu viel Fett. Wenn man sie mit Tamworths kreuzt, bekommen sie die eindrucksvollsten Ferkel überhaupt, mit rötlichem Fell und vielen schwarzen Flecken. Diese Kreuzung wurde von den Viktorianern Plum Pudding genannt und wegen ihres überragenden Geschmacks sehr geschätzt. Fleischeigenschaften: kleine, dicke Hinterbacken, sehr gut für traditionelle Braten.

Saddleback: Diese Rasse hat ein schwarzes Fell mit einem auffälligen breiten, weißen Streifen in der Mitte und gute Mutter- und Zuchteigenschaften. Sie stammt aus East Anglia und erzeugt gutes, saftiges Fleisch, das recht fetthaltig sein kann. Wenn man es mit einem Tamworth kreuzt, erhält man ein Schwein mit rötlichem Fell und weißem Sattel, das länger und etwas magerer ist. Fleischeigenschaften: Speck und Fleisch von guter Qualität.

Lop: Diese Rasse mit ihrem schlichten, weißen Fell ist inzwischen das seltenste aller englischen Schweine, denn durch seine unscheinbare Farbe war es lange Zeit für Züchter alter Rassen uninteressant. Es hat eine fantastische Form mit breitem Hinterteil für gute Schinken, Länge für Speck und stämmige Beine, um sein Gewicht zu tragen. Es ist gutmütig und hat gute Muttereigenschaften. Fleischeigenschaften: toller Speck und guter Schinken.

Welsh: Diese Schweine mit weißem Fell, kräftigem Körperbau und guten Mutterinstinkten sind sehr gut zur Zucht geeignet und werden oft mit Gloucester Old Spot und Tamworth gekreuzt. Fleischeigenschaften: gut für Würste, Speck und Pasteten.

Large White/Yorkshire: Mit ihrem weißem Fell und den aufrecht stehenden Ohren haben diese Schweine eine gute Größe und Länge für Speck, ergeben aber mit ihrem kleinen, mageren Hinterteil keine guten Schinken. Gut zur Zucht geeignet und die größte Rasse in Großbritannien. Fleischeigenschaften: guter Speck und kräftiges Fleisch.

Plum Pudding/Oxford: Diese Schweine haben ein orangefarbenes Fell mit schwarzen Flecken und sind mittelgroß, haben aber eine gute Länge für Speck. Sie haben ein freundliches Temperament und hervorragende Muttereigenschaften. Fleischqualitäten: Fleisch und Speck von guter Qualität.

Schweine schlachten nach Art des Ginger Pig

Wir haben auf unserer Farm das Glück, nur dreißig Minuten vom Schlachthof entfernt zu sein. Der Züchter Kevin kümmert sich täglich um alle Schweine und kennt sie persönlich. Er lädt sie ruhig in einen kleinen Anhänger, mit dem sie knapp zwanzig Kilometer transportiert werden. Sie werden geschlachtet, gesäubert und am selben Tag zur Farm zurückgebracht. Das Fleisch wird in Kühlräume gehängt und kann am nächsten Tag zerlegt werden. Schweinefleisch muss nicht abgehangen sein. Man kann es innerhalb von 24 Stunden nach der Schlachtung essen, aber es hält sich problemlos sieben bis zehn Tage.

Im Schlachthof werden die Schweine nach dem Schlachten zum Reinigen und Entfernen der Borsten in heißes Wasser getaucht, bevor durch Abschaben der Haut alle Borsten entfernt werden. Dann werden sie an den Hinterläufen aufgehängt, der Kopf wird entfernt und zu Presskopf verarbeitet, das Blut für Blutwurst aufgefangen, die Därme werden gereinigt und als Wurstpellen verwendet, und das Geschlinge (Herz, Leber und Lunge) wird zusammen ausgenommen. Das Schweinenetz aus dem Bauchfell dient als Umhüllung zum Beispiel für Hackbraten, und die Schweinsfüße lassen sich zu Gelatine auskochen.

Unsere Schweine werden im Durchschnittsalter von sieben Monaten bei einem Gewicht von rund hundert Kilo geschlachtet, was ein Schlachtgewicht von 65 bis 72 Kilo ergibt. Einige Rassen wie Tamworths, Lops und Welsh werden erst mit zehn Monaten geschlachtet, weil sie größer sind und mehr Zeit zum Wachsen brauchen.

Kommerzielle Schlachtung

In der Vergangenheit war das Schwein die Hauptstütze des bäuerlichen Lebens. Im Frühjahr holten sich Kleinbauern ein Ferkel, gaben ihm alle anfallenden Speisereste aus dem Haushalt zu fressen und schlachteten es am Ende des Herbstes oder zu Beginn des Winters. Das Fleisch wurde eingekocht, geräuchert oder gepökelt und diente in den kälteren Monaten als Nahrungsmittel. Das Bedürfnis nach Wärme konnte dann mit einem reichhaltigen, fetten Essen befriedigt werden, weil sich die Heizung in einem Cottage oft auf ein Holzfeuer und höchstens noch auf einen Herd beschränkte.

Heute bedeutet das unnatürlich schnelle Wachstum und die proteinreiche Ernährung des kommerziellen Schweins eine große Strapaze für das Herz der Tiere, und wenn sie nicht innerhalb von zwanzig Wochen geschlachtet werden, ist die Wahrscheinlichkeit eines Herzinfarkts groß. Ihre forcierte, schnelle Existenz führt zu einem unglücklichen Leben für die Schweine und zu schlechterem Fleisch, aber zu schnellem Geld für den Farmer. Nichts davon animiert die Köche oder trägt zu einem leckeren, genussreichen Essen bei.

Kommerziell produzierte Schweine erreichen das Schlachtgewicht von 65 bis 72 Kilo in nur 16 bis 17 Wochen; unsere haben ein glücklicheres Leben von sieben bis zehn Monaten gehabt.

Zerlegen

Das Schwein ist das vielseitigste aller Tiere, die wir essen, und fast der gesamte Körper kann in der Küche verwendet werden.

Wenn es bereit zum Zerlegen ist, wird es zunächst am Rückgrat entlang in zwei Hälften geteilt. Dann gibt es mehrere Arten, wie man die einzelnen Fleischteile abtrennt. Bei uns ist es üblich, das Bauchfett herauszuholen und zu Schmalz auszulassen. Das am Rückgrat entlang laufende Filet wird herausgeschnitten, und die Hinterläufe für die Herstellung von Schinken abgetrennt. Dann werden die Schultern zwischen der fünften und sechsten Rippe herausgeschnitten. Sie werden für Würste, Vorderschinken und — mit oder ohne Knochen — als Braten verwendet. Rückgrat und Rippen werden entfernt, sodass man eine Schweinehälfte erhält, die man als Speckseite räuchern kann.

Schweinefleisch auswählen

Was man vermeiden sollte

Fleisch von Schweinen aus Massentierhaltung ist weiß und feucht, was oft vermuten lässt, dass man ihm Wasser injiziert oder es nach dem Schlachten in Wasser gelegt hat, um das Gewicht und damit den Profit zu erhöhen. Das Wasser verdampft bei der Zubereitung — und Sie sind dazu verleitet worden, Wasser zu kaufen und ein fades Stück Schweinefleisch zu servieren.

Rote Stellen, besonders in der Lendengegend, sind ein Zeichen dafür, dass das Tier Stress erlitten hat, normalerweise beim Schlachten. Unter Stress produzieren alle Tiere Adrenalin, das Geschmack und Beschaffenheit ihres Fleischs nachteilig beeinflusst. Dieses Fleisch hat außerdem einen Schimmer, der an einen Ölfilm auf einer Pfütze erinnert.

Wonach man Ausschau halten sollte

Gutes Schweinefleisch ist leicht zu erkennen: Es fühlt sich fest an und ist rosarot, ohne Anzeichen von überschüssiger Flüssigkeit. Zwischen Haut und Fleisch befindet sich eine gute Schicht weißes Fett, die dem Fleisch beim Braten Saftigkeit verleiht und zudem die Temperatur direkt an der Haut erhöht und für eine goldene Kruste sorgt. Die Haut sollte eine gleichmäßige Farbe haben, sich glatt, weich und trocken anfühlen, ohne ledrig zu wirken.

Welches Stück man kaufen sollte

Eine englische Redensart besagt: „Man kann alles vom Schwein essen, bis auf sein Quieken."

Stücke aus dem Vorderteil

Wie bei allen Tieren ist das Fleisch von der Vorderseite des Schweins am schmackhaftesten. Das liegt daran, dass das Schwein siebzig Prozent seines Gewichts auf den Vorderbeinen trägt und die meisten Körperbewegungen mit Kopf, Hals und Beinen dort stattfinden. Diese dauernde Belastung baut Muskelmasse auf und sorgt für eine durchgehende Fettmarmorierung. Das Fleisch aus diesem Bereich — mit dem Bindegewebe um die komplexe Muskelstruktur herum — muss lange und langsam gegart werden, damit die Muskeln zart werden, während das Fett Geschmack abgibt und sich im Fleisch auflöst, um es saftiger zu machen. Kurz gesagt, das Vorderteil eines Schweins hat gutes, süß schmeckendes Fleisch, das immer relativ preiswert verkauft wird.

Stücke aus der Mitte

Schweine haben außergewöhnlich lange Rücken und manchmal eine zusätzliche Rippe, die als freie Rippe bezeichnet wird. Die Mitte des Schweins bietet im oberen Teil des Körpers ausgezeichnetes Fleisch und natürlich den wunderbaren Bauch, der mit seiner knusprigen Schwarte gebraten oder geräuchert als durchwachsener Speck sehr beliebt ist.

Stücke aus dem Hinterteil

Das hintere Ende des Schweins hat weniger Fett im Fleisch. Dieser Teil wird verwendet, um den klassischen Schinken zu machen. Man kann das Hinterbein auch braten, muss aber darauf achten, dass das Fleisch wegen der fehlenden Fettmarmorierung nicht austrocknet.

Rückenspeck verschiedener Rassen: Berkshire, Tamworth, Gloucester Old Spot und ein Hybrid-Schwein.

Teilstücke vom Schwein

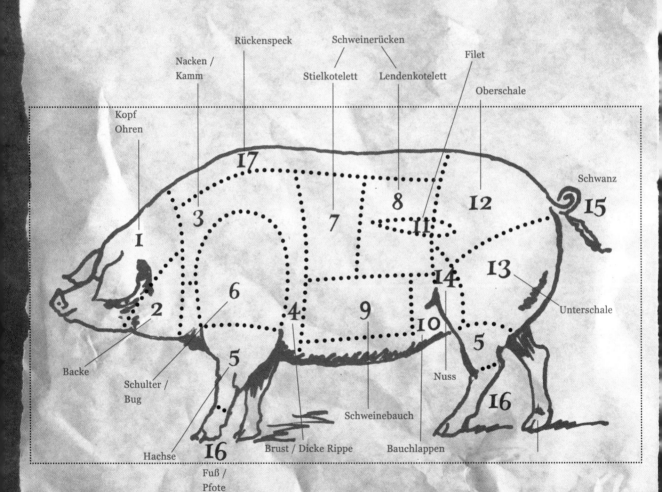

Vorderteil

1: Kopf
Der Kopf wird herkömmlich zur Herstellung von Presskopf verwendet. Hirn und Zunge können separat zubereitet werden.

1: Ohren
In Frankreich oft gegessen, hier (noch) nicht so beliebt. Solange köcheln, bis sie weich sind, in Butter und Paniermehl wenden und kross braten.

2: Backe
Dieses leckere, süße Stück Fleisch kommt, wie der Name sagt, aus der Schweinebacke und ist gut für eine Suppeneinlage.

3: Nacken / Kamm
Ein Stück mit vielen Muskeln. Gut für Würste, Pasteten und Schmorgerichte, aber auch zum Kurzbraten.

4: Brust / Dicke Rippe
Unterhalb des Nackens und der Schulter gelegen. Mit hohem Fettanteil gut zum Kochen, Backen oder Schmoren geeignet. Vor dem Braten am besten Marinieren, damit die groben Fasern mürber werden. Oft auch geräuchert angeboten.

5: Hachse
Gut durchwachsenes Fleisch mit dicker Fettschicht, zart und aromatisch. Langsam braten oder mit Gemüse schmoren; wird oft gehackt oder gewürfelt in Pasteten und Würsten verwendet und für die gleichnamigen Zubereitungen im Ganzen. Zum Garen, Kochen und Grillen gleichermaßen gut.

6: Schulter / Bug
Direkt neben dem Hals, besteht aus drei Teilen: flaches Schulterstück direkt am Schulterblatt (in Süddeutschland auch „Schäufele" genannt), gutes Fleischstück für Rollbraten. Mittelstück, nur wegen seiner Form häufig falsches Filet genannt, als ganzes Stück geschmort oder in Stücke geschnitten für Gulasch oder Ragouts. Nicht annähend so zart wie echtes Filet. Dickes Schulterstück als großer Braten oder für Gulasch und Ragouts verwendet.

Mittelteil

Schweinerücken

7: Stielkotelett
Neben der Wirbelsäule gelegen, reicht vom Nackenstück bis zum Lendenkotelett. Wird mit Rippen- und Wirbelknochen angeboten und ist gut zum Grillen oder Braten. Ohne Knochen werden daraus Schweinesteaks geschnitten.

8: Lendenkotelett
Grenzt an das Stielkotelett an und bildet mit ihm zusammen den Schweinerücken. Diese Stücke aus der Mitte der Lende sollten gegrillt oder gebraten werden. Besonders zart und wenig marmoriert, daher ein begehrtes Stück zum Braten, Schmoren oder Grillen.

9: Schweinebauch
Unterhalb des Stielkoteletts gelegen, kräftig mit Fett durchwachsen und von Rippen durchzogen. Wird in zwei Teile geteilt: Der obere, fleischarme Teil als Schälrippchen, aus dem vor allem Spareribs hergestellt werden. Der untere Teil, das fetteste Stück vom Schwein, als Bauchspeck bzw. durchwachsener Speck.

10: Bauchlappen
An der Unterseite des Schweins gelegen und von Fett und Bindegewebe durchzogen, muss sehr lange geschmort werden und wird kaum nachgefragt. Hauptsächlich für die Wurstherstellung.

11: Filet
Dieses Stück liegt innerhalb der Rippen parallel zur Lende. Weil der Muskel kaum beansprucht wird, ist er besonders zart, saftig und dazu fettarm. Es wird am Stück herausgenommen. Grillen oder braten, am Stück oder als Medaillons oder Geschnetzeltes.

Hinterteil

Keule
Größtes Teilstück am Schwein, wird meist ausgebeint und in seine Teile zerlegt: Oberschale, Unterschale und Nuss. Auch als Ganzes oder in Teilstücken zum Schinken weiterverarbeitet, ist aber auch das klassische Bratenstück. Bitten Sie Ihren Metzger, die Haut einzuschneiden, damit eine krosse Kruste entsteht. Ein toller Braten im Topf, geschmort oder entbeint und gerollt. Ihr Metzger kann die Keule auch in Steaks zum Grillen oder Braten aufschneiden. Sie gilt als trocken, aber eine gute Keule sollte genug Fettmarmorierung haben, damit das Fleisch saftig bleibt.

12: Oberschale
Das klassische Stück für Schnitzel, aber auch für magere Steaks oder Geschnetzeltes.

13: Unterschale
Als Schwartenbraten verwendet oder zu Steaks, Schnitzeln und Schmor- oder Bratenfleisch verarbeitet.

14: Nuss
Besonders feine Fasern, deshalb gerne zu Steaks und Schnitzeln verarbeitet, eignet sich aber auch als Schmor- und Bratenfleisch.

15: Schwanz
Eine großartige Zutat im Suppentopf, wird aber von Fans gern auch frittiert gegessen.

16: Fuß / Pfote
Aus dem Schweinsfuß lässt sich gute Gelatine herstellen, weshalb er auch zur Zubereitung von Sülzen verwendet wird. Der ganze Fuß kann paniert und kross gebraten werden. Es gibt Sterneköche, die ihn sorgfältig ausbeinen, füllen und langsam schmoren, bis die Sehnen mit dem Fleisch zu einem köstlichen geleeartigen Gericht verschmelzen.

Innereien

Leber
Kräftiger Geschmack, wird in Pasteten und Terrinen verwendet.

Nieren
Als Leckerbissen an einem Lendenkotelett, in einer Steak and Kidney Pie oder separat gegrillt oder gebraten.

Sonstiges

17: Rückenspeck
(siehe Seite 28)

Bauchfett
(siehe Schweinebauch) Dieses Fett aus dem Inneren des Schweins wird ausgelassen, um daraus Schmalz zu machen.

Speck- und Schinkenstücke

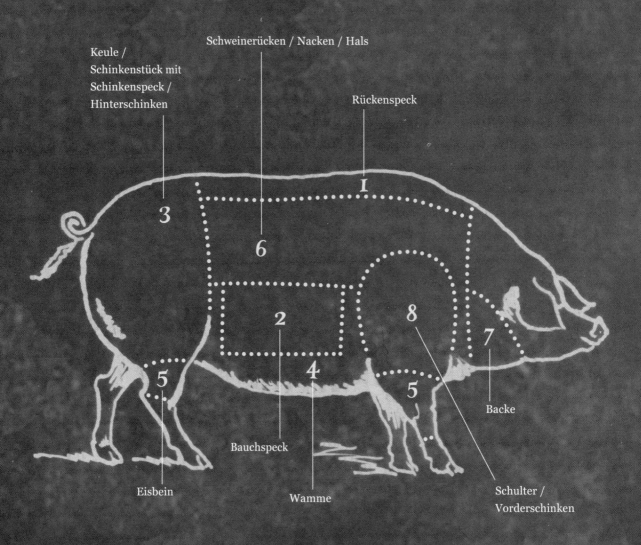

Alle traditionellen Schweinerassen, Tamworth, Lop und Welsh, sind für Schinkenspeck gut geeignet. Man kann sie relativ schwer werden lassen und mit zwölf Monaten schlachten, wenn sie 180 Kilo wiegen, was ein Schlachtgewicht von rund 120 Kilo ergibt. Als Speckschweine sind sie größer als solche für die Fleischverwertung und haben naturgemäß eine größere Menge Speck mit einem guten Verhältnis zwischen fettem und magerem Fleisch, was für die Verwendung in der Küche wichtig ist.

Wir halten Schweine meist nicht länger als zehn Monate, weil sie Fett ansetzen, sobald ihre Muskeln ausgewachsen sind. Aber es gibt immer eine Ausnahme. So halten wir einige „übergroße" Schweine, um altmodische Speckseiten mit einem schmalen Streifen magerem Fleisch und kolossalen acht bis zehn Zentimetern Rückenfett zu machen. Wir haben einen Kunden in Yorkshire, der gern drei Pfund „anständig fetten Speck" kauft. Er ist deutlich über neunzig und isst mit Vergnügen natürliches Fett, wie er es schon immer getan hat!

Heute zerlegen wir den Tierkörper zum Pökeln und Räuchern in große Stücke, um Schultern und Keulen länger räuchern zu können als den mittleren Teil. Eine Speckseite ist dünner, und indem wir die Räucherzeit variieren, verhindern wir, dass der Speck zu salzig wird.

Anmerkung: Jeder Speck kann wie Schweinefleisch gegart werden, hat aber auch den salzigen Geschmack und eventuell das Räucheraroma des Specks.

1: Rückenspeck

Auf dem Rücken zwischen Haut und Muskeln gelegener Speck, der fast nur aus Fettgewebe besteht. Geräuchert bzw. gepökelt oder „grün" (unbehandelt) angeboten. Grün besonders zum Spicken und Bardieren geeignet, geräuchert und gepökelt eine ausgezeichnete Einlage für Eintöpfe. Auch von großer Bedeutung für die Wurstherstellung. Während das Fleisch kocht, behält das Fett seine Form und sorgt gleichzeitig dafür, dass das Fleisch saftig bleibt.

2: Bauchspeck

Bauchspeck oder durchwachsener Speck stammt aus Bauchfleisch vom Mittelteil des Schweins, ist gut durchwachsen und von Rippen durchzogen. Das geräucherte und gepökelte Stück wird ausgelöst als Frühstücksspeck angeboten. Roh wird der Speck zum Grillen oder als Suppeneinlage verwendet.

3: Keule / Schinkenstück mit Schinkenspeck / Hinterschinken

Keule des Schweins, die sich in Unter- und Oberschale und Nuss aufteilt (siehe Seite 26). Aus Unter- und Oberschale entstehen verschiedene Schinkenspezialitäten, wie z. B. der Holsteiner Katenschinken, der erst als ganze Keule gepökelt und dann geräuchert wird, oder der Schwarzwälder Schinken, der ohne Knochen ebenfalls im Ganzen gepökelt und geräuchert wird. Kochschinken wird nach dem Pökeln gebrüht, teilweise auch noch geräuchert. Nussschinken stammt aus dem Teil der Keule, das vor dem Knie liegt und ist besonders zart, am besten hauchdünn aufgeschnitten anbieten. Die Hüfte liefert mit Schwarte und Speckauflage Schinkenspeck, der meist gepökelt wird. Schinken ist, mit Knochen oder ohne, das beste Stück geräuchertes Fleisch. Kochen oder braten, dann glasieren und als Mittelpunkt eines festlichen Buffets arrangieren.

4: Wamme

Besteht fast nur aus Fett und wird zur Wurstherstellung verwendet.

5: Eisbein

Oberes Teilstück des Beins, gut durchwachsen und von einer dicken Fettschicht umgeben (Hachse). Das Vordereisbein ist knochiger und preiswerter als das Hintereisbein. Eisbein heißt die Hachse in gepökelter und gekochter Form. Preiswertes, schmackhaftes Fleisch, das – geräuchert oder nicht – lange gekocht oder geschmort werden muss. Die Brühe nicht wegschütten, sie kann mit dem Fleisch für eine Suppe verwendet werden. Schinkensülze, Hock Pot oder Pastasauce sind klassische Zubereitungsmöglichkeiten.

6: Schweinerücken / Nacken / Hals

Die Teile aus dem oberen, mageren Bereich werden weniger für Speck und Schinken verwandt. Bekannteste Zubereitung ist das Kassler aus dem Nacken, Rippenstück oder Hals. Es wird zuerst gepökelt und dann geräuchert und muss vor dem Verzehr gegart werden. Wenn es aus mageren Teilstücken wie z. B. aus dem Rücken stammt, wird es schnell trocken. Aus dem ausgelösten Fleisch des Kotelettstrangs wird Lachsschinken geräuchert.

7: Backe

Das Teilstück vom Kopf des Schweins besitzt viel Bindegewebe und Fett und wird ähnlich wie Kassler gepökelt und gegart. Gute Einlage für Eintöpfe und Suppen.

8: Schulter / Vorderschinken

Aus der Schweineschulter stammt der Vorderschinken, der wie Hinterschinken hergestellt wird. Fettreicher als Hinterschinken.

Eine Schweinelende entbeinen, füllen und rollen

1. Vor dem Zusammenrollen die ganze Schwarte mit Einschnitten versehen, dann die Rippen mit kleinen Schnitten von der Lende lösen.
2. Die Rippen anheben und von der Lende abspreizen, damit Sie an die Endstücke der Knochen herankommen.
3. Die Rippen von dem Fleisch mit einem langen Schnitt abschneiden.
4. Das Fleisch glatt ausbreiten, gegebenenfalls parieren.
5. Falls gewünscht, mit einer Füllung nach Wahl füllen.
6. Die entbeinte Lende um die Füllung herum rollen und mit Küchengarn in gleichmäßigem Abstand (ca. drei Finger breit) mit einem Knoten zusammenbinden.

Eine Schweineschulter auslösen und aufrollen

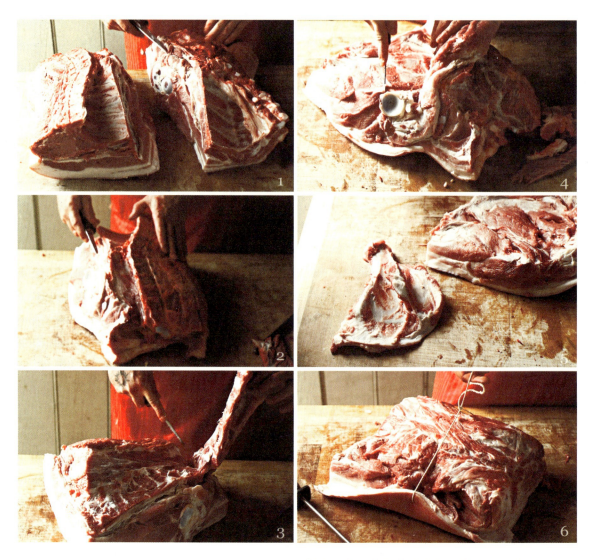

1. Mit einem Messer die Schulter der Länge nach halbieren, direkt neben den Rippen einschneiden. Sie verwenden das Stück auf der rechten Seite des Fotos; das auf der linken wird zu Schinkenspeck verarbeitet.
2. Sorgfältig um das Schultergelenk herum schneiden, um das Schulterblatt zu lösen. Mit dem Abschneiden von Rückgrat und Rippen beginnen.
3. Rückgrat und Rippen in einem Stück entfernen.
4. Das Messer in kleinen Bewegungen um das Schulterblatt herumführen.
5. Das ganze Schulterblatt entfernen.
6. Die entbeinte Schulter aufrollen, mit Küchengarn zusammennähen und mit einem Knoten zusammenbinden.

RIND

Das legendäre britische Rindfleisch

Früher haben britische Rinderzüchter mit das beste Rindfleisch der Welt erzeugt. Heutzutage sind unsere Zuchtlinien geschwächt, was zum Teil daran liegt, dass die besten Tiere vieler unserer Rassen in andere Länder exportiert wurden, vor allem nach Kanada. Dort wurden sie mit einheimischen Rindern gekreuzt, um deren Größe und Qualität zu verbessern und sie schneller vermarkten zu können. Im Gegenzug haben wir unsere Rinder mit Rassen vom Kontinent gekreuzt, um ihre Qualität zu verbessern, sodass unsere reinen Populationen stark reduziert worden sind. Aber es gibt gute Neuigkeiten: In den letzten zehn Jahren haben begeisterte Viehzüchter die wenigen Rinder mit unseren ursprünglichen Zuchtlinien aus dem Ausland zurückgeholt und sie mit einheimischen Rindern gekreuzt, um Qualität und Reinheit unserer Rassen wiederherzustellen. Ungewöhnlicher und erfreulicher Weise wurde das britische Longhorn nie exportiert, sodass ihre Zuchtlinie rein geblieben ist.

Über Rinderrassen

Longhorns

Meine ersten Longhorns waren zwei Färsen, Generous und Holly. Ich kaufte die beiden trächtigen Tiere von Spitzenzüchtern in Leicestershire. Longhorns wollte ich vor allem deshalb haben, weil sie gut aussehen und ich gerne schöne Tiere auf meinen Farmen habe. Die Färsen bekamen zwei tolle Bullenkälber, die wir nicht unbedingt brauchten, denn zur Vergrößerung meiner Herde wären Kuhkälber besser gewesen. Züchter sagen, man solle erstgeborene Bullen nicht behalten, deshalb schlachtete ich sie. Das war mein erster Fehler. Ich hätte meinem Instinkt folgen und sie behalten sollen, weil sie kräftig waren. Arthur war ein Prachtexemplar mit rotem Fell und hätte einen wunderbaren Bullen für meine Herde abgegeben. Er war das erste von uns geschlachtete Longhorn und ein großer Erfolg auf dem Esstisch, also war nicht alles verloren. Wir hatten die Rinderrasse gefunden, die wir haben wollten.

Wir nahmen noch drei weibliche Tiere hinzu, borgten uns den Bullen eines Freunds (wir konnten uns keinen eigenen leisten) und ließen meine Kühe und Färsen decken, wodurch sich die Zahl meiner Tiere von fünf auf zehn verdoppelte. Die Herde ist seitdem jedes Jahr größer geworden.

Eines von Tims preisgekrönten Longhorns.

Longhorns sind majestätische, mächtige Tiere, die nahezu eine Tonne wiegen und schöne Hörner haben, die fast bis an ihre Nase reichen und wie eine Haube wirken. Ihr Fell ist von einem weiß gesprenkelten Rotbraun. Stellen Sie sich eine braune Plane vor, auf die ein Sack Mehl geworfen wurde. Kein Tier gleicht dem anderen, aber alle haben einen weißen Streifen auf dem Rücken.

Das Fleisch ist ausgezeichnet, und die Nachfrage von Küchenchefs und erfahrenen Köchen groß. Longhorns wachsen langsam — wie alle einheimischen britischen Rinder —, aber diese allmähliche Entwicklung befähigt die Tiere, Fett anzusetzen und einen herrlichen Geschmack zu entwickeln, was beides von Genießern geschätzt wird.

Dass es Longhorns überhaupt gibt, ist Robert Blakewell zu verdanken, einem der wichtigsten Männer der Rinderzucht und der Agrarrevolution. Er war ein Gentleman-Farmer, der die Rasse 1760 begründete, als er Färsen mit langen Hörnern von einem Westmoreland-Bullen decken ließ, wodurch das Dishley Longhorn entstand. Diese Rasse war bis ins 19. Jahrhundert weit verbreitet, als das Shorthorn an Bedeutung zunahm. Leider nahm die Longhorn-Population immer weiter ab, bis sie in den 1960er-Jahren selten geworden waren. 1980 nahm sich der Rare Breeds Survival Trust ihrer an, und heute gibt es mehr als viertausend Longhorn-Rinder in Großbritannien.

Longhorns haben eine gute Milchleistung und sind ebenso gute Fleischrinder. Ihre Milch hat einen hohen Fettgehalt, aus ihr wurde der erste Stilton-Käse gemacht. Eines Tages möchte ich eine Herde mit Longhorn-Milchkühen aufbauen, was es seit dem Jahr 1973 nicht mehr gegeben hat.

Mit 360 Kühen und Kälbern haben wir vielleicht die größte Longhorn-Herde in Großbritannien, obwohl ihre Zahl je nach Jahreszeit unterschiedlich ist.

Shorthorns

2006 haben wir ein paar Shorthorn-Rinder gekauft, eine weitere einheimische Rasse und ein tolles Rind für die Fleischproduktion, um in den Läden eine größere Bandbreite anbieten zu können. Wie Longhorns sind sie pflegeleicht und erzeugen vorzügliches Fleisch, wenn man sie mindestens dreißig Monate natürlich heranwachsen lässt, bevor man sie schlachtet. Sie sind durchschnittlich groß und haben mahagonifarbenes Fell, das manchmal weiß gefleckt ist. Sie hatten früher, wie ihr Namen vermuten lässt, kurze Hörner, die aber inzwischen weggezüchtet worden sind.

Herefords

Herefords haben wir auch 2006 gekauft. Diese Rasse ist ausgiebig nach Nord- und Südamerika sowie Australien exportiert und mit anderen Rindern gekreuzt worden, um die Fleischqualität zu verbessern und das Wachstum zu beschleunigen. Heute werden Herefords oft für den Massenmarkt gezüchtet und in einem Alter von zwanzig Monaten geschlachtet. Meiner Ansicht nach müssen sie dreißig

Einige unserer Belted Galloway-Kälber.

Monate alt sein, bis ihr Fleisch ausgewachsen ist und sich die äußerst wichtige Fettschicht zugelegt hat.

Eine White Galloway namens Beauty, die das Riggit-Gen besitzt.

Belted Galloways und Riggits

Wir haben eine kleine Herde Belted Galloways und gerade damit angefangen, die Riggits mit ihrem roten Fell zu züchten, die im 18. und im frühen 19. Jahrhundert sehr beliebt waren. Rote Riggits sind selten geworden, und ich will eine neue Herde aufbauen, indem ich meine Belted Galloways mit meinem neuen roten Riggit-Bullen kreuze und ein ganz rotes Kalb zu bekommen versuche. Ich scheine Gefallen an rotem Fell zu finden. Es fing an mit meinen Tamworth-Schweinen und ging weiter mit den rötlich-braunen Longhorns, von den Plum-Pudding-Schweinen ganz zu schweigen!

Riggits sind die ursprünglichen Galloway-Rinder aus Südwest-Schottland, inzwischen aber sehr selten und vom Geschmack her praktisch unbekannt. Wir züchten sie, um eine Herde auf die Beine zu stellen, und das wird eine Weile dauern. Alle Kuhkälber behalten wir zur Zucht und schlachten nur Bullenkälber mit falscher Zeichnung (mit den weißen Flecken an der falschen Stelle), weil wir nur perfekt gezeichnete Bullen als Väter für unsere neue Herde akzeptieren. Der Weg zur richtigen Herde ist lang, weil eine Kuh pro Jahr nur einmal kalbt — und auch das nur, wenn alles gut geht.

Andere Rassen

Ich plane, Murray Greys (eine Kreuzung aus einer Shorthorn-Kuh mit einem Galloway-Bullen, die sehr robust ist) und Red Devons hinzuzufügen. Der Wunsch nach Red Devons rührt von meiner Bewunderung für Anton Coaker her, von dem ich letzten Sommer meinen roten Riggit-Bullen gekauft habe. Er züchtet Red Devons auf sechstausend Hektar im Dartmoor, das sie fröhlich durchstreifen, während sie ausgezeichnetes Fleisch produzieren. Ich würde gern dasselbe im Norden des Landes tun.

Gute und schlechte Tierhaltung

Ursprünglich gab es in puncto Aufzucht wenig Unterschiede zwischen Milchvieh und Fleischrindern, aber heute werden sie entweder für den einen oder den anderen Zweck kommerziell gehalten. Milchkälber werden oft schon nach einem Tag von ihren Müttern entfernt und mit einer angereicherten Trockenmilchmischung gefüttert, während die Mutter zur Milchherde zurückkehrt. Sobald die älteren Kühe nicht mehr genug Milch produzieren, werden sie zu Fleisch verarbeitet. Die männlichen Tiere werden zu Kalb- oder Rindfleisch oder wachsen zu Bullen heran, und die weiblichen Kälber kehren in die Milchherde zurück, sobald sie alt genug sind. Jede Kuh bekommt pro Jahr ein Kalb, womit sich dieser hässliche Kreislauf wiederholt.

Aber nicht alle Farmer folgen dieser Praxis. Unser Vieh wird natürlich aufgezogen, die Kälber werden mit wenig Unterstützung durch uns im April auf den Feldern geboren. Sie verbringen Frühling und Sommer mit ihren Müttern auf den Weiden und werden bis zum Alter von zehn Monaten gesäugt (bis das nächste Kalb geboren wird). Im Winter kommen sie notfalls in geräumige Ställe, wo ihr Futter aus Gerste, Weizen, Soja oder Erbsen, alles aus Eigenanbau, sowie Melasse besteht. Man spricht bei Herden dieser Art von Mutterkuhhaltung.

Leider kommt das meiste in Großbritannien verzehrte Rindfleisch aus Milchvieh-Rassen wie den Holstein-Friesian, die wegen ihrer hohen täglichen Milchleistung sehr begehrt sind. Damit diese Kühe die gewünschte Milchleistung erbringen, müssen sie jedes Jahr kalben.

Die Bullenkälber sind für den Milchbauern relativ nutzlos. Rinder dieser Rasse haben keine großen Muskeln und einen sehr mageren, fast knochigen Körper, weshalb ihr Fleisch nicht sehr wertvoll ist. Um dieses Problem zu umgehen, lässt man Milchkühe gern von Fleischbullen decken, weil ein männliches Kalb aus dieser Kreuzung intensiv und schnell gemästet und als „Bullenfleisch" verkauft werden kann, was heute einen hohen Prozentsatz am angebotenen Rindfleisch ausmacht. „Bullenfleisch" ist aber die schlechteste Sorte. Es stammt von einem nicht kastrierten männlichen Mastrind, das zur Maximierung des Muskelwachstums mit extrem proteinhaltiger Nahrung gefüttert wird, damit es schnell zunimmt und nach zehn bis zwölf Monaten dreihundert Kilo wiegt. Dieses von der verarbeitenden und der Gaststätten-Branche verwendete Fleisch hat sehr wenig Abfall, aber es bekommt leicht Druckstellen und hat im Vergleich mit dem „echten" Produkt einen faden Geschmack.

Diese kommerziell aufgezogenen Rinder sind manchmal „Doppellender", schwerbemuskelte Tiere, die an Bodybuilder erinnern. Das ist zwar gut für den Erzeuger, aber schlecht für den Verbraucher, weil ihr Fleisch schlaff und ohne Dichte ist. Ihre unnatürliche Fütterung und ihr früher Tod bringen dem Farmer schnellen Gewinn und den Supermärkten sehr mageres Fleisch, aber das Tier hatte kein schönes Leben, und sein Fleisch ist von schlechter Qualität.

Rinderschlachtung im Ginger Pig

Im Ginger Pig werden Rinder erst nach dreißig Monaten geschlachtet, es sei denn, sie sind krank. Die meisten Farmer halten heute dreißig Monate für das Höchstalter von Schlachtrindern, weil sie das ganze Tier ohne die bürokratischen Probleme zerlegen können, die mit der Schlachtung älterer Tiere verbunden sind.

Das liegt an der Gesetzgebung infolge der BSE-Epidemie in den 1980er-Jahren. Rinder, die älter als dreißig Monate sind, dürfen in Großbritannien zwar geschlachtet werden, müssen aber zu einem besonderen Schlachthof geschickt werden, der an diesem Tag nur ältere Tiere tötet, damit es nicht zu einer gegenseitigen Ansteckung kommen kann. Wirbelsäule und Rückenmark werden entfernt, und eine Probe von Rückenmarks- und Gehirnzellen wird zur Untersuchung zum *Department for Environment, Food and Rural Affairs* (Amt für Landwirtschaft, Landentwicklung und Lebensmittel) geschickt. Erst bei Vorliegen einer Unbedenklichkeitsbescheinigung darf das Fleisch den Schlachthof verlassen und in die Nahrungskette gelangen.

Wenn unsere Rinder im besten Alter sind, werden sie sechs Wochen zusätzlich mit selbstgemahlener Gerste und Melasse gefüttert, um Fett anzusetzen, das sowohl für die Zubereitung wie für das Abhängen wichtig ist, weil es verhindert, dass das Fleisch verdirbt. Diese Fettschicht ist ein wichtiger Faktor für die Qualität von an der Luft gereiftem Rindfleisch.

Die Schlachtung muss in einer ruhigen und besonnenen Weise durchgeführt werden, weil ein perfektes Tier sonst vergeudet ist. Wenn das Rind zum Zeitpunkt des Todes Angst hat, wird Adrenalin durch seinen Körper gejagt, Muskeln ziehen sich zusammen, das Fleisch wird zäh, nimmt einen glänzenden Schimmer und eine purpurrote Farbe an.

Stationen eines Rinderlebens

Kalb	Jungtier bis zu acht Monaten
Jungrind	Rind im Alter von acht bis zwölf Monaten
Bulle/Stier	Geschlechtsreifes männliches Hausrind
Ochse	Kastriertes männliches Rind
Färse	Geschlechtsreifes weibliches Rind vor dem ersten Kalben
Kuh	Geschlechtsreifes weibliches Rind nach der Geburt des ersten Kalbs
Mastvieh	Tier, das bereit zur Schlachtung ist

Eigenschaften von Rinderrassen

Das erste, was Sie über Rindfleisch in Erfahrung bringen sollten, sind Herkunft und Rasse. Wenn Ihr Metzger hier keine Auskunft geben kann, hält er das entweder für nicht so wichtig oder es ist ihm egal. Dabei ist es ausschlaggebend! Jede Rinderrasse hat ihre eigenen Qualitäten, wodurch ihr Fleisch für ganz bestimmte Zubereitungen besonders geeignet ist. Hier eine kleine Übersicht über die Rassen, die wir halten, und ihre Vorzüge.

Longhorn: Ein sehr hübsches Vieh, mit rotbraunem Fell, das weiße Sprenkel hat und einem weißen Streifen längs über den Rücken. Es sind große Tiere mit ausgeprägten, nach unten gedrehten Hörnern, die aus Dishley in den Midlands stammen. Sie waren die ersten Kühe, die wir uns zulegten, ihr Fleisch ist einfach fabelhaft. Fleischqualität: Lange Knochen mit großen Muskelsträngen, die wunderbare Bratenstücke ergeben. Sehr gut marmoriertes, wohlschmeckendes Fleisch.

Shorthorns: Mit ihrem rotweißen Fell wachsen diese Rinder zu einer guten Größe heran, allerdings dauert das seine Zeit. Diese Rasse stammt aus Durham. Kreuzt man Shorthorns mit Longhorns, dann erhält man Tiere mit viel hervorragendem Hüftfleisch, wohl das beste Fleischstück vom Rind. Fleischqualitäten: Gutes Aroma, gut marmoriert, riesengroße Filets.

Hereford: Diese Rinder haben ein durchgehend rotes Fell, mit weißem Gesicht, weißer Brust und weißen Söckchen. Die großen, starken Tiere werden häufig mit anderen Rassen gekreuzt. Unsere reinrassigen Herefords sind eine Rarität. Fleischqualität: Gut marmoriert, mittelgroßes Skelett mit etwas kleineren Bratenstücken und guten Steaks.

Galloways (inklusive Belted-Galloway-, Galloway- und Rigget-Rassen): Die Galloways stammen aus Schottland, sind mittelgroß, sehr robust und einfach zu halten. Beim Mästen der Tiere braucht man Geduld. Die Tiere weiden ganzjährig draußen und sind bei der Futterauswahl sehr genügsam. Sie fressen, was sie an Hecken und Wiese finden können, was dem Fleisch Aroma verleiht. Belted Galloways haben einen weißen Ring um die Körpermitte auf ihrem sonst schwarzen Fell. Deshalb nennt man sie auch gerne „Oreo-Rinder", denn sie erinnern mit dieser Zeichnung an die berühmten amerikanischen Kekse. Das Galloway-Rind kann schwarzes, weißes oder rotes Fell besitzen, manchmal auch eine Mischung aus diesen Farben. Riggets haben ein schwarzweiß oder rotweiß gesprenkeltes Fell und einen weißen Längsstreifen entlang der Wirbelsäule. Fleischqualität: Marmoriertes Fleisch, das durch langes Abhängen sehr gewinnt. Es hat einen süßen Geschmack und eine hervorragende Konsistenz. Die kleinste Rasse auf unsere Farm, aber kompakte Tiere, die festes, pralles Fleisch liefern.

Rindfleisch reifen

Rindfleisch kann nicht direkt nach der Schlachtung gegessen werden; es muss abhängen, damit es reifen, Geschmack entwickeln und mürbe werden kann.

Es gibt zwei Methoden, Fleisch reifen zu lassen: Durch Abhängen an der Luft oder in der Vakuumverpackung. Das nach der ersten Methode gereifte Fleisch ist sowohl von der Konsistenz als auch vom Geschmack her deutlich besser, weil es auf natürliche Weise älter wird.

Sobald das Tier geschlachtet ist, wird es halbiert und in einen Kühlraum gehängt, wo die Luft zirkulieren kann. Rindfleisch kann 14 bis fünfzig Tage abhängen, solches für Steaks noch länger, aber sehr lange abgehangenes Fleisch nimmt einen Geschmack an, der vielleicht nur etwas für Kenner ist. Wir lassen unser Rindfleisch normalerweise 35 bis vierzig Tage hängen. Dabei sorgt ein natürlicher Prozess dafür, dass Enzyme das Bindegewebe der Muskulatur auflockern und das Eiweiß abbauen. Das Fleisch verliert eine Menge Flüssigkeit, wodurch der Geschmack intensiver wird und das Fleisch beim Braten vor dem Austrocknen geschützt ist.

Hier ist der beste Platz, um Sie mit einem alten englischen Vers bekannt zu machen, der die Vielseitigkeit eines großzügigen Sonntagsbratens beschreibt:
Heiß am Sonntag
Kalt am Montag
Zerkleinert am Dienstag
Gehackt am Mittwoch
Als Curry am Donnerstag
Als Brühe am Freitag

Abgehangenes Fleisch ist teuer, was an der benötigten Zeit und an dem Flüssigkeits- und damit verbundenen Gewichtsverlust liegt. Außerdem muss abgehangenes Fleisch pariert werden, um damit verbundenes Bindegewebe und Häute zu entfernen. Das führt zu einem weiteren Gewichtsverlust, der aber durch den besseren Geschmack mehr als ausgeglichen wird.

Abgehangenes Fleisch

Beim Einkauf lässt sich abgehangenes Fleisch leicht erkennen. Es ist an der Oberfläche trocken und weich wie ein Kissen und behält den Abdruck eines eingedrückten Daumens ein paar Sekunden bei. Es hat eine schöne dunkelrote Farbe, und wenn man es aufschneidet, ist es innen kirschrot, leicht feucht und hat einen leichten Hautgout.

Das Fleisch sollte eine gleichmäßige Farbe haben. Rindfleisch mit einem Purpurstich lässt darauf schließen, dass das Tier bei der Schlachtung aus Angst Adrenalin produziert hat, das die Kapillargefäße zum Platzen brachte und rote Flecken im Fleisch hinterließ.

Nur Fleisch von guter Qualität kann abgehangen werden. Das liegt an der überaus wichtigen Fettmarmorierung der Muskulatur. Das Wichtigste, wonach Sie bei Rindfleisch Ausschau halten müssen, ist diese Marmorierung, die in verschiedenen Anteilen um den Muskel herum und durch ihn hindurch verläuft. Dieses Fett schmilzt beim Garen und trägt dazu bei, dass das Fleisch saftig wird und den Gaumen erfreut. Die dickere Fettschicht an der Oberfläche des Schlachtkörpers schützt das Fleisch beim Abhängen vor Kontamination.

Falls Sie sich Sorgen wegen Ihres Fettkonsums machen, lassen Sie das Fett trotzdem während der Zubereitung am Fleisch und schneiden es erst bei Tisch ab. Entfernen Sie es keinesfalls schon vor dem Braten, denn das beeinträchtigt Konsistenz und Geschmack Ihrer Mahlzeit. Und falls Sie das Fett dann doch essen, denken Sie daran, dass Sie im Gegensatz zu vielen anderen synthetischen und ungesunden Fetten in vielen industriell verarbeiteten Lebensmitteln etwas vollkommen Natürliches zu sich nehmen.

Vakuumgereiftes Rindfleisch

Vakuumverpacktes Rindfleisch ist das, was bei weitem am häufigsten gekauft und gegessen wird. Es wird innerhalb von 24 Stunden geschlachtet, zerlegt und vakuumiert. Weil das Fleisch in der Verpackung im eigenen Blut liegt, behält es alle Feuchtigkeit. Diese dehnt sich bei der Zubereitung aus, sprengt die Fasern, und der Bratensaft läuft aus, was das Fleisch trocken macht.

Das Rindfleisch liegt in seiner Verpackung in einem Kühlraum, darf aber auf der Etikettierung den Hinweis „28 Tage gereift" tragen, sodass der Konsument in dem Glauben ist, Fleisch guter Qualität zu kaufen. Da das Fleisch aber auf diese Weise keinen kräftigeren Geschmack annehmen kann, ist das nicht der Fall. Wenn Sie die Verpackung aufschneiden, gibt es immer eine Blutlache, die abgegossen werden muss, und einen eher unangenehmen Geruch. Vakuumverpacktes Fleisch ist nicht die beste Wahl für den Kunden, aber für den Erzeuger, weil es keinen Gewichtsverlust und deshalb einen größeren Gewinn gibt.

Rindfleisch auswählen

Rindfleisch bietet eine große Vielfalt, stellt aber den Koch häufig vor eine große Herausforderung. Es gibt Stücke für alle Zubereitungsmethoden und auch solche, die sich zum Konservieren eignen, entweder durch Einlegen oder durch Pökeln.

Das richtige Stück wählen

Bevor Sie Rindfleisch einkaufen, müssen Sie wissen, was Ihnen verschiedene Stücke des Tiers in der Küche bringen können. Es hat keinen Sinn, ein zähes Stück mit mehr Knorpelgewebe, das am besten zum Schmoren geeignet ist, kurz in der Pfanne zu braten (es wird dadurch zäh wie Gummi), oder ein erstklassiges, zartes Filet langsam im Bräter zu garen. Sie müssen also zunächst bedenken, wie Sie das Fleisch zubereiten wollen, weil verschiedene Stücke nach bestimmten Methoden verlangen. Die stark beanspruchten Muskeln — Bein, Hals und

Nicht gereifte (links im Bild) und gereifte (rechts im Bild) Hochrippen vom Rind. Beachten Sie die dunkle Farbe und das leicht trockene Aussehen des abgehangenen Stückes (auf der rechten Seite)

Schulter — sind schmackhaft und haben einen guten Fettgehalt. Sie müssen lange, langsam und mit Flüssigkeit gegart werden und eignen sich gut für Schmorbraten. Die weniger beanspruchten Muskeln, wie Rumpsteak und Hochrippe, sind voller Geschmack und gut zum Grillen, Schmoren und Braten geeignet. Die kaum beanspruchten Muskeln, wie Lende und Filet, sind sehr zart und müssen kaum gegart werden. Schnell von beiden Seiten gebraten oder gegrillt reicht völlig.

Stücke aus dem Vorderteil

Das Fleisch vom vorderen Teil des Rinds ist süßer und schmackhafter, weil siebzig Prozent seines Gewichts von den Vorderbeinen getragen werden und die meiste Bewegung dort stattfindet, wo Kopf, Hals und Vorderbeine sind. Diese Bewegung erhöht die Muskelmasse und führt zu einer Fettmarmorierung. Das Fleisch aus diesem Bereich muss lange und langsam gegart werden, damit die Muskeln mürbe werden, das Fett seinen Geschmack abgibt und so das Fleisch saftiger macht. Diese Stücke sind normalerweise die preiswertesten, aber wenn sie fachkundig und mit Muße zubereitet werden, verbinden sich ihr volles Aroma und ihrer feste Konsistenz zum Beispiel zu einem wunderbaren Schmorbraten.

Stücke aus dem Mittelteil

Die Mitte des Rinds im oberen Teil des Körpers bietet Fleisch hervorragender Qualität und die preiswerte Knochendünnung an der Seite, die gegrillt oder in Pasteten verwendet werden kann. Diese weniger beanspruchten Muskeln haben einen feineren, zarteren Geschmack und eine Konsistenz, die keine lange Zubereitung erfordert.

Stücke aus dem Hinterteil

Im hinteren Teil des Rinds hat das Fleisch weniger Fett. Dort entsteht, was ich für das leckerste Steak halte, das Hüftsteak, und gute Stücke zum Schmoren oder Braten. Aber weil sie wenig Fett haben, müssen sie bei der Zubereitung mit durchwachsenem Speck oder mit dünnen Scheiben Schweinefett bardiert werden.

Unsere Black Galloway Ginger Beauty (links) mit einer White Galloway, Toffee Apple. Beide sind Färsen, auf dem Weg, Kühe zu werden.

Teilstücke von Rind

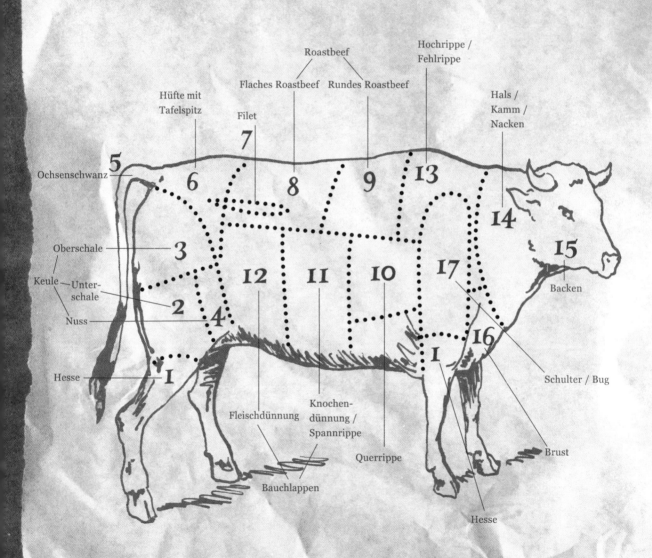

Hinterteil

1: Hesse
Unterschenkel mit langfaserigem, stark von Bindegewebe durchzogenem Fleisch, das sehr lang gekocht oder geschmort werden muss. Guter Geschmacksgeber für Brühen und Saucen und als Klärfleisch in Brühen.

Keule

2: Unterschale
Fleisch von der hinteren Oberseite der Keule mit deutlicher Fettauflage, aber wenig durchwachsen. Zum langen Braten und Schmoren, in Würfeln für Gulasch, in Scheiben als Rouladen geeignet, wird gerne für Corned Beef genommen. Gut für Pasteten, kann in dünnen Streifen auch scharf angebraten werden.

3: Oberschale
Von der Innenseite des Oberschenkels. Das kurzfasrige, magere Fleisch ist für viele Verwendungen geeignet, wie zum Braten oder Schmoren, als Gulasch oder ganzer Braten. Klassisches Fleisch für Rouladen. Aus Fleisch der Oberschale wird Beefsteak geschnitten. Gut abgehangen und bardiert kann der Braten hervorragend rosa serviert werden.

4: Nuss
Auch Kugel genanntes, besonders zartes Fleischstück, vielfältig verwendbar: Zum Schmoren oder Braten im Ganzen oder als Steak zum Kurzbraten, geschnitten für Gulasch, Fondue und Geschnetzeltes.

Bürgermeisterstück / Pastorenstück
Zartes Stück, das oberhalb der Nuss liegt. Ein Braten von 1½ Kilo zum schnellen Garen bei hoher Temperatur. Ruhen lassen und rosa servieren.

5: Ochsenschwanz
Von männlichen oder weiblichen Tieren stammend, ist stark von Bindegewebe durchzogen und deshalb nur zum langen Kochen oder Schmoren verwendbar. In sieben Zentimeter dicken Scheiben kaufen! Eignet sich vorzüglich zum Schmoren, weil es lange, langsam und mit Flüssigkeit gegart werden muss. Es ist voller Geschmack und Gelatine, die den Bratensaft sämig und kräftiger macht.

6: Hüfte mit Tafelspitz
Die Hüfte sitzt zwischen Roastbeef und Schwanzstück. Scheiben vom oberen Ende sind besonders zart. Gut abgehangen ergibt sie ein tolles Hüft- oder Rumpsteak; man kann es auch bei hoher Temperatur schnell braten und rosa servieren. Fein marmoriert und gut zum Kurzbraten. Zum Schwanzende hin sitzt der Tafelspitz, der einen vollen Geschmack hat, für manche aber zu zäh ist. Wird fast nur zum Kochen verwendet, muss auf die Minute gegart werden und ruhen.

Mittelteil

7: Filet
Beidseitig neben der Wirbelsäule unterhalb des Roastbeefs gelegen. Zart, weil der Muskel kaum beansprucht wird, mager und saftig. Sowohl geschnitten zum Kurzbraten als auch zum Braten am Stück geeignet. Wird in drei Teile unterteilt: Aus dem Filetkopf werden Filetsteaks wie Chateaubriands geschnitten, aus dem Mittelstück Tournedos, Filets mignons oder Medaillons und aus der Filetspitze Filetgeschnetzeltes, Fleisch für Fondue oder für Bœuf Stroganoff.

Roastbeef

8: Flaches Roastbeef
Auch Rostbraten, Lendenbraten oder Contrefilet genannt. Aus ihm werden T-Bone-, Sirloin- und Porterhouse-Steaks geschnitten. Sein Fettanteil beträgt drei bis vier Prozent.

9: Rundes Roastbeef
Ragt am Kopfende in die Hochrippe hinein und bildet damit das magere Kernstück (Rib-Eye) der Hochrippe. Es ist mit seinem Fettanteil von etwa zehn Prozent ein ausgezeichneter Braten oder ein Steaks zum Grillen oder Braten in der Pfanne.

10: Querrippe
Ein beliebtes Stück Rindfleisch in den USA (Short ribs), bei uns mit den Knochen auch als Leiterchen bekannt. Zum Kurzbraten weniger geeignet.

Bauchlappen

11: Knochendünnung / Spannrippe
Sehr zart, kräftiger Geschmack, gut marmoriert. Muss scharf angebraten oder lange geschmort werden — alles dazwischen gerät nicht gut. Mit oder ohne Knochen angeboten.

12: Fleischdünnung
Ein flaches Stück Fleisch mit viel Bindegewebe. Es muss entweder lange gegart (gut für Schmorgerichte) oder mariniert und scharf angebraten und in schmale Streifen mit guter Konsistenz geschnitten werden. Zusammengerollt als Suppenrolle angeboten.

Vorderteil

13: Hochrippe / Fehlrippe
Dem Roastbeef sehr ähnlich, mit feinen Fasern und fein marmoriert. Schönes Fleisch für Braten, zum Schmoren z. B. als Sauerbraten oder für Gulasch. Aus der Fehlrippe junger Tiere werden Rib-Eye-Steaks geschnitten. Wegen der Fettschicht, die das Fleisch im Backofen mit Saft versorgt, ein toller Braten. Preiswertes, schmackhaftes Stück, das am besten am Knochen oder ausgelöst und gerollt langsam im Bräter gegart wird.

14: Hals / Kamm / Nacken
Hat viele Sehnen und ist recht fett und etwas zäh. Gut zum Kochen und Schmoren, zum Grillen nur als dünne Scheiben. Preiswertes Stück für Eintöpfe, Schmorgerichte wie Bœuf bourguignon und Ragouts.

15: Backen
Ein rundes Stück Muskel, das langsam gegart werden muss. Schmeckt ähnlich wie Ochsenschwanz.

16: Brust
Unterhalb der Querrippe, leicht durchwachsen und mit langen Fasern. Wird unterteilt in Brustspitze, Brustkern und Nachbrust. Die Brustspitze eignet sich für Schmorgerichte und Pastete. Sie ist gut in Fett gehüllt, das Geschmack abgibt, und das klassische Stück für Corned Beef. Brustkern und Nachbrust bilden den dünnsten und breitesten Teil der Brust, werden ausgelöst für Rollbraten verwendet.

17: Schulter / Bug
Auch Vorderkeule genannt. Langfasriges, mageres Fleisch, aber zum Kurzbraten zu zäh. Wird unterteilt in dicker Bug, Schaufelstück und falsches Filet. Der dicke Bug ist gut zum Braten und für Geschnetzeltes. Schaufelstück eignet sich für Sauerbraten und der Mittelbug ist gut zum Kochen und Schmoren geeignet. Falsches Filet ist gut für Spick- und Schmorbraten, Ragouts, Eintöpfe, Sauerbraten und Hackfleisch.

Innereien

Leber
Sehr kräftiger Geschmack; klein schneiden und mit Gemüse schmoren.

Nieren
Eine Spezialität, im Ganzen mit Sauce zubereitet oder in einer Steak und Kidney Pie.

Herz
In Scheiben schneiden und langsam schmoren.

Ein Côte du Bœuf vorbereiten

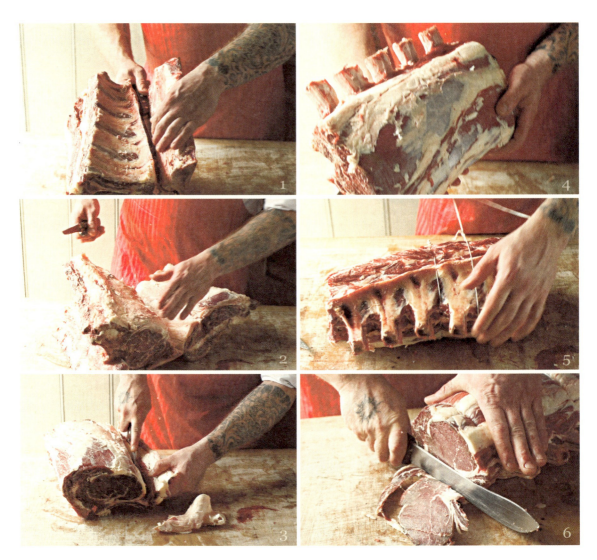

1. Bitten Sie Ihren Metzger beim Einkauf, das Rückgrat durchzusägen. Zu Hause trennen Sie das Rückgrat mit einem mittelgroßen Messer vom Fleisch ab.
2. Den äußeren Hautlappen abschneiden, sodass darunter ein schönes Stück Fleisch zum Vorschein kommt.
3. Überschüssiges Fett und fünf Zentimeter Fleisch von den Rippenenden abschneiden und von jedem Knochen sorgfältig Fleisch und Sehnen entfernen.
4. Jetzt haben Sie das klassische Côte de Bœuf, wie es sich gehört.
5. Den Braten in gleichmäßigen Abständen mit Küchengarn zusammenbinden, bis er eine gute Form hat.
6. Damit es perfekt wird, von jedem Ende eine dünne Scheibe abschneiden. Alle Abschnitte können fein gehackt geschmort werden.

Steaks: das Einmaleins nach Tim

Denken Sie immer daran, dass es zwei Arten von Steaks gibt. Sie haben entweder einen tollen Geschmack, oder sie sind zart. Selten kommen beide Eigenschaften zusammen. Lesen Sie weiter, wenn Sie wissen wollen, welches am besten zu Ihnen passt.

Schaufelstück
Das Steak für den neugierigen Feinschmecker. Es kommt vom Schulterblatt und ist nicht sehr groß, hat aber viel Geschmack und sollte blutig gebraten werden, sonst wird es zäh. Es ist gar nicht teuer.

Sirloin
Das Steak für den Städter und den Snob. Es stammt aus der Mitte des Rückens, ist angenehm groß und gut marmoriert, schmeckt aber nicht wirklich kräftig. Es wird heute öfter als früher gegessen, weil moderne Metzger es abhängen, um ihm mehr Geschmack zu verleihen. Es ist teuer, zart, saftig und wird mehr und mehr am Knochen verkauft, was auch dem Aroma gut tut.

Rib-Eye
Das Steak des jugendlichen Trend-Essers. Es stammt aus der Hochrippe, ist marmoriert und hat ein Fettauge in der Mitte, durch das es sehr lecker wird.

Filet
Das Steak für die Lady. Das Filet sitzt innerhalb der Lende. Dieser Muskel leistet keine Arbeit, ist also sehr zart und hat kaum Fett, dafür aber auch keinen überwältigenden Geschmack. Man kann dieses Steak nicht lange abhängen, aber es kann gut scharf angebraten mit einer Sauce sehr an Geschmack gewinnen.

Hüftsteak
Das Steak des Steakessers. Dieses Stück ist voller Aroma. Es kommt von der Hinterseite und muss gut abgehangen sein. Man kauft es am besten fünf Zentimeter dick, brät es scharf an und schneidet es in Streifen. Es ist mein Lieblingssteak, worauf warten Sie noch? Gehen Sie einkaufen!

T-Bone/Porterhouse
Die Samstagabend-Ausgeh-Steaks der 1970er-Jahre. Diese Stücke aus der unteren Mitte des Tiers entstammen teils der Lende, teils dem Filet. Beide garen unterschiedlich schnell, weshalb es nicht einfach ist, das perfekte T-Bone zu braten. Amerikaner lieben es, aber in Großbritannien hat es wohl seine beste Zeit hinter sich.

Onglet
Das Steak des Europareisenden – leider ist das Stück im deutschsprachigen Raum schwer zu bekommen. Ein großer, wurstförmiger Streifen aus der Mitte des Tiers neben dem Zwerchfell. Es ist kleiner als das Filet, aber ähnlich geformt, dunkelrot gefärbt, von dichter Konsistenz und kräftigem Geschmack. Es ist schmackhaft, zergeht nicht auf der Zunge, lässt sich aber sehr gut kauen, wenn es dünn geschnitten ist.

Fleischdünnung
Das Steak des sparsamen, aber klugen Kochs. Neben dem unteren Ende des Zwerchfells, direkt über Leber und Nieren. Ein flaches Stück Fleisch, gut marmoriert, zart und delikat.

Rumpsteak
Das Steak des sachkundigen, erfahrenen Käufers. Ältere Kunden kaufen es gerne. Es kommt aus der Spitze der Hüfte, wo sie auf das Sirloin stößt. Es hat eine merkwürdige dreieckige Form, den Geschmack des Hüftfleisches und die Zartheit des Sirloin.

Beefsteak
Das Steak des hungrigen, sparsamen Kochs. Dieses Stück vom Hüftdeckel ist, wenn es dünn geschnitten und schnell gebraten wird, ideal für ein Steaksandwich.

KALB

Rose Veal

In Großbritannien werden keine großen Kalbfleischmengen gegessen. Ich produziere es nicht, aber ich kaufe es für unsere Kunden aus zuverlässiger Quelle. Das Kalbfleisch, das wir in den Läden verkaufen, stammt von der Limousin-Rasse, und es kommt auch aus dem Limousin in Frankreich. Es wird „sous la mère" genannt, unter der Mutter. Die Kälber trinken nur die Milch ihrer Mutter und dürfen frei auf der Weide herumlaufen. Sie werden mit fünfeinhalb Monaten geschlachtet und haben das beste Kalbfleisch, das man essen kann. Sie haben ein natürliches Leben gehabt, in dem sie gut versorgt und glücklich waren. Das Fleisch hat eine hellrosa Färbung, eine feste Konsistenz, sehr wenig Fett und einen delikaten Geschmack.

Fleisch vom Kalb zu essen ist nichts anderes, als Lämmer oder Schweine zu essen, die ebenfalls mit etwa fünf Monaten kommerziell geschlachtet werden. Und bedenken Sie, dass die „Standard-Hähnchen" praktisch Babys sind, die nur 41 Tage gelebt haben.

In Großbritannien produzieren wir Rose Veal von Kälbern, die artgerecht aufgezogen wurden. Seinen Namen verdankt das Fleisch seiner Rosafärbung. Beim Fleischeinkauf ist es immer wichtig zu wissen, wo und wie das Tier, von dem es stammt, gehalten wurde. Wenn Ihr Metzger auf Ihre Fragen hin herumdruckst, seien Sie misstrauisch. Es ist die Pflicht eines guten Metzgers, diese Fragen beantworten zu können.

Kalbfleisch aus Massenproduktion

Dieses Fleisch ist etwas völlig anderes. Es ist nur ein „Abfallprodukt" der Milchindustrie, weil die Kuh jedes Jahr ein Kalb gebären muss, um ausreichend Milch produzieren zu können. Der Milchbauer kann aber nur die weiblichen Kälber gebrauchen. Die Bullenkälber von Milchvieh werden nicht besonders geschätzt, weil sie kein gutes Rindfleisch für den Feinschmecker produzieren. Daher werden diese jungen Kälber nach ein paar Tagen von ihren Müttern getrennt und leben noch weitere acht bis 16 Wochen, bis sie geschlachtet werden, um als „weißes Kalbfleisch" auf den Markt zu kommen. Glücklicherweise ist diese grausame Praxis in Großbritannien nicht erlaubt. Weißes Kalbfleisch stammt von einem Kalb, das nicht auf die Weide hinaus durfte, das nie das Tageslicht gesehen hat und das mit Milch ernährt wurde, die nicht von seiner Mutter stammt.

LAMM

Traditionelle Schafhaltung

Ich hatte nie vor, Schafzüchter zu werden, aber als ich vor zehn Jahren die Grange Farm kaufte, gehörte eine Schafherde dazu, die auf der Moorheide weidete. Diese Herde ist mit der Landschaft vertraut, Mutterschafe und Lämmer leben seit vielen Generationen ohne Zäune auf demselben Stück Moorheide, bleiben als Herde zusammen und weiden immer dort. Das ganze Heideland kann als Mosaik verschiedener Schafherden dieser Art angesehen werden.

Ein Mutterschaf aus einer solchen Herde besitzt ein Wissen, das es an seine Lämmer weitergibt, indem es ihnen zeigt, wo junges, eiweißreiches Baumwollgras zu finden ist, wo Bäche oder sumpfige Stellen seicht genug zum Durchqueren sind und wo man bei schlechtem Wetter am besten Schutz sucht. Die meisten unserer Mutterschafe werden zum Ablammen auf die Farm und anschließend mit ihren Lämmern zurück in die Moorheide gebracht, wo diese schnell lernen, sich zurechtzufinden.

Vor mehreren hundert, vielleicht sogar tausend Jahren hütete ein geduldiger, zäher Schafhirte seine Schafe auf dieser Moorheide, schützte sie vor Raubtieren und verhinderte, dass sich einzelne Tiere verirrten. Sein Vermächtnis lebt in den heutigen Moorherden fort. Ich konnte diese Tradition nicht abreißen lassen und behielt deshalb die Schafe, die zu der Farm gehörten. Heute haben wir eine Herde von 1500 Schafen, die nach dem Ablammen Ende April auf viertausend Tiere anwächst. Jedes Jahr behalten wir zwanzig Prozent unserer Lämmer, die unseren Zuchtbestand für das nächste Jahr erhöhen.

Im Moment ist Lammfleisch in Großbritannien knapp, weil es beim derzeitigen Devisenkurs für Metzger auf dem Kontinent billiger ist, unser Fleisch zu importieren, als es direkt im eigenen Land zu kaufen. An dem sich daraus ergebenden hohen Preis haben die britischen Farmer gut verdient, sodass der Bestand an britischen Schafen dramatisch abgenommen hat. Das ist lange Sicht nicht gut für die Produktion.

Lamm hat geschmacklich eine enorme Bandbreite, abhängig davon, wo die Tiere gelebt und was sie gefressen haben. Unsere Blackface-Schafe leben auf der Moorheide und fressen vor allem Heidekraut und kleines Buschwerk, was ihnen gefällt und zugleich äußerst leckeres Lammfleisch mit einem ganz besonderen Geschmack produziert. Die anderen Rassen leben auf den Weiden in der Umgebung der Farmen.

Ein Dorset-Mutterschaf kümmert sich um sein neugeborenes Lamm. Dorsets sind die erste Rasse, die im Winter lammt.

Auch regional lassen sich Unterschiede in Geschmack und Konsistenz von Lammfleisch erkennen, und es lohnt sich, alle zu probieren. Es gibt Lämmer von den Salzmarschen im Osten von Kent, Lämmer, die sich vom Klee auf den Wiesen des West Country ernähren, und solche, die wild wachsende Kräuter und Besenheide von den Hügeln des Lake District fressen. Ihr Fleisch hat unterschiedliche Geschmacksnuancen und Konsistenzen.

Kommerzielle Schafzucht

Großbritannien ist berühmt für sein Lammfleisch, und eigentlich erzeugen wir genug für den Eigenbedarf. Trotzdem importieren wir Lammfleisch aus Neuseeland und Australien, um die Nachfrage in den letzten Winter- und den ersten Frühlingsmonaten zu befriedigen. Dieses Fleisch, das normalerweise von Dorset-Schafen stammt, weil sie die einzigen sind, die sich zu jeder Jahreszeit fortpflanzen können, bekommt man zum größten Teil in Supermärkten. In Neuseeland lassen viele Schafzüchter ihre Tiere in zwei Jahren dreimal decken und zwingen sie damit, sich bis an die Grenze ihrer Möglichkeiten zu vermehren, was nicht ihrer Natur entspricht. Um die Kosten zu senken, werden diese Schafe außerdem in riesigen Herden gehalten. Das Fleisch wird normalerweise innerhalb weniger Stunden nach der Schlachtung vakuumverpackt und kann in dieser Form bis zu einem Jahr gelagert werden, wenn es unter sterilen Bedingungen verpackt wurde.

Lämmer und Saisonabhängigkeit

Unsere Ablammsaison beginnt Anfang Dezember mit den Dorset-Mutterschafen, die von Dorset-, Charollais- oder Suffolk-Hammeln gedeckt wurden. Diese Lämmer werden Mitte April mit etwa 18 Wochen abgesetzt, gerade rechtzeitig für den Ostermarkt. Sie sollten beim Schlachten vierzig Kilo wiegen, womit sie schwerer sind als kommerziell gezüchtete Lämmer. Tiere mit Untergewicht werden bei mir nur aus gesundheitlichen Gründen geschlachtet.

Im März werden die Muleschafe abgelammt, die von Texel- und Charollais-Hammeln gedeckt wurden, und die Lämmer werden Anfang Juli für den Sommermarkt abgesetzt.

Im April bekommen schließlich die Blackface-Muttertiere von der Moorheide, die von Blackface- oder Bluefaced-Leicester-Hammeln gedeckt wurden, zusammen mit den letzten Muleschafen ihre Lämmer. Diese Lämmer werden Ende August abgesetzt und versorgen uns im Herbst und während der ersten Winterwochen mit Lammfleisch.

Muleschafe ohne Hörner, die auf den Feldern neben der Farm leben, und Blackface-Schafe mit Hörnern — sie sind die stärkste Rasse und leben auf dem Moor.

Schlachten

Die ersten Lämmer werden mit 16 bis 18 Wochen geschlachtet, was die Regel ist, obwohl ich garantiere, dass unsere vor der Schlachtung mindestens vierzig Kilo wiegen. Wir schlachten jede Woche um die 35 Tiere. Unsere Lämmer werden gewogen, sorgfältig ausgewählt und auf eine Weide neben der Farm gebracht. Am nächsten Tag werden sie zwanzig Kilometer zum Schlachthof gefahren, dort mit wenig Stress getötet, gesäubert und anschließend am selben Tag zur Farm zurückgebracht, wo sie ein paar Tage im Kühlraum hängen, bevor sie zu den Londoner Läden gefahren werden.

Ein im Dezember geborenes und für den Ostermarkt geschlachtetes Milchlamm ist vier bis fünf Monate alt. Es hat den zarten Geschmack und die helle Farbe, die auf dem gedeckten Ostertisch perfekt sind. Aber eigentlich wäre es viel besser, diesen Youngster einige Monate weiterwachsen zu lassen, damit er an Geschmack, Konsistenz und Größe noch etwas zulegen kann. Alles Fleisch, das bei uns als Lammfleisch verkauft wird, stammt von Tieren, die zwischen vier und zehn Monaten alt waren.

Lamm, Hammel und Schaf

Jedes Lamm, das seinen zweiten Frühling erlebt, wird bei uns Hogget genannt, und ab einem Alter von zwei Jahren ist es ein Hammel. Im deutschsprachigen Raum ist das anders, denn es wird im Verkauf zwischen Lamm-, Hammel- und Schaffleisch unterschieden. Der Begriff Lammfleisch bezieht sich hier auf Tiere, die bis zu einem Jahr alt sind. Hammel sind bis zu zwei Jahre alte Tiere beiderlei Geschlechts, die noch keinen Nachwuchs haben, und über zwei Jahre alte Schlachttiere heißen Schafe. Im Winter sollten wir Hogget- und Hammelfleisch vorziehen, also das Fleisch nicht ganz so junger Tiere, weil wir so eine größere Geschmacksvielfalt im Lauf des Jahres erfahren. Dieses Fleisch hat ist dunkler und kräftiger im Geschmack als Lammfleisch.

Hoggets und Hammel sollten physisch voll entwickelt sein. Ihr Fleisch ist fester als das eines Lamms, aber es schmeckt ausgezeichnet, wenn es langsam gegart ist. Auch rosa gebraten und sehr dünn geschnitten kann es mit Genuss gegessen werden. Hammelfleisch sollte mindestens zwei Wochen abgehangen sein.

Bis in die 1950er-Jahre war es die Wolle, die den Wert des Schafs bestimmte. Da Wolle teuer und das Fleisch nur ein Nebenprodukt war, aßen die Leute gern Hogget- und Hammelfleisch von Tieren, die vor allem wegen ihres Fells gezüchtet wurden. Aber mit der Einführung künstlicher Fasern sank die Nachfrage nach Wolle, und die Schafzüchter wandten sich zwangsläufig (1960 war ein Schafspelz zwölf britische Pfund wert, heute ungefähr noch einen) dem Markt für Lämmer zu. Zum Glück wird inzwischen wieder mehr Hammelfleisch gegessen, sowohl in Spitzenrestaurants als auch zu Hause.

Unser Schafhirte Arthur mit Dorsets und einem Muleschaf.

Lammfleisch wählen

Zunächst sollten Sie entscheiden, was Sie servieren wollen: Fleisch von Lamm, Hammel oder Schaf. Sie sollten wissen, wie Sie das Fleisch zubereiten wollen. Wie bei allen Tieren ist das Vorderteil wirklich schmackhaft, muss aber länger garen, die Mitte ist zart und braucht weniger Garzeit, und das Hinterteil hat große, magere Muskeln zu bieten, die eine mittlere Garzeit benötigen.

Das Fleisch, das Sie wählen, sollte frisch sein und eine kräftige Farbe haben. Sein Fett muss auf jeden Fall fest und nicht ölig sein, das Fleisch saftig und gleichmäßig gefärbt und die Haut trocken, aber nicht ledrig. Kaufen Sie nie grau oder feucht aussehendes Fleisch von Lamm, Hammel oder Schaf. Die Keulen sollten kompakt und fleischig sein, das Ergebnis eines guten Lebens mit ausgewogener Ernährung.

Ein Texel-Schaf, umgeben von Blackface- und einem einzelnen Dorset-Schaf.

Eigenschaften von Lammfleisch

Lammfleisch wird in vielen verschiedenen Altersstufen des Tiers gegessen, und es ist wichtig, die Unterschiede zu kennen.

Milchlamm

Sehr kleine Knochen ohne Fett und feuchtes, leicht rosafarbenes Fleisch, das fast wie Kalbfleisch aussieht, weil seine einzige Nahrung aus Muttermilch besteht. Ein Milchlamm ist mindestens acht Wochen und höchstens sechs Monate alt.

Mastlamm

Das Fleisch eines Mastlamms hat mit seinem weißen Fett und seiner guten Marmorierung eine tiefere Rosafärbung als Milchlamm. Das Fleisch ist feucht, wenn es aufgeschnitten wird. Ein Mastlamm ist bis zu einem Jahr alt.

Hammel

Ein Hammel hat cremefarbenes Fett, und sein dunkelrotes Fleisch ist schön marmoriert. Es hat eine feste Konsistenz und glänzt, wenn es aufgeschnitten wird. Hammel sind bis zu zwei Jahre alt.

Schaf

Schaffleisch hat dunkles, cremiges Fett mit reichlicher Marmorierung im dunkelroten bis mahagonifarbenen Fleisch. Es hat eine feste Konsistenz und glänzt feucht, wenn es aufgeschnitten wird. Es stammt von einem Tier, das mindestens zwei Jahre alt ist.

Ein Dorset-Lamm von etwa vier Monaten erfreut sich am Frühlingsgras.

Zuchtkombinationen

Schaf	Bock	Ergebnis
Dorset +	Dorset	Reines Dorset. Die besten Schafe für die Herde, Widder zum Schlachthof.
Dorset +	Charollais	Dorset-Hybrid. Gutes Fleisch.
Blackface +	Blackface	Reines Blackface. Die besten Schafe für die Herde, Widder zum Schlachthof.
Blackface +	Bluefaced Leicester	Muleschaf. Die besten Schafe für die Herde, Widder zum Schlachthof.
Muleschaf +	Texel	Muleschaf-Hybrid. Gutes Fleisch.
Muleschaf +	Suffolk	Muleschaf-Hybrid. Gutes Fleisch.
Muleschaf +	Dorset	Muleschaf-Hybrid. Gutes Fleisch.

Stationen eines Schafslebens

Milchlamm	Jungtier, acht Wochen bis sechs Monate alt.
Lamm/Mastlamm	Jungtier, nicht älter als ein Jahr.
Hogget	Englische Bezeichnung für ein kastriertes männliches Schaf, zehn bis 23 Monate alt.
Hammel	Kastriertes männliches oder weibliches Tier, das noch nicht gelammt oder gedeckt hat, bis zu zwei Jahre.
Bock	Unkastriertes männliches Schaf, älter als ein Jahr.
(Mutter)Schaf	Weibliches Schaf, älter als ein Jahr.

Eigenschaften von Schafrassen

Auf den ersten Blick sehen alle Schafe vielleicht gleich aus, dabei weisen die Rassen große Unterschiede auf. Jede einzelne hat ihre besonderen Qualitäten und kann mit bestimmten Eigenschaften für den Metzger oder den Schafzüchter aufwarten. Nicht alle reinrassigen Schafe haben gutes Fleisch; viele von ihnen müssen gekreuzt werden.

Blackface: Diese widerstandsfähigen, gehörnten Moorschafe sehen gut aus und sind tolle Mütter. Reinrassige Blackface sind die besten Hoggets, wenn sie mit einem Jahr direkt vom Heidekraut kommen, schmecken aber als Schaffleisch im Alter von zwei oder drei Jahren noch besser.

Bluefaced Leicester: Die ungewöhnlichsten Schafe der Welt, mit „römischen" Nasen. Schlechtes Wetter mögen diese Schafe nicht, aber gekreuzt ergeben sie gute Muleschafe mit kräftigen, breiten Schultern und einem langen Hals und Rücken. Die Rasse stellt auch gute, fortpflanzungswillige Widder.

Charollais: Gekreuzt mit Dorset-Schafen ergibt diese Rasse ein mit kräftigen Muskeln ausgestattetes Schaf mit schönen Beinen und einer guten Fleischqualität. Reinrassige Charollais-Widder sind hervorragend geeignet, mit anderen Schafen gekreuzt zu werden, auch wenn sie selber kein gutes Fleisch bieten.

Dorset: Diese Rasse hat die natürliche Fähigkeit, das ganze Jahr über fruchtbar zu sein. Dorsets haben schöne, kräftige Hinterbeine, eine ausgezeichnete Form und ein hohes Gewicht mit einem guten natürlichen Fettanteil. Dorsets sind eine tolle Wahl für ein Osterlamm.

Muleschafe: In Großbritannien sind Muleschafe die am weitesten verbreitete Schafsrasse. Sie sind das Ergebnis der Kreuzung eines gehörnten Schafs mit einer Border-Rasse. Ein mit einem Widder der Rasse Bluefaced Leicester gekreuztes Blackface-Muttertier wird ein Muleschaf bekommen. Ein Muleschaf ist widerstandsfähig und hat ein großes Hinterteil. Die weiblichen Tiere sind gute Mütter und erzeugen eine anständige Menge Milch.

Suffolk: Diese Rasse stellt tolle Widder zu Kreuzungszwecken und nimmt rasch zu. Suffolks besitzen eine gute Fleischqualität, aber wenn sie reinrassig sind, haben sie mehr Knochen als Fleisch. Gekreuzt mit anderen Rassen produzieren Suffolks das gleiche ausgezeichnete, wohlschmeckende Fleisch, aber in größerer Menge.

Texel: Diese Rasse hat gute Vatertiere mit wundervollen Proportionen und sehr großen, kräftigen Hinterbeinen.

Zum Braten vorbereiteter Lammrücken: der auf der rechten Seite ergibt nach dem Zerlegen Lammschnitzel, der auf der linken Lammkoteletts.

Teilstücke vom Lamm

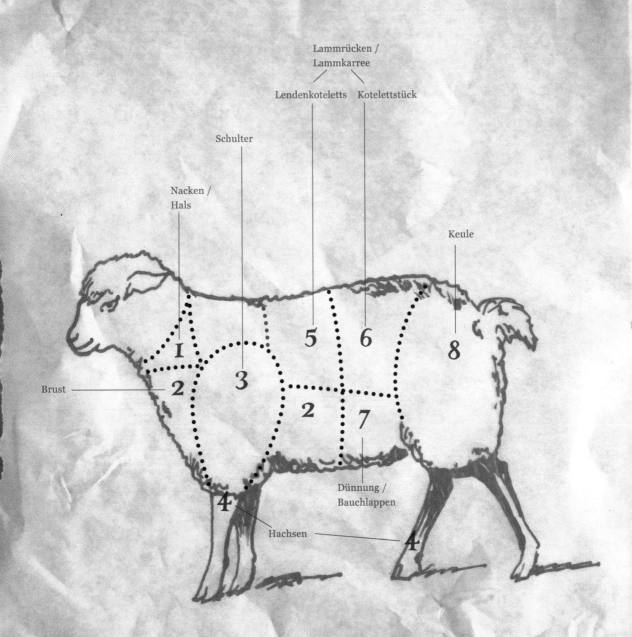

Vorderteil

1: Nacken / Hals
Festes, gut marmoriertes Fleisch, gut zum langen Braten und Schmoren in Flüssigkeit. Ist mit oder ohne Knochen erhältlich, wobei der Knochen viel Extra-Geschmack gibt. Es lohnt sich also, das Fleisch nicht ausbeinen zu lassen.

2: Brust
Preisgünstiges Stück mit viel Fett, meist ohne Knochen angeboten. Gutes Kochfleisch und für Eintöpfe, aber auch zum Schmoren und Braten. Ergibt eingerollt einen saftigen Rollbraten und ist mit den Rippen wie Spareribs verwendbar.

3: Schulter
Besteht aus den Teilstücken Bugstück, Schaufel, falsches Filet und Beinfleisch, ist aber meist als ganze Schulter (Schultersteak) oder ausgelöst erhältlich. Wegen des hohen Bindegewebsanteils braucht sie eine lange Garzeit, daher gut als Braten, Schmorbraten oder Rollbraten geeignet.

4: Hachsen
Von der Keule werden die Unterschenkel meist abgetrennt, an der Schulter dagegen werden sie bei nicht zu großen Tieren belassen. Im Ganzen mit Knochen angeboten; wenig Fett, aber hoher Bindegewebsanteil. Sie brauchen eine lange Garzeit und werden meist für Saucen, Fonds und Brühen verwendet, aber auch gut für Schmorgerichte, zum Braten und Grillen.

Mittelteil

Lammrücken / Lammkaree

5. Lendenkoteletts
Vorderer Teil des Lammrückens, sehr zartes Stück zum Braten, Kurzbraten und Grillen. Die feine Fettschicht schützt das Fleisch vor dem Austrocknen und sollte – wenn gewünscht – erst nach dem Zubereiten entfernt werden. Mit oder ohne Knochen, am Stück oder in Koteletts oder Medaillons geschnitten. Das kleine Lammfilet wird meist nicht abgetrennt.

6. Kotelettstück
Der hintere Teil des Lammrückens hat zartes, mageres Fleisch, das gut zum Braten, Kurzbraten und Grillen ist. Wird schnell trocken, daher nur rosa garen. Meist als Koteletts geschnitten mit ein bis zwei Rippen, auch als (Lamb-)Chops bekannt. Doppelkoteletts bzw. Schmetterlingskoteletts stammen von jungen Lämmern, dabei wird das Kotelettstück quer zur Wirbelsäule geteilt und durch den Wirbelsäulenknochen zusammengehalten. Die Lammkrone besteht aus dem gesamten Kotelettstück mit geputzten Rippen, das zu einem Ring gebunden wird.

7. Dünnung/Bauchlappen
Mit viel Fett und Bindegewebe, preiswertes Fleisch, das zum Braten, Schmoren und Kochen geeignet, aber nicht zum Grillen ist. Kann als Ganzes auch als Rollbraten zubereitet werden.

Hinterteil

8. Keule
Größtes Teilstück der Lamms, kurzfasrig, mit wenig Sehnen, aber gut marmoriert. Ein gutes Stück zum Braten und Schmoren. Meist ohne Röhrenknochen als Ganzes, aber auch zerlegt in Ober-, Unterschale und Nuss oder in Scheiben (Chops) geschnitten. Mit Knochen zubereitet wird das Fleisch aromatischer.

Innereien

Leber
Wirklich frisch ist sie fast so gut wie Kalbsleber, kostet aber nur einen Bruchteil. Fragen Sie Ihren Metzger, ob das Fleisch richtig frisch ist. Kurz in der Pfanne braten oder grillen.

Nieren
Sie werden häufig übersehen, sind aber zarte, wohlschmeckende kleine Fleischstücke. Man kann sie grillen, in Butter braten oder in einer cremigen, würzigen Sauce servieren.

Zwei Bratenstücke aus einer Schulter schneiden

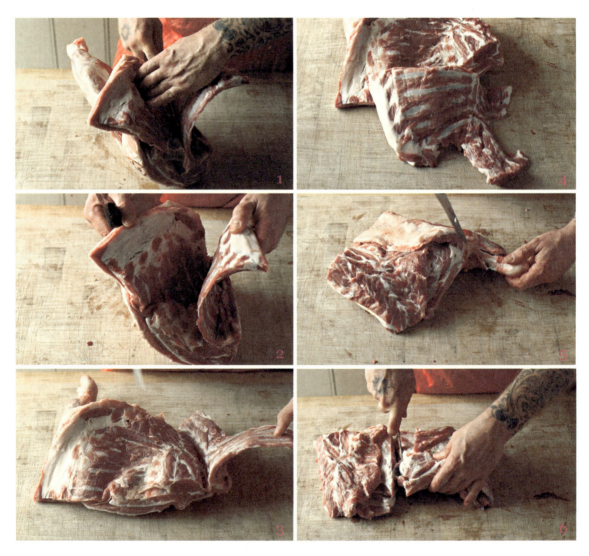

1. Mit einem mittelgroßen Messer mit schmaler Klinge die Rippen von der Schulter wegschneiden, dabei nah an den Knochen bleiben und sanfte Schnitte machen.
2. Ziehen Sie den fast abgetrennten Rippenbogen auf sich zu, um die Knochenenden zu erreichen.
3. Mit einem Schnitt die Rippen vom Fleisch ablösen.
4. Die Rippen sind jetzt vollständig von der Schulter abgetrennt.
5. Das überschüssige Fett parieren und den Unterschenkel auslösen. Sie haben jetzt ein großes Fleischstück.
6. Die Schulter halbieren, indem Sie, noch immer mit demselben Messer, durch das Gelenk schneiden.

GEFLÜGEL

Huhn

Vor einem Jahr haben wir auf der Grange Farm mit einer eigenen Hühnerschar angefangen, und zwar mit Welsumer-Hühnern. Inzwischen haben wir Rhode Island Red, Weiße Sussex, Araucaner, Leghorn und Marans hinzugekauft und besitzen nun insgesamt 120 Stück. Die meisten Farmer halten Hühner entweder wegen der Eier oder wegen ihres Fleischs, aber wir haben das Glück, beides zu tun. Die Eier werden täglich eingesammelt, und erst wenn ein Huhn seine volle Größe erreicht hat, denke ich daran, es zu schlachten.

Gute und schlechte Geflügelzucht

Heute wird uns zunehmend bewusst, unter welch entsetzlichen Bedingungen Legehennen und Masthähnchen leben müssen, aber nicht alle Geflügelzüchter lassen sich auf einen derart niedrigen Standard herab. Ein Beispiel für einen guten Lieferanten ist W. E. Botterille in Leicestershire, von denen wir Gänse und Truthähne beziehen. Dieser Familienbetrieb produziert traditionelle Geflügelrassen, die tagsüber ungehindert über die Weiden laufen, nachts in Ställen untergebracht sind, sich sowohl selber Nahrung suchen als auch mit Getreide gefüttert werden und in einer Herde von vierhundert Tieren aufwachsen (was für heutige Maßstäbe wenig ist). Wenn sie schlachtreif sind, werden sie auf der Farm bearbeitet, trocken gerupft und aufgehängt, damit sie einen guten Geschmack entwickeln. All diese Faktoren tragen dazu bei, dass Tiere von hervorragender Qualität mit einem kräftigen Geschmack und einer guten Serviergröße herangezogen werden.

Die beste Methode zur Geflügelzucht ist die traditionelle Freilandhaltung, die nicht mit der heute üblichen „Freilandhaltung" (die nicht so strenge Tierschutzbedingungen erfordert — siehe weitere Informationen zu britischen Labeln auf Seite 78) verwechselt werden darf. Geflügel, das in traditioneller Freilandhaltung aufwächst, ist eine Seltenheit.

Hühner aus industriell betriebener Aufzucht, die nie Tageslicht gesehen haben und in Herden von viertausend Tieren gehalten werden, bekommen ihre Schnäbel und Flügel gestutzt, damit sie sich selbst und gegenseitig keine Verletzungen zufügen können, und werden mit Antibiotika und wachstumsförderndem Futter ernährt, damit sie schon nach vierzig Tagen ihr Schlachtgewicht erreichen.

Ein Weißes Sussex in den Armen seines stolzen Besitzers.

Ein langsam gewachsenes, natürlich ernährtes Huhn braucht elf Wochen, bis es ausgewachsen ist und hat von den Pigmenten aus dem Gras eine goldgelbe Haut mit einer angemessenen Fettschicht darunter. Es hat festes, rosafarbenes Fleisch und gut trainierte Füße, die über Weide und Hof gelaufen sind. Diese Hühner haben feste Knochen, weil sie ausgewachsen sind. Sie werden nur mit einem scharfen, schweren Messer durch den Knochen schneiden können. Die Zeit und die Sorgfalt, mit der diese Hühner aufgezogen werden, und die Qualität ihres Futters und ihrer Unterbringung spiegeln sich in ihrem hohen Einkaufspreis wider. Ich verspreche Ihnen allerdings, dass Sie sich nach dem Verzehr eines dieser Hähnchen nie wieder wohl fühlen, geschweige denn glücklich oder zufrieden sein werden, wenn Sie ein „preiswertes" Hähnchen essen.

Vorhergehende Doppelseite:
Linke Seite, oben links: ein Weißes Leghorn
Linke Seite, oben rechts: ein Welsumer
Linke Seite, unten: ein Marans
Rechte Seite: ein Weißes Sussex und ein Welsumer, die aus ihrem Hühnerstall laufen.
Gegenüber: Eine Auswahl von Hühnern verschiedener Rassen, die durch die Felder der Grange Farm stolzieren. Im Hintergrund sind unsere Ablammställe zu sehen.

Hähnchen auswählen

Ein Hähnchen ist nur so gut wie der Farmer, bei dem es aufgewachsen ist, und Ihr Metzger sollte genau wissen, wo seine Hähnchen herkommen.

In Großbritannien kann der Einkauf von Geflügel sehr verwirrend sein. Es gibt viele Warenauszeichnungen, und einige sind irreführend, was die Haltung der Tiere betrifft. Das ist nicht nur eine Frage des Tierschutzes, sondern betrifft auch Qualität und Geschmack des Fleischs.

Leider werden die meisten Masthähnchen für die Supermärkte produziert und haben ihr sechs Wochen langes Leben ausschließlich in Baracken verbracht, nie Tageslicht gesehen oder Streu gewechselt bekommen. Ich würde Geflügel nur von zuverlässigen Anbietern kaufen, für die das Wohl der Tiere an oberster Stelle steht.

Beim Einkauf von Geflügel achten Sie immer auf die folgenden Haltungsrichtlinien:

✷ Das junge Tier konnte tagsüber ungehindert im Freien herumlaufen.

✷ Sein Futter hatte einen hohen Anteil an natürlichem Getreide.

✷ Dem Futter wurden keine Antibiotika oder Zusatzstoffe beigefügt.

✷ Es entstammt einer traditionellen, langsam wachsenden Rasse.

✷ Das Tier ist voll ausgewachsen (d. h. es ist mindestens achtzig Tage alt).

✷ Bei der Schlachtung wurden hohe Maßstäbe angelegt.

✷ Das Fleisch hat keine verfärbten Stellen, die auf schlechte Behandlung schließen lassen.

Hähnchen werden ausgenommen angeboten, und ein guter Geflügelhändler wird sie immer mit ihren Innereien verkaufen, die sehr gut für eine Sauce oder Brühe sind. Wie anderes Fleisch, sollten auch Hähnchen offen im Kühlschrank gelagert

werden. Besondere Sorgfalt ist angezeigt, weil sie leicht von Salmonellen befallen werden. Gekochtes und rohes Fleisch immer getrennt aufbewahren und darauf achten, dass rohe Hähnchen unterhalb von gekochtem Fleisch gelagert werden, damit kein roher Fleischsaft auf gekochtes Essen tropfen kann.

Britische Label für Hähnchen

Traditional free range und Free range total freedom

Dies sind die besten Vorgaben für Tierschutz und Fleischqualität. Die Rassen sind nach langsamem Wachstum ausgesucht, die Tiere haben völlig freien Auslauf (sie werden nur nachts zum Schutz vor Raubtieren hereingeholt) und werden frühestens mit achtzig Tagen geschlachtet. Ihr Futter besteht zu einem großen Anteil aus Körnern und enthält weder Antibiotika noch Zusatzstoffe. Sie werden trocken gerupft und zur Geschmacksverbesserung aufgehängt.

Free range

Diese verwirrende Bezeichnung entstand aus der Beachtung vieler Regeln, die nach den Bedürfnissen des Produzenten verändert werden können. Dennoch müssen alle Freilandhühner die Möglichkeit haben, ihr halbes Leben draußen zu verbringen, Körnerfutter bekommen, mindestens 58 Tage alt werden und in begrenzter Stückzahl aufwachsen.

Organic

In Großbritannien dürfen Verbände wie die Organic Farmers & Growers Ltd die Bescheinigung für organisches Geflügel verleihen. Sie legt fest, dass Eier und Fleisch dieser Qualität von Tieren stammen müssen, die auf einer Farm mit dem organischen Gütesiegel gehalten wurden, wo biologisch erzeugte Futtermittel verteilt und tierärztliche Vorschriften eingehalten werden. Dennoch ist es immer ratsam, sich die Auszeichnung an jedem Tier, das Sie kaufen, genau anzusehen, um mehr über seine Herkunft und Lebensbedingungen zu erfahren.

Freedom Food

Das Garantie- und Auszeichnungsprogramm der RSPCA, der ältesten Tierschutzorganisation der Welt, bietet drei Vorgaben für Geflügel an: Freiland-, organische und Haltung in Hallen. Bei allen drei Haltungsmethoden ist die Einhaltung von Regeln gesichert, die gutes Futter, ausreichende Unterkünfte, Schmerz- und Stressfreiheit sowie die Möglichkeit zu artgerechtem Verhalten garantieren.

Red Tractor

Ein von der Assured Food Association, die rund neunzig Prozent der in Großbritannien gegessenen Hähnchen produziert, eingerichteter Standard. Mit ihm werden Tiere gekennzeichnet, die in Hallen gehalten und schnell für den Einzelhandel gemästet wurden. Red-Tractor-Geflügel wird zu Lebzeiten und bei der Schlachtung von unabhängigen Gutachtern untersucht, und der Lebensweg jedes Tiers kann bis zu seinem Brutbetrieb zurückverfolgt werden.

Corn-fed und Farm-fed

Es gibt keine gesetzliche Definition hinsichtlich der Lebensqualität von Geflügel, das als Corn- oder Farm-fed gekennzeichnet ist. Die Auszeichnung sagt nur etwas über sein Futter aus.

Französische Gütesiegel für Geflügel

Frankreich hat eindeutig festgelegte Auszeichnungen. Das Label Rouge hat präzise Erfordernisse: Die Bauern dürfen nur langsam wachsende Rassen nehmen, die Ställe müssen eine Mindestgröße und eine maximale Besatzdichte haben. Label-Rouge-Hähnchen werden frühestens mit 81 Tagen geschlachtet und müssen mindestens 2,2 Kilo ohne Innereien wiegen. Schließlich muss die Entfernung zwischen Farm und Schlachthof weniger als hundert Kilometer oder zwei Stunden Fahrt betragen. Dreißig Prozent der Hähnchen auf dem französischen Verbrauchermarkt tragen das Label-Rouge-Siegel. Sie kosten mehr als die meisten anderen in Frankreich verkauften Hähnchen, aber anscheinend haben dort viele Kunden nichts dagegen, für ein sorgfältig aufgezogenes Produkt mit einem wunderbaren Geschmack den angemessenen Preis zu bezahlen. Weil dieses Siegel so erfolgreich ist, wird es in den USA und von manchen Produzenten in Großbritannien kopiert.

Schlachten

Im Ginger Pig schlachten wir unsere Hähnchen je nach Gewicht in einem Alter von achtzig bis 155 Tagen. Ein Tier von 2,5 Kilo wird zwischen dem achtzigsten und hundertsten und eines von 4,5 Kilo zwischen dem hundertsten und 155sten Tag geschlachtet, aber das genaue Alter hängt auch von der Rasse und dem Tier selber ab. Bei der intensiven Geflügelaufzucht werden Hähnchen mit 41 Tagen und einem Schlachtgewicht von 2,1 bis 2,2 Kilo geschlachtet.

Trocken rupfen und nass rupfen

Zum Trockenrupfen wird das Schlachttier in der Hand gehalten und neben zwei rotierenden Scheiben, die die Federn herausziehen, hin und her gedreht. Manchmal wird es dann mit flüssigem Wachs bestrichen, um damit die restlichen Federn zu entfernen, und aufgehängt, damit das Fleisch mürbe wird und an Geschmack gewinnt. Auch wenn diese Tiere zunächst trocken aussehen, bekommen sie im Backofen eine schön knusprige Haut.

Mehr als 95 Prozent der Hähnchen, die wir in Großbritannien essen, werden nass gerupft. Die Tiere werden in heißes Wasser getaucht und vierzig Sekunden lang in die schnell rotierende Schüssel einer Maschine gelegt, in der die Federn herausgezogen werden. Der größte Unterschied zwischen beiden Methoden ist die Gegenwart des Wassers, das durch die beim Rupfen entstandenen Löcher eintritt und eine Brutstätte für Bakterien bildet. Wegen der Ansteckungsgefahr ist ein Abhängen nass gerupfter Tiere nicht möglich.

Eigenschaften von Hühnerrassen

In der Vergangenheit waren britische Hühner langbeinig und hatten eine Körperform, die mit dem schmackhaftesten Fleisch einhergeht, aber dafür eine schmalere Brust. Heute wollen Verbraucher Geflügel mit größerer Brust, und wir haben bei der Hühnerzucht diesen Konsumentenwunsch berücksichtigt. Die Franzosen produzieren immer noch langbeinige, schmalbrüstige Hühner, weil sie größeren Wert auf den Geschmack als auf mageres weißes Fleisch legen.

Welsumer: Diese ursprünglich aus Holland stammende Rasse mit gefleckten, dunkel rostbraunen Federn wurde 1928 in Großbritannien eingeführt. Sie ist ideal für die Freilandhaltung geeignet und legt große braune Eier.

Rhode Island Red: Diese Rasse mit ihrem dunklen, üppigen, glänzend roten Federkleid stammt aus den USA und wurde 1903 in Großbritannien eingeführt. Sie ist sehr beliebt, schwer und hat eine gute Legeleistung. Die Hähnchen aus der Kreuzung einer Rhode-Island-Henne mit einem Weißen-Sussex-Hahn eignen sich vorzüglich zum Braten. Sie ist die bekannteste Rasse der Welt (Rocky aus *Chicken Run* ist ein Rhode Island Red).

Weiße Sussex: Diese hauptsächlich weiße Rasse mit gefleckten grau-silbernen Kopf- und Schwanzfedern ist die älteste Großbritanniens und sowohl zur Mast als auch zum Eierlegen gut geeignet.

Araucaner: Die schwarzen Federn dieser Rasse haben einen grünen Schimmer und weiße Flecken, die im Alter größer werden. Sie wurde 1888 aus Italien eingeführt. Gute Legeleistung, und aus den schönen blaugrünen Eiern schlüpfen Hühner von vernünftiger Größe.

Leghorn: Dieses elegante schwarze oder weiße Huhn wurde im 19. Jahrhundert aus Italien eingeführt. Es hat eine hohe Legeleistung und einen schlanken Körper, deshalb ist es kein ideales Masthuhn.

Marans: Diese Rasse mit ihren gesprenkelten dunkelgrauen bis silberfarbenen Federn stammt aus Marans in Frankreich und wurde 1930 in Großbritannien eingeführt. Sie bringt sowohl in der Legeleistung als auch im Fleischertrag gute Ergebnisse. Die dunkelrot- bis hellbraun gefärbten Eier sind oft mit dunklen Flecken bedeckt. Die Tiere brauchen allerdings Auslauf, weil sie zu Bequemlichkeit neigen und leicht fett werden. Gekreuzt mit Altenglischen Kämpfern ergeben Marans-Hühner wunderbare Brathähnchen.

Master Gris: Dieser braun gefiederte Vogel stammt aus Frankreich und hat die dort geschätzten Eigenschaften, langbeinig und schmalbrüstig zu sein. Dafür hat das Fleisch einen kräftigen Geschmack und eignet sich großartig für den Topf.

Dorking: Ein silbergrau gefiedertes Huhn aus Sussex, das im 19. Jahrhundert für den Londoner Markt gezüchtet wurde. Das ultimative breitbrüstige englische Huhn für den Mittagstisch.

Teilstücke vom Huhn

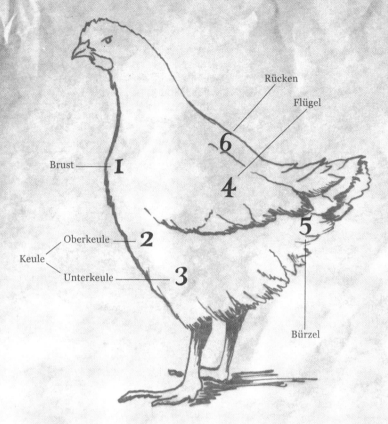

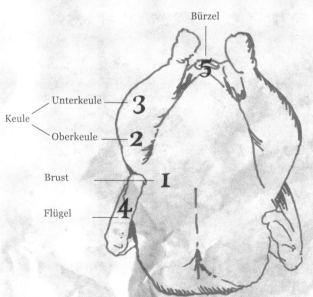

1: Brust
In Außenfilet und Innenfilet aufgeteiltes, besonders mageres Fleisch, das leicht austrocknet.

Keule
Aromatisches Fleisch, dessen Muskelstränge durch Fettschichten getrennt sind, deshalb nicht so schnell trocken.

2: Oberkeule
Meist zusammen mit der Unterkeule angeboten, nur bei größeren Tieren davon getrennt und ohne Knochen als Hähnchensteak im Handel.

3: Unterkeule
Meist zusammen mit der Oberkeule als Hähnchenschenkel angeboten.

4: Flügel
Wenig Fleisch von ähnlicher Qualität wie Fleisch aus der Keule. Ursprünglich aus den USA kommen, werden auch bei uns die gebratenen oder gegrillten „Chicken wings" immer beliebter.

5: Bürzel
Besteht nur aus Fett und Drüsen und wird nicht verwendet.

6: Rücken
Sehr fleischarmes Teilstück, für Geflügelbrühe verwendet.

Truthahn

Irgendwie sind Truthühner trotz ellenlangen Zeitungskolumnen, Stunden von Sendezeit im Fernsehen und sogar ganzen Büchern über die Nachteile industrieller Geflügelzucht übersehen worden. Trotzdem sind auch diese Vögel zu oft auf engstem Raum in Hallen gestopft, wo sie ohne Tageslicht häufig Krankheiten zum Opfer fallen wie 2007 bei einem Ausbruch der Vogelgrippe auf einer Farm in Suffolk. Wir halten keine Truthühner, haben aber einen guten Lieferanten für unsere Kunden.

Über Truthahnrassen

Traditionelle freilaufende Bronze-Truthühner gehören zu den besten ihrer Art und werden wie anderes freilaufendes Geflügel gehalten, das nur nachts in den Stall kommt. Der Unterschied besteht vor allem in ihrer Größe: Bronze-Truthühner brauchen sechs Monate, bis sie ausgewachsen sind und ihr Schlachtgewicht erreicht haben. Sie werden trocken gerupft und zehn bis 14 Tage abgehängt, damit ihre Muskeln erschlaffen und sie einen guten Geschmack entwickeln.

Bronze-Truthühner waren ursprünglich das Produkt einer Kreuzung von aus Europa eingeführten domestizierten Truthühnern mit dem amerikanischen Wild-Truthahn. Die beiden erzeugten einen größeren, aber zahmeren Vogel, der sich bald großer Beliebtheit erfreute. 1981 züchtete ein Farmer in Essex namens Derek Kelly den Kelly Bronze Turkey, der als wunderbares Tier für die Küche gilt.

Freilaufende Truthühner

In Europa wird eine Pute mit breiter Brust bevorzugt, weil die Brust das beliebteste Stück ist (allerdings habe ich das dunkle Fleisch lieber). In den USA ist die Größe am wichtigsten, und deshalb ist der größere Vogel — der Hahn — der König des Thanksgivings-Fests. Obwohl Truthühner in den USA vor allem im November für Thanksgiving und in Großbritannien an Weihnachten begehrt sind, gibt es ihr Fleisch inzwischen das ganze Jahr über, es ist preiswert und sein Fettgehalt ist sehr niedrig.

Bitten Sie Ihren Metzger oder Geflügelhändler, Ihnen ein leckeres, traditionelles freilaufendes Tier zu reservieren, das ein angenehmes Leben geführt hat. Sie müssen wahrscheinlich eine Bestellung aufgeben, weil freilaufende Truthühner in kleinen Stückzahlen aufgezogen werden und die Nachfrage an Weihnachten und Thanksgiving groß ist.

Nehmen Sie immer ein Tier mit trockener, makelloser Haut und einer dicken Brust ohne Risse. Achten Sie darauf, dass die Innereien dabei sind, weil sich aus ihnen eine gute Brühe für die Sauce machen lässt.

Gerald Botterille mit einem traditionellen bronzefarbenen Freiland-Truthahn. Das ist eine langsam wachsende Rasse mit Fleisch in Spitzenqualität. Gerald beliefert The Ginger Pig mit hervorragenden Gänsen und Truthähnen.

Gans

Gänsefleisch hat eine dunklere Farbe und einen viel kräftigeren Geschmack als das anderen Nutzgeflügels. Gänse haben den Vorzug, von ihrem Fett umhüllt zu sein – einer genialen Substanz, die es praktisch unmöglich macht, dass das Fleisch unter der knusprigen Haut der Gans trocken wird. Gänsefett selber ist ein wertvolles Produkt, mit dem man die leckersten goldbraunen Bratkartoffeln machen kann, und für ein traditionelles Cassoulet ist es unverzichtbar. Heben Sie immer das Fett auf, das Sie beim Braten einer Gans ausgelassen haben — es hält sich gut zwei Monate im Kühlschrank.

Eine Gans ist immer teuer und hat weniger Fleisch zu bieten als anderes Geflügel, aber sie ergibt eine wundervolle, reichhaltige Mahlzeit. Eine Michaelisgans sollte am 12. September gegessen werden, nachdem sie einen Sommer auf der Wiese verbracht und dann vom ersten Getreide des Herbstes genascht hat.

Eine Gans werden Sie bei Ihrem Metzger oder Geflügelhändler bestellen müssen. Nehmen Sie immer ein Tier mit trockener, blasser Haut und einer dicken Brust. Das meiste Fleisch einer Gans steckt in der Brust (und es ist auch das beste), also schneiden Sie es dünn auf. Das Fleisch der Keule kann ein bisschen zäh sein. Machen Sie aus den Knochen eine Brühe für eine Suppe.

Der Lieferant des Ginger Pig ist seit mehr als siebzig Jahren in der Geflügelzucht tätig. Seine Gänse streifen tagsüber auf den Feldern herum. Ihr Futter besteht aus Weizen und Gemüse aus eigenem Anbau. Sie sind voll ausgewachsen, wenn sie für das Weihnachtsfest geschlachtet werden.

Freilaufende Gänse wie diese hier kommen nachts in den Stall und streifen während des Tags über die Felder.

Ente

Ein häufiges Problem bei Enten aus Massentierhaltung ist der Wassermangel. Enten brauchen Wasser nicht nur zum Trinken, sondern auch zum Schwimmen. Viele Enten aus intensiver Haltung kennen Wasser nur aus kleinen Trinktrögen.

Sie sollten einen guten Metzger oder Geflügelhändler finden, der Ihnen eine Ente aus artgerechter Haltung besorgen kann. Suchen Sie sich eine Ente mit trockener, blasser, makelloser Haut und einer langen starken Brust aus. Sehen Sie sich wie bei allem Geflügel das Etikett an und nehmen Sie ein Tier aus traditioneller Freilandhaltung. Entenbrust kann rosa oder gut durchgegart gegessen werden, die Keulen müssen aber länger gegart werden, damit das Fleisch zart wird.

Wenn Sie Wildente kaufen, wird es sich vermutlich um eine Stock- oder Krickente handeln. Am besten kaufen Sie sie nur, wenn sie von jemandem erlegt wurde, den Sie kennen. Oft weiß man nicht, wie gut die Wildenten wirklich sind. Sie können einen fischigen Geschmack haben und sehr zäh sein. Dicke Wildenten sind in der Regel jung und können gebraten werden, während dünnere Vögel am besten langsam geschmort werden.

Eigenschaften von Entenrassen

Vor dem Verkauf werden Gänse fünf bis sieben Tage abgehängt.

Aylesbury: eine alte englische Hausente mit weißen Federn und vorzüglichem Fleisch.

Barbarie: Haustierform der Moschusente mit schwarzweißem Gefieder und köstlichem Fleisch.

Gressingham: Kreuzung aus einer Krick- und einer Pekingente mit einem großen Stück heiß begehrten Brustfleischs.

Perlhuhn

Perlhühner stammen aus Afrika, werden aber inzwischen in Frankreich, Italien und Belgien in großem Stil gezüchtet. Als Wachposten sind sie gut geeignet, denn sie schlagen mit einem lauten, krähenden Gackern Alarm, wenn sich jemand nähert. Sie haben ein schönes Gefieder in abgestuftem Grau mit weißen Punkten. Ihr Fleisch ist rosa und ihre Haut purpurfarben, weshalb man einen starken Wildgeschmack erwartet. Der Geschmack ist aber mild und liegt zwischen Fasan und Huhn.

Perlhühner sind von Oktober bis Februar frisch im Angebot und legen im Frühjahr und Sommer ihre Eier. Wegen ihrer saisonalen Verfügbarkeit werden sie oft für Wildgeflügel gehalten.

Sie sind nicht so kräftig wie Hühner und haben in der Regel schlankere Beine und eine flache Brust. Lassen Sie sich davon nicht abschrecken, denn die Tiere schmecken großartig. Was ihre Zubereitung angeht, können sie wie Hähnchen behandelt werden: Man kann sie braten, als Ragout zubereiten oder im Ganzen in den Backofen schieben oder kurzbraten.

Ein Huhn aus traditioneller Freilandhaltung. Achten Sie darauf, wie stämmig und groß die Tiere sind – das ist das Ergebnis, wenn man die Tiere natürlich heranwachsen lässt, über einen sehr viel längeren Zeitraum als Hähnchen in Massentierhaltung.

Zerlegen von Geflügel

Einen Vogel zerteilen

Geflügel kann in vier große oder acht kleinere Stücke zerlegt werden. Schneiden Sie die Beine zwischen Keule und Brust ab und legen sie beiseite, wenn Sie nur vier Stücke wollen. Sollten Sie acht brauchen, schneiden Sie jedes Bein an dem Gelenk zwischen Ober- und Unterschenkel durch. Mit einer Geflügelschere am Brustbein entlang schneiden, das Brustbein herausschneiden und entfernen. Den Vogel umdrehen und auf beiden Seiten unter den Flügeln entlang schneiden bis zu der Stelle, wo das Brustfleisch dünner wird. Alle Abschnitte und Knochen können für eine Brühe verwendet werden. Für acht Stücke halbieren Sie jede Brust, sodass Sie zwei Stücke erhalten, die noch am Flügel hängen.

Einen Vogel entbeinen

Nehmen Sie ein Tier, dessen Haut unversehrt ist. Die äußere Hälfte der Flügel mit der Schere kappen. Mit einem Ausbeinmesser am Rückgrat entlang die Haut durchschneiden und das Fleisch erst auf der einen Seite mit Fingern und Messer von den Knochen bis hin zu Bein und Flügel entfernen, dann auf der anderen. An Beinen und Flügeln die Kugelgelenke herauslösen und das Fleisch vom unteren Teil der Knochen abtrennen. Wenn Sie das Brustfleisch ganz von der Karkasse entfernt haben, können Sie diese abheben. Knochen und Abschnitte für die Brühe verwenden. Wenn das Huhn entbeint ist, lässt es sich hervorragend füllen und anschließend tranchieren.

Einen kleinen Vogel für den Grill vorbereiten

„Spatchcocking", wie diese Technik auf Englisch heißt, bedeutet zerteilen und flach ausbreiten. Man schneidet den Vogel rechts und links vom Rückgrat auf (das man für die Brühe nimmt) und nimmt das Gabelbein heraus. Den Vogel mit der Hautseite nach oben flach hinlegen und mit der Handwurzel fest herunterdrücken, um das Brustbein zu brechen. Zwischen Bein und Brustbein ein kleines Loch schneiden, in das man das Ende des Unterschenkels steckt. Zwei Spieße durch den Vogel führen, damit er flach bleibt. Damit ist er fertig für den Grill.

WILD

Wegen der hohen Nachfrage nach jagdbarem Wild wird Wildgeflügel kommerziell gezüchtet, in Waldstücken in Käfige gesteckt und mit Getreide voller Antibiotika gefüttert (wegen Ansteckungsgefahr der vielen Tiere in einem Käfig). Kurz vor der Jagdsaison werden sie freigelassen, so dass Jagdgesellschaften fest mit vermeintlich wilden Vögeln rechnen können, die ihnen vor die Flinte fliegen.

Die Jagd ist ein großes Geschäft, und oft werden erlegte Vögel einfach weggeworfen, weil das Angebot die Nachfrage übersteigt. Wenn Sie also Wild kaufen, dann am besten von kleinen Bauernhöfen, wo wirklich wilde Tiere geschossen werden. Auch beim Metzger gibt es keine Garantie dafür, was er zu einer bestimmten Zeit vorrätig hat — wer weiß, was an diesem Tag gerade vorbeigelaufen oder -geflattert kommt.

Wenn Sie eine gute Bezugsquelle gefunden haben, können Sie sich wünschen, wie lange Sie Ihr Tier abgehangen haben möchten. Die Wahl des Zeitpunkts ist natürlich Ihre Sache, aber allzu oft ist das Fleisch nicht genug abgehangen. In Abstimmung mit Ihrem Händler können Sie auch das Alter des Vogels bestimmen — ein jüngerer ist zum Braten geeignet, ein älterer eher zum Schmoren.

Es ist schwer, das Alter von Wildgeflügel genau zu bestimmen, aber Größe und Zustand liefern Anhaltspunkte. Raue Haut an den Füßen ist eine Alterserscheinung, und ältere Hähne haben eine lange Kralle hinten am Bein. Je größer ein Vogel ist, desto älter ist er. Wenn Schnabel und Brustbein weich sind, handelt es sich um junge Tiere.

Auch bei Kaninchen und Rehwild ist das Alter an Größe und Gesundheitszustand abzulesen. Gute Zähne und saubere Füße sind bei jüngeren Tieren zu finden.

Wildfleisch ist eine wunderbare Sache. Betrachten Sie es als Abenteuer und schöne Alternative zum Fleisch von Zuchttieren.

Wachtel

Wachteln sind die kleinsten Hühnervögel, sehr beliebt, aber zu oft unter genauso schlechten Lebensbedingungen wie Hühner gehalten. Freilaufende Wachteln sind eine Seltenheit, und wenn Sie nicht wissen, wo die Wachtel herkommt, würde ich Ihnen empfehlen, keine zu kaufen. Wachteln sind als Wildvögel in Deutschland ganzjährig geschützt.

Labradors kehren am Ende des Tages mit dem geschossenen Wild heim.

Rebhuhn

Ein Rebhuhn ist ein wunderbar schmeckender, portionsgroßer Vogel, den man nur von September bis Anfang Januar bekommen kann. Je nach Alter muss man er eine Woche lang abhängen. Einen jungen Vogel erkennt man daran, dass er massig ist und sich in gutem Zustand befindet — junges Rebhuhn eignet sich vorzüglich zum Braten. Ältere Vögel haben ein dünnes, vorstehendes Brustbein und werden am besten geschmort, damit ihr Fleisch zart wird.

Fasan

Der wegen seiner Häufigkeit beliebteste Wildvogel Großbritanniens kann ein paar Wochen nach Beginn der Jagdsaison (Oktober bis Mitte Januar) ziemlich preiswert gekauft werden. Die Hennen müssen mindestens zehn Tage abhängen, die Hähne ein paar Tage mehr. Junge Vögel lassen sich sehr gut braten, ältere werden besser geschmort.

Frisch erlegte Fasane von der Blansby Farm.

Raufußhuhn

Raufußhühner, die manche für die besten Wildvögel halten, sind nur während ihrer kurzen Jagdsaison vom 12. August bis 10. Dezember erhältlich, in Deutschland sind sie ganzjährig geschützt und nur manchmal als Importware aus Russland oder Skandinavien zu bekommen. Weil sie auf mit Heide bewachsenen Mooren leben, haben sie einen wunderbaren, leicht bitteren Geschmack. Zu Beginn der Saison sind sie sehr teuer, aber wenn Sie einen Monat warten können, dürften die Hühner billiger werden. Es ist wichtig, das Alter des Vogels beurteilen zu können, weil — wie bei den anderen Wildvögeln — junge Raufußhühner sehr gut zum Braten sind, während ältere Tiere geschmort werden müssen. Wenn Füße und Schnabel sauber und frisch aussehen, ist der Vogel jung, sind sie alt und trocken, gehört der Vogel in den Topf.

Kaninchen

Kaninchen sind jederzeit erhältlich, preiswert und schmackhaft, kommen aber viel zu selten auf den Tisch. Das mag daran liegen, dass wir in ihnen Kuscheltiere sehen. Sie sind wegen der kleinen Fleischportionen zwischen den Knochen ein bisschen knifflig zu essen, werden oft schlecht zubereitet und zu trocken serviert. Wenn auch Sie Kaninchen meiden, versuche ich Sie umzustimmen. Zunächst nehmen Sie keine Zuchtkaninchen, denn es gibt genug wilde Kaninchen, die sich auf dem Land breitmachen. Die Lebensbedingungen von Zuchtkaninchen sind unerfreulich, und ihr Fleisch schmeckt fade. Fragen Sie Ihren Metzger, woher er seine Kaninchen bezieht. Das Fleisch von Wildkaninchen ist rötlichbraun,

während das von Zuchtkaninchen weiß ist (ich glaube, das ist der Grund für den merkwürdigen, oft zitierten Vergleich mit Hühnerfleisch).

Ein älteres, größeres Kaninchen muss lange in Flüssigkeit und einem Streifen Schweinebauch oder Speck geschmort werden, damit das Fleisch saftig bleibt, während ein junges Kaninchen mit Speck umhüllt gebraten oder mit gehacktem Speck in der Pfanne kurzgebraten werden kann — aber auch dann muss man mit einem Messer prüfen, ob das Fleisch zart genug ist, und es andernfalls weiter garen.

Kaninchen wird auf klassische Weise zerlegt und in einer Senfsauce geschmort, oder man brät es im Topf und zupft das Fleisch für eine Pastasauce oder eine Pastetenfüllung von den Knochen. Kaninchen ist eine schöne Mahlzeit und eine willkommene Abwechslung von anderem Fleisch, besonders wenn Sie es selber geschossen haben, weil es dann nichts gekostet hat.

Wildbret

Wildbret bekommt man von August bis Ende Februar, abhängig von Gattung und Geschlecht. Das meiste Wildbret, das wir kaufen, stammt von Tieren aus einer Rotwildherde in Schottland und einer in Südengland, die wegen des angerichteten Flurschadens zum Abschuss freigegeben wurden.

Schottisches Rotwild soll besser schmecken als das aus anderen Teilen Großbritanniens, aber Zuchtwild ist oft zarter, weil es jünger ist und ein ruhigeres, weniger aktives Leben hatte.

Wildbret wird immer beliebter, weil es mager ist und wenig Fett hat, aber es muss drei bis vier Wochen abhängen. Wenn man Wildbret braten will, muss es mit Rückenfett vom Schwein bardiert oder mit Speck umwickelt werden. Hirschbraten wird am besten bei hoher Temperatur kurz im Backofen gegart und rosafarben und saftig serviert. Die besten Stücke zum Braten sind Keule und Rücken, die besten Stücke für Schmorgerichte stammen aus der Schulter, der Brust und dem Nacken. Weil Wildbret mager ist, sollte man das Fleisch marinieren, bevor man es mit einem Streifen Schweinebauch in den Schmortopf gibt, der für zusätzliche Saftigkeit sorgt.

Zuchtwild ist das ganze Jahr über erhältlich und am häufigsten in Supermärkten zu finden. Im Kasten auf der gegenüberliegenden Seite finden Sie die Jagdzeiten für die einzelnen Wildarten. Dann können Sie damit rechnen, dass auch dieses Fleisch zu bekommen ist.

Saisonale Verfügbarkeit von Wild

Diese Liste zeigt die Daten, zwischen denen in freier Wildbahn lebende Tiere in Deutschland geschossen werden dürfen, wobei es bundeslandspezifische Unterschiede gibt. Die hier aufgeführten Zeiträume bestimmen die Verfügbarkeit von frischem Wild. Zu anderen Zeiten verkauftes Wildbret ist entweder tiefgefroren, importiert oder stammt von Zuchtwild.

Federwild

Graugänse	August und Anfang November bis Mitte Januar
Stockenten	Anfang September bis Mitte Januar
Krickenten	Anfang Oktober bis Mitte Januar
Rebhühner	Anfang September bis Mitte Dezember
Fasane	Anfang Oktober bis Mitte Januar
Wildtruthähne	Mitte März bis Mitte Mai und Anfang Oktober bis Mitte Januar
Wildtruthennen	Anfang Oktober bis Mitte Januar
Waldschnepfen	Mitte Oktober bis Mitte Januar

Haarwild

Kaninchen	Mitte Juli bis Ende März
Rotwild	
Kälber	Anfang August bis Ende Februar
Schmaltiere	Anfang Juni bis Ende Januar
Hirsche	Anfang August bis Ende Januar

Dam- und Sikawild

Kälber	Anfang September bis Ende Februar
Schmaltiere	Anfang Juli bis Ende Januar
Hirsche	Anfang September bis Ende Januar

Rehwild

Kitze	Anfang September bis Ende Februar
Schmalrehe	Anfang Mai bis Ende Januar
Ricken	Anfang September bis Ende Januar
Böcke	Anfang Mai bis Mitte Oktober

REZEPTE

SEPTEMBER

September auf der Farm

Eine verlockende Farbpalette. Die Ginger-Pig-Eier werden täglich frisch gesammelt.

Der September ist für uns der betriebsamste Monat. Wir rotieren förmlich, um die Weizen-, Hafer- und Gerstenernte abzuschließen und das Land für die nächste Aussaat vorzubereiten. Außerdem stehen harte Zeiten bevor. Es müssen also Wasserleitungen überprüft, Zäune inspiziert und Gerätschaften gewartet werden, sonst kann man darauf wetten, dass mitten im Winter Murphys Gesetz zuschlägt: Alles, was schief gehen kann, wird auch schief gehen.

Bereits bei Tagesanbruch sind wir auf den Beinen, um das Vieh zu füttern, und erst wenn der Abend dämmert, ist Ende der Schicht (kurz darauf erscheint der Fuchs, um zu kontrollieren, ob wir unsere Arbeit gut erledigt haben). Ich freue mich daher auf die Zeitumstellung, darauf, meinen Tag bereits um 17 Uhr beschließen zu können. Zu wissen, dass im Ofen köstlich-würzige Hackfleischbällchen auf mich warten, versöhnt mich mit der Gewissheit, dass ich später nochmals raus muss.

Dies ist der Monat, in dem sich erweist, wie gut unsere Ernte ausgefallen ist. Wenn wir mindestens drei Tonnen Getreide pro Morgen erzielt haben – auf den Hektar umgerechnet wären das etwa 7,5 Tonnen –, sind wir fein raus. Denn derzeit liegen die Getreidepreise bei etwa achtzig britischen Pfund pro Tonne, und die Bewirtschaftung von einem Morgen Land kostet 190 Pfund. Bei einem Ergebnis von unter drei Tonnen müsste ich mich fragen, was ich falsch gemacht habe. Eine weitere Frage, die sich aufdrängt, nachdem das Gras allmählich sein Wachstum einstellt: Haben wir genügend Getreide zur Fütterung der zweitausend Schafe, fünfhundert Rinder, tausend Schweine und 140 Hühner auf unseren drei Farmen Grange Farm, Blansby Park und East Moor in North Yorkshire?

Eine meiner größten Stützen ist Kevin Hodgson, der sich um die Schweine kümmert, den Mähdrescher fährt und auch beim Management der Felder ein Wörtchen mitredet. Er ist nicht gerade ein Optimist, aber seine Miene hellt sich im Lauf des Tages auf, und so gehe ich ihm möglichst bis nach dem Mittagessen aus dem Weg. Während wir die Ernte einfahren, kommt es mir vor, als würde ich meine Küche für Weihnachten füllen: Ich stelle mir vor, meine Schuppen wären Vorratsschränke voller Getreide, Heu und Stroh, die uns über den Winter bringen.

Als Kind war ich beeindruckt von den Hühnern, die über das Gelände unseres kleinen Anwesens stolzierten. Sie gehörten der Rasse Rhode Island Red an. Damals waren Hühner noch sehr viel stattlicher, während die heutigen Züchtungen, wenn sie nach rasanten vierzig Tagen ihre Schlachtreife erreichen und in unseren Töpfen landen, unnatürlich klein sind. Ich war immer bestrebt, für unsere Läden langsam wachsende, langlebige Hühner zu finden, und jetzt möchte ich gerne selbst in die Zucht einsteigen.

Bevor ich The Ginger Pig 1996 ins Leben rief, las ich in *The Art of Cookery* von Hannah Glasse (1708–1770) ein Rezept, das ein Huhn von 15 Pfund verlangte. Der Metzger lachte mich aus, als ich meinen Wunsch kundtat, und bot mir stattdessen fünf Dreipfünder an. Jahrelang verfolgte mich das Bild jener majestätischen Hühner von früher, die für uns in frisches Stroh ihre Frühstückseier legten, und so nahm ich ein neues Projekt in Angriff. Ich hatte dabei zwei Ziele vor Augen: große, schmackhafte Hühner für unsere Geschäfte und Eier in unterschiedlichen Farben. Auf der Farm eines Freundes steht im hintersten Winkel ein malerisches 50er-Jahre-Hühnerhaus mit Blechdach und Eisenrädern. Zusammen mit meinem Schreiner Tom fertigte ich eine maßstabsgerechte Zeichnung davon an und errichtete anhand dieser Vorlage eine eigene, schicke Behausung. Wenn ich schon traditionelle Hühner halten wollte, brauchten sie auch ein stilechtes Domizil.

Die Unterkunft zu bauen war entschieden einfacher, als die passenden Bewohner dafür zu finden. Eier, die an eine Farbpalette von Farrow & Ball erinnerten – das war mein Traum.

Diese Unterkunft zu bauen, war jedoch entschieden einfacher, als die passenden Bewohner dafür zu finden. Eier, die an eine Farbpalette von Farrow & Ball erinnerten – das war mein Traum. Cuckoo Marans und die ihnen eng verwandten French Marans produzieren Eier in einem satten Schokoladenbraun, während die Schale bei den Leghorns in reinem Weiß leuchtet. Bei den Rhode Island Reds ist sie von hellerem Braun, und bei den Light Sussex zeigt sie einen attraktiven Cremeton. Faszinierend ist das matte Grün der Eier von Aracauner-Hennen. Aber ich hatte mich auf die Welsumer-Rasse und ihre dunkel terrakottafarbenen Eier festgelegt.

Natürlich sind Vertreter dieser Rasse am schwersten aufzutreiben, doch konnte ich mit Reverend Lobb in Ayrshire einen sehr angesehenen Züchter auftun. Seine Zuchtlinie geht bis auf die Anfänge des letzten Jahrhunderts zurück. Telefonisch erkundigte ich mich bei ihm, ob er mir einige Hennen oder Hähne verkaufen würde. Ein klares Nein war die Antwort. „Was kann ich denn kaufen?", hakte ich verzweifelt nach. „Nun ja, ich gebe befruchtete Eier ab, aber ich liefere weder persönlich noch per Versand." Also brach ich nach Schottland auf, um 150 terrakottafarbene Eier zu erwerben, die ich dann der Obhut von Mr. Todd in Ampleforth und seinen Brutapparaten übergab. Drei Wochen später teilte mir Mr. Todd telefonisch mit, dass nur 85 Küken geschlüpft wären (und dass die Hälfte davon Hähne sein würden).

Ich kaufte Wärmelampen – sie ersetzen das Fehlen der Glucke –, Futterspender, Tränken und Sägemehl, hoffend, dass mein Equipment den 85 Küken gerecht würde. Zwei Woche lang verfolgte ich, wie sich die Schar entwickelte, ein

Federkleid bildete und im Schutz ihrer warmen Umgebung immer mehr Abenteuergeist an den Tag legte. Insgeheim war ich hochzufrieden, bis meine Freundin Sarah, die mir auf der Farm eine wertvolle Helferin ist, in die Küche platzte und vermeldete, dass es tote Küken gebe. Eilends überzeugte ich mich mit eigenen Augen und erfuhr im Verlauf anschließender hektischer Telefonate, dass Mobbing bis hin zum Kannibalismus für die Welsumer-Hühner typisch sei. Ich hoffe, dass letztlich doch einige in das gepflegte neue Hühnerhaus einziehen werden.

Doch nicht alles dreht sich im September um die Hühner. Vor drei Jahren brauchte ich mehr Land für mein Borstenvieh, pachtete die West Farm in Blansby Park im Herzogtum Lancaster und siedelte die Schweine von der Grange Farm dorthin um. Aber ich vermisse die drollige Art dieser Tiere, also mussten weitere her. Ich machte die besten Jungsauen ausfindig und wählte dazu einen Eber, der inzwischen Turpin getauft wurde und der in der Schweinewelt höchst angesehenen Golden-Ranger-Linie entstammt. Es ist eine Freude, zufrieden grunzende Schweine auf der Grange Farm zu haben und sie alle als Individuen kennenzulernen.

Mit den neuen Hühnern und Schweinen bin ich so beschäftigt, dass Sarah mich beim Riggit-Galloway-Jahrestreffen auf der Duchy Home Farm in Tetbury vertreten muss. Ich bedaure es sehr, dass mir diese Veranstaltung entgeht, bei der der Prinz von Wales, ein großer Unterstützer der britischen Landwirtschaft und Befürworter eher unbekannter Nutztierrassen, als Schutzherr fungiert.

Die Scheunen sind zum Bersten voll mit Erntegut, der Hof macht einen guten Eindruck, die Hühner haben sich eingewöhnt, und die Schweine nehmen tagtäglich an Umfang zu, während uns das schon trübere Licht daran erinnert, dass der Winter naht.

Mein schönes Hühnerhaus in der Abenddämmerung.

Hackbällchen in Tomatensauce

Bereiten Sie, wenn Tomaten in Hülle und Fülle im Angebot sind, zu den köstlichen Fleischbällchen ihre eigene Sauce (siehe Seite 325). Mit gehackten Oliven, einer Prise Chiliflocken oder zerpflückten Basilikumblättchen lässt sie sich ganz nach Geschmack abwandeln.

Für 6 Personen, ergibt 24 Hackbällchen
Zubereitung: 1½ Stunden

1 kg frische Tomaten oder 600 ml Passata (passierte Tomaten aus dem Glas)

1 kg mageres Rinderhackfleisch

1 Zwiebel, geschält und fein gewürfelt

1 Knoblauchzehe, angedrückt, geschält und fein gehackt

Meersalz

frisch gemahlener schwarzer Pfeffer

Blättchen von 1 Bund Petersilie, fein gehackt

1 Ei

2 EL Olivenöl

200 ml trockener Weißwein

1. Frische Tomaten, falls verwendet, enthäuten und von den Samen befreien. Dafür Tomaten kreuzweise einritzen, in kochendes Wasser geben und nach etwa 20 Sekunden wieder herausnehmen. Sobald man sich an ihnen nicht mehr die Finger verbrennt, die Haut einfach abziehen. Tomaten vierteln, die Samen mit dem Finger entfernen und das Fruchtfleisch grob hacken.

2. Den Backofen auf 180 °C vorheizen. In einer Schüssel Hackfleisch, Zwiebel, Knoblauch, Salz und Pfeffer nach Geschmack, Petersilie und Ei gründlich vermengen. Die Masse in 24 gleiche Portionen teilen und in walnussgroße Bällchen formen.

3. Olivenöl in einer großen Pfanne bei mittlerer bis hoher Temperatur erhitzen. Die Bällchen portionsweise etwa 5 Minuten rundherum goldbraun braten, danach in eine Auflaufform geben. Wenn alle Bällchen gebraten sind, den Wein in die Pfanne geben und den aromatischen Bratensatz mit einem Holzlöffel vom Pfannenboden losrühren. Die Tomaten oder die Passata einrühren und den Pfanneninhalt anschließend über die Fleischbällchen geben.

4. Das Gericht abgedeckt 45 Minuten im Ofen garen, dabei ein- oder zweimal umrühren. Mit Bandnudeln servieren.

Schmorbraten vom Schwein mit Rosinen auf spanische Art

Ein ungewöhnlich dunkler Schimmer geht von diesem Schweineschmorbraten aus, der durch Rotwein und Rosinen köstlich veredelt wird. Cremiges Kartoffelpüree und zart gedünsteter Spinat bilden die perfekten Beilagen zu dem Gericht, das sich gut schon am Vortag zubereiten lässt. Die längere Ruhezeit steigert sogar noch den Geschmack der herrlich sämigen Sauce.

Für 4–6 Personen
Zubereitung: 3 Stunden plus Ruhezeit über Nacht

1 EL Olivenöl

1 kg Schweineschulter, ausgelöst, oder 2 kg Schweineschulter wie gewachsen

250 g Schalotten, geschält

3 Knoblauchzehen, geschält und in dünne Scheiben geschnitten

750 ml trockener Rotwein

250 g Rosinen

3 Lorbeerblätter

1 Bund Majoran

Meersalz

frisch gemahlener schwarzer Pfeffer

1. Den Backofen auf 170 °C vorheizen. Olivenöl in einem ofenfesten Topf mit Deckel bei mittlerer bis hoher Temperatur erhitzen und das Fleisch darin rundherum braun anbraten. Herausnehmen und auf einem Teller beiseite legen. Die Schalotten im Öl gleichmäßig anbräunen, dabei während der letzten Minute den Knoblauch mitbraten. Das Fleisch wieder in den Topf geben. Den Wein mit den Rosinen und den Kräutern hinzufügen. Nach Geschmack salzen und pfeffern und zum Köcheln bringen.

2. Den Topf abgedeckt in den Ofen schieben. Nach 1 Stunde das Fleisch mit dem Fond beschöpfen und noch 1 Stunde schmoren. Aus dem Ofen nehmen, abkühlen lassen und dann abgedeckt über Nacht kalt stellen.

3. Am nächsten Tag Zimmertemperatur annehmen lassen. Den Backofen auf 180 °C vorheizen und den Topf nochmals für 40 Minuten hineinstellen.

4. Das Fleisch herausnehmen, in dicke Scheiben schneiden und auf vorgewärmten Tellern anrichten. Die Sauce mit den Rosinen und Schalotten darüber geben.

Würziges pfannengerührtes Schweinefleisch

Zarte Schweinelende ist ideal zum Kurzbraten und in Kombination mit all den pikanten Würzzutaten der asiatischen Küche ein absoluter Genuss.

Für 4 Personen
Zubereitung: 20 Minuten

200 g Vermicelli (Fadennudeln)

1 EL Pflanzenöl

500 g Schweinelende, in Scheiben geschnitten

2 Knoblauchzehen, angedrückt, geschält und fein gehackt

1 Stängel Zitronengras, geputzt und fein gehackt

2 rote Chilischoten, Samen und Scheidewände entfernt, fein gehackt

5 cm frischer Ingwer, geschält und fein gehackt

2 Möhren, geschält und in feine Scheiben geschnitten

½ Wirsing, Strunk entfernt, in feine Streifen geschnitten

1 EL Fischsauce

Saft von 2 Limetten

2 EL Sesam, geröstet

2 EL Cashewkerne, gehackt

1 Bund Frühlingszwiebeln, in feine, streichholzlange Streifen geschnitten

Blättchen von 1 Bund Koriander, gehackt

1. Die Nudeln nach Packungsanweisung garen.

2. Inzwischen das Öl in einer großen Pfanne oder einem Wok bei mittlerer bis hoher Temperatur erhitzen. Das Fleisch von beiden Seiten darin anbraten. Wenn es leicht gebräunt ist, die Temperatur reduzieren. Knoblauch, Zitronengras, Chilischoten und Ingwer zufügen und etwa 4 Minuten pfannenrühren.

3. Möhren und Wirsing untermischen. Fischsauce und Limettensaft darüberträufeln und alles rasch erhitzen. Die Nudeln abseihen und in vorgewärmte Schalen geben. Darauf das Fleisch mit dem Gemüse anrichten. Mit Sesam, Cashewkernen, Frühlingszwiebeln und Koriandergrün bestreuen.

Deftige Kaninchen-Paella

Fast unweigerlich denkt man bei Paella an exquisite Meeresfrüchte, gemischt mit prallem Reis. In Zentralspanien aber wird eine rustikalere Paella mit Kaninchen zubereitet, das dort allenthalben angeboten wird. Das Fleisch muss hier in aller Ruhe garen, damit es beim Essen von selbst vom Knochen fällt. Bitten Sie den Metzger, die Keulen jeweils in zwei und den Rücken in vier Stücke zu zerlegen.

Für 4–6 Personen
Zubereitung: 2½ Stunden

125 g junge Dicke Bohnen

1 EL Olivenöl

1 Kaninchen (etwa 1,25 kg), portioniert

2 Zwiebeln, geschält und gewürfelt

2 Knoblauchzehen, angedrückt, geschält und fein gehackt

1 Lorbeerblatt

2 TL mildes geräuchertes Paprikapulver (Pimentón de la Vera)

Meersalz

frisch gemahlener schwarzer Pfeffer

1 l Hühner- oder Gemüsebrühe

275 g Paella-Reis (Rundkornreis)

1. Schon etwas reifere Dicke Bohnen enthäuten. Dafür die Bohnen etwa 10 Sekunden in kochendem Wasser blanchieren, abseihen und gründlich kalt abschrecken. Nun einfach die Bohnen zwischen Daumen und Zeigefinger fassen und leicht drücken, bis die Kerne herausrutschen.

2. Öl in einer großen Pfanne oder einem weiten, flachen Topf bei mittlerer bis hoher Temperatur erhitzen. Die Kaninchenteile etwa 10 Minuten rundherum goldbraun anbraten. Zwiebeln und Knoblauch einige Minuten mitbraten. Lorbeerblatt und Paprika dazugeben, salzen und pfeffern. Brühe hinzugeben und zum Köcheln bringen.

3. Einen Deckel auflegen und das Fleisch 1¼ Stunden sanft köcheln lassen. Den Reis gründlich untermischen, Brühe wieder köcheln lassen und 20 Minuten garen. Bis zum Servieren nicht mehr umrühren. Die Bohnen dazugeben und die Paella noch 8 Minuten weiterköcheln lassen. Sofort servieren.

Geschmortes Bürgermeisterstück

Das Bürgermeisterstück, das aus der Keule geschnitten wird, bekommen Sie bei einem guten Metzger. Es ist außerordentlich zart und schmackhaft. Rote Bete gibt der Sauce eine kräftige und attraktive Farbe und dem ganzen Gericht eine fantastische, süßlich-erdige Note.

Für 4–6 Personen
Zubereitung: 2½ Stunden

1 EL Olivenöl

1 Bürgermeisterstück vom Rind (etwa 1 kg)

3 Zwiebeln, geschält und in feine Ringe geschnitten

2 Knoblauchzehen, angedrückt und geschält

1 l Rinderbrühe, plus mehr nach Bedarf

3 Lorbeerblätter

3 Thymianzweige

Meersalz

frisch gemahlener schwarzer Pfeffer

3 Möhren, geschält und halbiert

2 Rote Bete, gewaschen, geschält und geviertelt

2 Stangen Sellerie, halbiert

2 Lauchstangen, halbiert, gut gewaschen

1. Den Backofen auf 180 °C vorheizen. Das Öl in einem Bräter bei mittlerer bis hoher Temperatur erhitzen und das Fleisch rundherum braun anbraten, danach auf einem Teller beiseite stellen. Die Zwiebeln zum Öl geben und 8 Minuten unter Rühren anschwitzen, dann den Knoblauch noch 2 Minuten mitdünsten. Das Fleisch wieder in den Topf geben. Brühe und Kräuter hinzufügen, salzen und pfeffern.

2. Einen Deckel auflegen und das Fleisch 1 Stunde im Ofen schmoren. Möhren und Rote Bete dazugeben, den Topf wieder schließen und weitere 45 Minuten garen. Sellerie und Lauch hinzufügen und alles abgedeckt 20 Minuten garen. Dabei nach Bedarf mehr Brühe dazugeben.

3. Das Fleisch herausnehmen und in dicke Scheiben schneiden. Das Gemüse mit der Brühe in einzelnen Schalen verteilen, das Fleisch darauf anrichten. Dazu frisches Brot und scharfen Senf reichen.

Pikante Chili-Burger

Für die Kindervariante verzichten Sie auf die Chilischärfe. Schon der Feta alleine macht diese Burger sehr lecker. Wichtig ist beste Fleischqualität.

Für 4 Personen
Zubereitung: 20 Minuten

900 g mageres Rinderhackfleisch

1 EL Sojasauce

1 EL Worcestershire-Sauce

1 rote Chilischote, Samen und Scheidewände entfernt, fein gehackt

frisch gemahlener schwarzer Pfeffer

Blättchen von ½ Bund Petersilie, fein gehackt

150 g Feta, zerbröckelt

1 Ei

Olivenöl zum Braten

4 knusprige Brötchen

1 kleiner Romana-Salat

4 Fleischtomatenscheiben

1. Das Hackfleisch in einer Schüssel mit Soja- und Worcestershire-Sauce, Chilischote, Pfeffer und Petersilie mit den Händen gründlich vermischen. Den Schafkäse zuletzt untermengen, dann das Ei zugeben, um die Masse zu binden. In vier gleichgroße Portionen teilen und zu Frikadellen formen.

2. Eine Grill- oder Bratpfanne erhitzen, mit Olivenöl auspinseln und die Frikadellen bei mittlerer Temperatur von beiden Seiten braten: 3–4 Minuten für „rare" (blutig), 5 Minuten für „medium" (halb durch) und 6 Minuten für „well-done" (wenn Sie es wirklich unbedingt gut durchgebraten wollen).

3. Die Frikadellen mit etwas Salat und je 1 Tomatenscheibe zwischen die Brötchenhälften geben.

Wild-Pie

Als die Nachfrage nach unseren Pies stieg, dachte ich, dass wir das Angebot erweitern sollten. Uns fehlte eine klassische Version mit verschiedenem Wild, und so entwickelten wir dieses edle Rezept.

Ergibt 4 kleine Pies (12 × 6 cm) oder 1 große Pie (24 × 12 cm)
Zubereitung: 3 Stunden plus Marinierzeit über Nacht

Für die Füllung

4 Fasanenbrüste

4 Taubenbrüste

300 ml Portwein

2 EL rotes Johannisbeergelee (siehe Seite 322)

1 Knoblauchzehe, angedrückt, geschält und fein gehackt

8 dünn abgeschälte Streifen einer Bio-Orange

Meersalz

frisch gemahlener schwarzer Pfeffer

400 g Rehfleisch, fein gewürfelt

250 g Schweinebauch ohne Schwarte, fein gewürfelt

24 dünne Scheiben luftgetrockneter durchwachsener Speck ohne Schwarte

1 Brust vom Freilandhähnchen, in Scheiben geschnitten

Für die Pastete

700 g Mehl (Type 550)

50 g Puderzucker

1 Prise Salz

200 g Schweineschmalz

Außerdem

25 g Schweineschmalz, zerlassen

1 EL Mehl

1 Ei, verquirlt

selbstgemachte Gelatine (siehe rechte Seite)

50 g frische Cranberrys

1. Für die Füllung die Fasanen- und Traubenbrüste in feine Scheiben schneiden und in eine Schüssel geben. Portwein, Johannisbeergelee, Knoblauch und Orangenschale zufügen. Salzen und pfeffern, mischen und abgedeckt 24 Stunden kalt stellen. (Die Marinade durchseihen und eingefrieren, um sie bei Bedarf in Schmorgerichten zu verwenden.) Rehfleisch und Schweinebauch in einer Schüssel mischen und abgedeckt kalt stellen.

2. Für den Teig Mehl, Puderzucker und Salz in einer Schüssel vermengen. Das Schmalz in einem Topf mit 200 ml Wasser rasch erhitzen, bis es schmilzt. Zum Mehl geben und alles möglichst schnell zu einem glatten Teig vermengen (dauert dies zu lange, wird der Teig hart und lässt sich schwer ausrollen). Vorerst nicht benötigten Teig in Frischhaltefolie wickeln und mit einem Küchentuch abdecken, damit er weich bleibt. Für mehrere kleine Pies aus dem Teig 8 Kugeln formen: 4 mit je etwa 180 g und 4 mit je etwa 110 g. Für eine große Pie 2 Kugeln mit 750 g beziehungsweise 450 g formen.

3. Den Backofen auf 170 °C vorheizen. Eine große oder 4 kleine Formen sorgfältig mit Schmalz bepinseln und dünn mit Mehl ausstäuben. Die größeren Teigkugeln ausrollen und damit die Formen auskleiden. Darüber eine Lage Speckstreifen legen, sodass die Enden gleichmäßig über den Rand hängen.

4. Ein Drittel der Reh-Schweinefleisch-Mischung in einer dünnen Schicht in den Formen verteilen. Die Hälfte der Fasanen- und Taubenbrüste und die gesamte Hähnchenbrust darauf geben. Nun wieder eine Schicht Reh-Schweinefleisch-Mischung, dann die zweite Hälfte der Fasanen- und Taubenbrüste und schließlich den Rest der Reh-Schweinefleisch-Mischung verteilen. Die überhängenden Speckenden darüber schlagen.

5. Teigränder mit verquirltem Ei einpinseln. Die kleineren Teigkugeln ausrollen und die Stücke als Deckel über die Formen breiten. Die Teiglagen mit den Fingern zusammendrücken und den überstehenden Rest abschneiden. In die Mitte eine 3 cm große Öffnung schneiden, ringsum mit Ei bepinseln. 1 Stunde backen, anschließend aus dem Ofen nehmen und abkühlen lassen. In die Deckelöffnung einen kleinen Trichter schieben und etwas selbstgemachte Gelatine hineingießen. Die Cranberrys darauf arrangieren und vor dem Servieren noch 1 Stunde ruhen lassen.

Selbstgemachte Gelatine

Eine wahre Wunderzutat für Pies! Sie bewirkt nicht nur, dass die Füllung bindet, sondern bringt dazu deren ganze Geschmacksfülle zur Entfaltung. Obendrein liefert sie dem Körper wertvolle Nährstoffe!

Ergibt 300–400 ml

2 Schweinsfüße (im Voraus beim Metzger bestellen)

5 Pfefferkörner

2 Lorbeerblätter

1. Die Schweinsfüße in einem Topf mit kaltem Wasser aufsetzen. Aufkochen lassen und dann abgießen. Den Topf ausspülen. Schweinsfüße im Topf mit frischem Wasser bedecken, Pfefferkörner und Lorbeerblätter hinzufügen. Einen gut schließenden Deckel auflegen und die Schweinsfüße 4 Stunden leise köcheln lassen. Sie müssen stets mit Wasser bedeckt sein, daher stündlich überprüfen und bei Bedarf weiteres Wasser dazugießen.

2. Die Flüssigkeit durch ein mit einem Musselintuch ausgelegtes Sieb abseihen und abkühlen lassen. Dabei sollte die Gelatine die Konsistenz von festem Fruchtgelee annehmen. Ist sie noch zu weich, erneut erhitzen und etwas weiter einköcheln lassen. Abkühlen lassen, einfrieren und nach Bedarf verwenden, etwa in der Wild-Pie (gegenüberliegende Seite).

Rebhuhn ganz klassisch

Wer bei Federwild den typischen markanten Geschmack nicht unbedingt mag, trifft mit Rebhuhn eine exzellente Wahl. Sein wundervoll zartes Fleisch hat eine delikate, leicht liebliche Note. Das Braten geht ganz einfach. Mehr als eine leckere Brotsauce und eine schöne Bratensauce braucht man nicht dazu.

Für 2 Personen
Zubereitung: 50 Minuten

2 große Rebhühner

25 g Butter

Pflanzenöl für den Bräter

25 g Mehl

125 ml trockener Rotwein

1 EL rotes Johannisbeergelee (siehe Seite 322)

1. Den Backofen auf 200 °C vorheizen. Die Rebhuhnbrüste gleichmäßig mit der Butter bestreichen. Einen kleinen Bräter schwach einölen, die Rebhühner hineinlegen und 30–35 Minuten im Ofen garen. Zur Garprobe an einer der Keulen ziehen: Wenn sie sich leicht löst, ist das Tier gar. Andernfalls nochmals 10 Minuten in den Ofen geben und danach erneut testen. (Alternativ zur Probe den Schenkel an der dicksten Stelle einstechen: Es muss klarer Fleischsaft austreten.)

2. Die fertig gegarten Rebhühner auf einen vorgewärmte Teller legen und warm stellen. Das Mehl gründlich in den Bratfond im Bräter einrühren, dann den Rotwein und das Johannisbeergelee untermischen. Bei mittlerer bis hoher Temperatur unter gründlichem Rühren erhitzen und leicht einköcheln lassen. Die Rebhühner mit der Sauce servieren.

Gebratene Michaelisgans

Ein opulenter Gänsebraten ist am 29. September bäuerliche Tradition.

Für 8 Personen
Zubereitung: 4½ Stunden

1 Gans (etwa 5 kg) mit Innereien

1 Zwiebel, geschält und grob gewürfelt

2 Lorbeerblätter

2 Stangen Sellerie, halbiert

6 schwarze Pfefferkörner

1 Lauchstange, längs halbiert und gut gewaschen

500 g gekochte Kartoffeln, gerieben

500 g Schweinehackfleisch

500 g Semmelbrösel

2 rote Zwiebeln, geschält und fein gewürfelt

500 g Äpfel (z. B. Cox), geschält und gerieben, plus 2 Äpfel, geviertelt und Kerngehäuse entfernt

2 Knoblauchzehen, geschält und gehackt

1 EL getrockneter Salbei

¼ TL gemahlene Muskatblüte (Macis)

1 Ei, mit 250 ml Wasser verquirlt

Meersalz

frisch gemahlener schwarzer Pfeffer

2 Birnen, geviertelt und Kerngehäuse entfernt

¼ TL geriebene Muskatnuss

¼ TL gemahlene Gewürznelken

2 EL Roh-Rohrzucker

2 EL Mehl

100 ml trockener Weißwein

1. Alle Innereien bis auf die Leber mit Zwiebel, Lorbeerblättern, Sellerie, Pfefferkörnern und Lauch sowie 1 l Wasser in einem Topf 1 Stunde köcheln lassen. Danach die Brühe durchseihen.

2. Backofen auf 220 °C vorheizen. Die Gänseleber würfeln. In einer Schüssel mit Kartoffeln, Hackfleisch, Semmelbröseln, roten Zwiebeln, geriebenen Äpfeln, Knoblauch, Salbei, Muskatblüte, Ei sowie Salz und Pfeffer vermengen. Die Gans rundherum mit einer Gabel einstechen und mit der Masse füllen. Haut über die Öffnungen ziehen, mit Spießchen feststecken. Die Gans wiegen und die Garzeit berechnen: pro Kilogramm 30 Minuten, hier also etwa 3½ Stunden.

3. Die Gans auf einem Grilleinsatz in einen großen Bräter setzen und 3½ Stunden im Ofen garen, dabei die Temperatur nach 30 Minuten auf 180 °C herunterschalten. Während des Garens regelmäßig Fett abschöpfen.

4. Birnen und restliche Äpfel mit Muskatnuss, Nelken und Zucker vermischen und zur Gans geben. Noch 15 Minuten garen und aus dem Ofen nehmen. Die Gans auf eine Servierplatte legen, die Früchte bis zum Servieren wieder in den Ofen geben.

5. Für die Sauce mit einem Metalllöffel das Fett aus dem Bräter abschöpfen. Mehl mit dem Schneebesen gleichmäßig in den Fond einrühren. Langsam Brühe und Wein zufügen. Unter Rühren aufkochen, dabei von der Gans abgegebenen Fleischsaft zufügen. Gans tranchieren und servieren.

OKTOBER

Oktober auf der Farm

„Schweineflüsterer" Tim mit einem sechs Wochen alten Ferkel. Nach dem rötlichen Braun (engl. ginger) der Tamworth-Rasse wurde die Farm benannt.

Morgens ist es nun schon empfindlich kalt. Ebenso überrascht wie erfreut beobachte ich, dass noch immer einige schwarze Kätzchen auf der Grange Farm herumtollen und sich auf den Strohtürmen in der großen Scheune ausgelassen jagen. Die Ernte hatte mich dermaßen beschäftigt, dass ich sie eine Zeitlang einfach vergessen hatte. Seit sechs Monaten leben sie inzwischen bei uns, doch obwohl Sarah ihnen jeden Abend frische Schweineherzen anbietet, wollen sie sich absolut nicht fangen lassen. Es muss sich aber herumgesprochen haben, dass sich hier gut tafeln lässt. Denn bei jeder Fütterung taucht eine getigerte Dame auf, vermutlich die Mutter der Bande. Ich mag Katzen in meiner Umgebung. Die meisten Schaffarmer halten sie lieber auf Abstand, weil sie Toxoplasmose übertragen könnten. Aber sie sind nur einer von mehreren Risikofaktoren, und ihre Verdienste im Kampf gegen Ratten und Mäuse schätze ich entschieden höher ein.

Die im letzten Monat gekauften Tamworth-Schweine müssen, nachdem sie sich inzwischen eingewöhnt haben, allmählich etwas tun für ihr Geld. Also mache ich Primrose und Primula, mit elf Monaten die beiden ältesten Jungsauen in der neuen Herde, mit meinem preisgekrönten Eber Turpin bekannt. Ich bringe sie in einer mit frischem Stroh ausgelegten Kemenate zusammen, doch sagt mir das Quieken der Mädels, dass sie von ihrem neuen Gefährten noch nicht wirklich überzeugt sind. Als ich am nächsten Samstag über die Stalltür luge, stelle ich fest, dass Primrose kapituliert hat, und am Montag darauf hat auch Primula ihr „erstes Mal" hinter sich. In 112–114 Tagen (oder, wie es früher hieß, in drei Monaten, drei Wochen und drei Tagen) wird sich zeigen, ob diese Begegnungen Früchte tragen. Ich hoffe, dass jede Sau mindestens acht Ferkel werfen wird. Inzwischen ist Turpin bei Dandelion und Burdock eingezogen.

Mein Traum von einem verspäteten Sommerurlaub ist wie eine Seifenblase zerplatzt, denn schon nahen Thanksgiving und Weihnachten, und es gibt so viel zu tun. Aus den Geschäften erreicht uns eine wachsende Flut von Bestellungen. Jeden Montag setzen wir uns auf der Farm zusammen, um etwaige Probleme auszubügeln. Bei einem dieser Treffen wurde uns klar, dass sich das Auftragsvolumen auf über tausend Truthähne, fünfhundert Gänse, 180 Schweine, achtzig Lämmer und dreißig Rinder summiert, von den Unmengen an Pies, Würsten, Schinken und Speck ganz abgesehen. Aber wir haben einen Plan, und deshalb bin ich recht guter Dinge. David Harrison, die größte Stütze in der Verwaltung von The Ginger Pig, hat ein Computersystem installiert, das meine veralteten Methoden ersetzen soll, und Amy Fletcher wird von nun an die telefonischen Aufträge entgegennehmen.

Von all den Aktivitäten, die auf uns zurollen, lenke ich mich ab, während ich, auf meinem fabelhaften, hochmodernen Traktor thronend, unter Musikbegleitung die Felder und Viehweiden für die nächste Saison vorbereite.

Diesen Monat lassen wir unsere größte Mule-Herde decken. Mein Schäfer hat nach fünf Jahren gekündigt, er will zur Organisation Natural England wechseln. Also übernimmt Chris, sein junger Stellvertreter, den Posten, bis ich einen neuen Schäfermeister gefunden habe.

Inzwischen weiden die Muleschafe auf dem Land rings um die Farm. Das fette Gras wird ihre Fruchtbarkeit und Fitness insgesamt noch verbessern. Durch die Nähe zu den Böcken kommen sie alle zur gleichen Zeit in die Brunft.

Die Männchen sind völlig aus dem Häuschen, seit die Weibchen zur Farm zurückgekehrt sind. Chris legt ihnen ein Bocksprunggeschirr an. Daran ist ein Farbstift befestigt, mit dem die Schafe beim Deckakt markiert werden. In der ersten Woche werden wir gelbe und in der zweiten blaue Tinte verwenden. Dadurch haben wir, wenn die Lammzeit losgeht, einen besseren Überblick. Jeweils fünfzig Schafen gesellen wir einen der aufgeregten Böcke zu, und sie bleiben dann drei Wochen zusammen. Ich weiß nie, ob ich trauern oder grollen soll, wenn ein Bock aufgrund völliger Erschöpfung und Übererregtheit ins Gras gebissen hat. Mindestens ein Tier pro Saison auf diese Art zu verlieren ist nicht ungewöhnlich.

Ich weiß nie, ob ich trauern oder grollen soll, wenn ein Bock aufgrund völliger Erschöpfung und Übererregtheit ins Gras gebissen hat. Mindestens ein Tier pro Saison auf diese Art zu verlieren, ist nicht ungewöhnlich.

Ich bestelle meinen Ultraschallexperten John Barnes auf die Farm. Er soll mir helfen festzustellen, wie viele Lämmer die Dorset-Schafe, die im Juli gedeckt wurden und im November fällig sind, jeweils bekommen werden. Denn es geht um die Futtermenge, die sie in der Zeit vor der Geburt erhalten sollen. Dies ist ein wichtiger Punkt, da zu viel Futter zur Entwicklung überdurchschnittlich großer Lämmer führen kann, was dann einen Kaiserschnitt erforderlich macht. Mir ist aber wichtig, dass die Geburten möglichst natürlich vonstatten gehen. Wir treiben die Schafe zusammen und leiten sie einzeln durch eine enge Passage. So können wir gut den Ultraschallscanner ansetzen und herausfinden, ob sie eventuell Mehrlinge tragen.

Wo er schon da ist, bitte ich John, auch einige der Kühe anzusehen, und es gibt erfreuliche Neuigkeiten: Von den zwanzig untersuchten Riggits und Belted Galloways sind 17 trächtig.

Ein weiteres ehrgeiziges Projekt von mir ist es, rote Riggits zu züchten. Ich habe ein Faible für bunte Rassen aller Art. Doch das rote Gen ist rezessiv, und deshalb sind die meisten Riggits einfach schwarz, mit einer weißen Linie auf dem Rücken. Vor zwei Jahren machte ich aber bei einem Riggit-Treffen im Dartmoor-Gebiet, während mir der Gastgeber Anton Coaker seinen Rinderbestand zeigte, einen roten Bullen aus. Wir kamen gleich ins Geschäft. Allerdings musste ich fünf Monate warten, bis es Anton gelang, das Tier aus dem Moor zurück zu seiner Farm zu locken. Unverzüglich fuhr ich mit meinem Viehanhänger los, um das Objekt meiner Begierde abzuholen. Die Rinderzucht erfordert viel Geduld. Seit 18 Monaten ist Mr Riggity Man – so haben wir den Bullen getauft – jetzt bei mir in Yorkshire, und tagtäglich hat Sarah ihn von Hand gefüttert, um sein ungestümes Wesen zu besänftigen und ihn auf die Begegnung mit meinen schwarzen Riggit-Färsen im nächsten Frühjahr vorzubereiten. Nur 285 Tage (oder neun Monate) danach wird sich zeigen, ob er einer der Jungkühe sein rotes Gen weitergegeben hat. Ich drücke die Daumen.

Eine Riggit-Färse (links) mit der Kuh Beauty (Mitte) und Red Apple (rechts), beides Galloways.

Geräucherte Schweinshachse mit Petersilienpasta

Einfach und köstlich! Geräucherte Schweinshachsen liefern zartes Fleisch, dessen lieblicher Geschmack sich mit den übrigen Zutaten zu einer herrlichen Sauce verbindet.

Für 6 Personen
Zubereitung: 1½ Stunden

2 geräucherte Schweinshachsen

Blättchen von 1 großen Bund glatter Petersilie, grob gehackt

80 g Parmesan, gerieben

Meersalz

frisch gemahlener schwarzer Pfeffer

2 EL natives Olivenöl

4 EL Mascarpone

425 g Linguine

1. Die Schweinshachsen in einem großen Topf mit kaltem Wasser bedecken. Aufkochen und bei schwacher Hitze zugedeckt 1 Stunde köcheln lassen. Vom Herd nehmen und die Schwarte zusammen mit dem überschüssigem Fett entfernen, sobald man sich an den Hachsen nicht mehr die Finger verbrennt. Das Fleisch sorgfältig ablösen und grob hacken. Von der Brühe 125 ml abgießen und beiseite stellen (den Rest einfrieren und bei späterer Gelegenheit für eine deftige Erbsen- oder Linsensuppen verwenden).

2. Das Fleisch mit der Petersilie, dem Parmesan, Salz und Pfeffer nach Geschmack, dem Olivenöl, dem Mascarpone und der beiseite gestellten Brühe vermischen.

3. In einem großen Topf reichlich gesalzenes Wasser zum Kochen bringen und die Pasta nach Packungsanweisung garen. Abseihen und zusammen mit der Fleischmischung zurück in den Topf geben. Mit zwei Holzlöffeln gut durchmischen und sofort servieren.

Wursteintopf mit Limabohnen

Verwenden Sie für diesen Eintopf unbedingt Würste bester Qualität. Mit dem Saft, den sie abgeben, lassen sie die Bohnen und die Sauce zu Hochform auflaufen.

Für 6 Personen
Zubereitung: 1¾ Stunden plus Einweichzeit über Nacht

500 g getrocknete Limabohnen

2 EL Olivenöl

12 würzige Schweinswürste (beispielsweise Chorizo)

2 Zwiebeln, geschält und in Scheiben geschnitten

4 rote Paprika, Samen und Scheidewände entfernt, in Streifen geschnitten

2 Knoblauchzehen, angedrückt und geschält

2 Lorbeerblätter

2 Thymianzweige

2 TL Tomatenmark

Meersalz

frisch gemahlener schwarzer Pfeffer

1. Die Bohnen in einer Schüssel großzügig mit kaltem Wasser bedecken und 12 Stunden über Nacht einweichen. Danach abseihen, in einem Topf mit frischem Wasser aufsetzen und bei hoher Temperatur zum Kochen bringen. Nach 10 Minuten die Hitze reduzieren und die Bohnen 45–60 Minuten köchelnd weich garen.

2. In der Zwischenzeit den Backofen auf 180 °C vorheizen. Olivenöl in einem Bräter erhitzen. Die Würste mit den Zwiebeln und den Paprikaschoten hinzufügen und 20 Minuten im Ofen braten.

3. Bohnen abseihen, dabei 450 ml des Kochwassers auffangen. Würste aus dem Bräter nehmen. Bohnen, Knoblauch, Kräuter, Tomatenmark und das Bohnenkochwasser hinzufügen, salzen und pfeffern. Gut umrühren und die Würste wieder in den Bräter legen. Mit Alufolie abdecken und erneut 20 Minuten in den Ofen schieben. Die Folie entfernen, die Würste umdrehen und weitere 10 Minuten garen. Heiß servieren.

Lamm-Navarin

Traditionell wird dieses Gericht im Frühling mit jungem Gemüse zubereitet, doch auch im Herbst ist es keineswegs zu verachten. Mit Hammel- statt Lammfleisch bekommt es einen deftigeren, volleren Geschmack.

Für 6–8 Personen
Zubereitung: 2½ Stunden

1 EL Olivenöl

1,5 kg Lammnacken mit Knochen, vom Metzger in 6 Stücke gehackt

1 Zwiebel, geschält und grob gewürfelt

2 Knoblauchzehen, angedrückt, geschält und fein gehackt

25 g Mehl

2 EL Tomatenmark

1 Bouquet garni

1 l Lamm- oder Hühnerbrühe

200 g kleine, festkochende Kartoffeln, geschält

15 g Butter

3 Möhren, geschält und grob gewürfelt

200 g kleine Mairübchen oder andere weiße Rüben, im Ganzen

125 g Silberzwiebeln, geschält

125 g grüne Bohnen, geputzt

125 g Erbsen

1. In einem großen Topf Öl bei mittlerer bis hoher Temperatur erhitzen. Das Fleisch braun anbraten, danach herausnehmen. Zwiebel und Knoblauch ohne Farbe weich braten. Topf vom Herd nehmen und das Mehl gründlich einrühren, bis es das Fett aufgesogen hat. Fleisch mit Tomatenmark und Bouquet garni zurück in den Topf geben. Brühe dazugeben und zum Köcheln bringen. Dann das Fleisch auf niedriger Stufe zugedeckt 1½ Stunden sanft garen, dabei gelegentlich rühren.

2. Kartoffeln in den Topf geben und in die Flüssigkeit drücken. Deckel wieder auflegen und weitere 15 Minuten garen.

3. Butter in einem Topf zerlassen. Möhren, Rüben und Silberzwiebeln unter Rühren braten, bis sie etwas Farbe annehmen. Zum Fleisch geben und weitere 25 Minuten garen. Zuletzt Bohnen und Erbsen noch 5 Minuten mitgaren und servieren.

Langsam gegarte Lammschulter

Dies ist Hausmannskost in Vollendung. Raffinierte Kochkünste sind nicht erforderlich, und die Zubereitung geht wie von selbst. Man schiebt das Fleisch einfach in den Ofen und lässt es Stunden vor sich hin garen. Am Ende ist es butterzart und wundervoll aromatisch. Selbst gemachtes Quittengelee (siehe Seite 322) bildet eine perfekte Beigabe.

Für 6 Personen
Zubereitung: 4½ Stunden

1 ganze Knoblauchknolle

3 kg Lammschulter

6 Zwiebeln, geschält

8 Möhren, geschält

Meersalz

frisch gemahlener schwarzer Pfeffer

1. Den Backofen auf 190 °C vorheizen. Die Knoblauchknolle quer halbieren und das Fleisch ringsum damit einreiben. Danach die Zehen vereinzeln und mit den Zwiebeln und Möhren in einen Bräter geben. Fleisch darauf legen, salzen und pfeffern, 1,5 l Wasser in den Bräter geben. Mit Alufolie abdecken und in den Ofen schieben.

2. Nach 30 Minuten die Temperatur auf 150 °C verringern und die Lammschulter weitere 4 Stunden garen. Etwa 30 Minuten vor dem Servieren die Folie entfernen, damit das Fleisch eine schöne, braune Kruste bekommt. Es ist so zart, dass es nicht aufgeschnitten werden muss. Stattdessen einfach nur das Schulterblatt herauslösen und das Fleisch dann zusammen mit dem Gemüse und dem Fond mit einem Löffel austeilen. Großartig schmeckt dazu Kartoffelpüree.

Gegrillte Fleischdünnung vom Rind

Vom Geschmack wie von der Textur her ist Fleischdünnung vom Rind ein interessantes Stück. Das Braten muss bei sehr hoher Temperatur erfolgen, und danach muss das Fleisch, damit es nicht zäh wird, noch ruhen. Auch wenn es Ihren Appetit noch so anstachelt, lassen Sie ihm unbedingt diese Zeit zum Entspannen!

Für 4–6 Personen
Zubereitung: 20 Minuten plus mindestens 2 Stunden zum Marinieren

700 g Fleischdünnung vom Rind

2 EL Harissa (siehe Seite 324)

2 Knoblauchzehen, angedrückt und geschält

2 EL Olivenöl plus etwas für den Couscous

Meersalz

frisch gemahlener schwarzer Pfeffer

175 g Instant-Couscous

200 g Rucola

1. Das Fleisch in einen Plastikbeutel geben. Harissa, Knoblauch, Öl sowie Salz und Pfeffer nach Geschmack verrühren. Die Mischung mit einem Löffel in den Beutel füllen und gleichmäßig auf dem gesamten Fleisch verreiben. Fleisch 2 Stunden bei Zimmertemperatur oder über Nacht im Kühlschrank marinieren.

2. Kalt gestelltes Fleisch Zimmertemperatur annehmen lassen. Einen Holzkohle- oder Elektrogrill oder eine große Grillpfanne erhitzen. Das Fleisch bei sehr hoher Temperatur von beiden Seiten je 3 Minuten garen. Vom Grill oder aus der Pfanne nehmen und 10 Minuten ruhen lassen.

3. Inzwischen den Couscous in einer großen Schüssel mit kochendem Wasser bedecken und 1 Schuss Olivenöl dazugeben. Mit einer Gabel durchmischen, bis die Körner das gesamte Wasser aufgenommen haben. Den Couscous auf Teller verteilen, darauf je eine Handvoll Rucola geben. Fleisch in dünne Streifen schneiden, auf dem Rucola anrichten und den ausgetretenen Fleischsaft darüber träufeln. Nach Belieben heiß oder warm servieren.

Asiatisches Rindercurry

Rindernacken eignet sich hervorragend zum langsamen Garen, und währenddessen nimmt das Fleisch bei diesem Rezept die Aromen all der Würzzutaten wundervoll auf. Lassen Sie sich von der langen Zutatenliste nicht abschrecken: Die Würzpaste ist im Handumdrehen zubereitet.

Für 4–6 Personen
Zubereitung: 3½ Stunden plus Marinierzeit über Nacht

Für die Würzpaste

5 cm Galgant oder frischer Ingwer, geschält und grob gehackt

3 Knoblauchzehen, angedrückt, geschält und fein gehackt

1 TL Kreuzkümmel

1 TL Koriandersamen

1 TL Fenchelsamen

½ Zwiebel, geschält und grob gewürfelt

1 Chilischote, Samen entfernt, fein gehackt

¼ TL Zimt

1 Stängel Zitronengras, geputzt und fein gehackt

3 Kardamomkapseln

4 Kaffirlimettenblätter (aus dem Asia-Laden), gehackt

1 Gewürznelke

Meersalz

frisch gemahlener schwarzer Pfeffer

Für das Curry

1 kg Rindernacken, gewürfelt

1 EL Pflanzenöl

1 Dose gehackte Tomaten (400 g)

Saft von 2 Limetten

750 ml Rinderbrühe

Blättchen von 1 Bund Koriander, gehackt

1. Alle Zutaten für die Gewürzpaste in einen kleinen Mixer geben und fein hacken. 100 ml Wasser untermixen, sodass eine glatte Paste entsteht. Fleisch in einer Schüssel gründlich mit der Würzpaste vermengen. Zugedeckt über Nacht im Kühlschrank marinieren.

2. Am nächsten Tag das Fleisch 1 Stunde Zimmertemperatur annehmen lassen. Den Backofen auf 150 °C vorheizen. In einem großen, ofenfesten Topf Öl erhitzen und das Fleisch braun anbraten. Tomaten, Limettensaft und Brühe hinzufügen. Zum Köcheln bringen und zugedeckt 2½ Stunden im Ofen schmoren, dabei gelegentlich umrühren.

3. Das Curry ohne Deckel weitere 30 Minuten garen, sodass die Sauce eindickt. Mit dem Koriandergrün bestreuen und mit gedämpftem oder gekochtem Reis servieren.

Huhn in Weißwein mit Steinpilzen

Die Hühner von The Ginger Pig sind (je nach ihrem Gewicht) zwischen achtzig und 155 Tage alt. Daher brauchen sie lange Garzeiten, bieten aber eine fantastische Geschmacksfülle. Bei einem jüngeren Tier verkürzt sich die letzte Garphase um ein Drittel.

Für 6 Personen
Zubereitung: 1¼ Stunden

1 EL Olivenöl

1 Huhn (2,5–3 kg, vorzugsweise Master Gris), in Portionsstücke geteilt

6 Schalotten, geschält und fein gewürfelt

1 Knoblauchzehe, angedrückt, geschält und fein gehackt

50 g getrocknete Steinpilze

750 ml (1 Flasche) trockener Weißwein

200 ml Hühner- oder Gemüsebrühe

150 g Sahne

1 Lorbeerblatt

1 Thymianzweig

Meersalz

frisch gemahlener schwarzer Pfeffer

25 g Mehl

3 Estragonstängel, grob gehackt

1. Den Backofen auf 200 °C vorheizen. Einen Bräter mit Öl ausstreichen. Hühnerteile nebeneinander hineinlegen und 10 Minuten im Ofen anbräunen. Steinpilze in einer Schüssel mit kochendem Wasser bedecken und beiseite stellen.

2. Schalotten und Knoblauch zum Huhn geben, erneut für 5 Minuten im Ofen braten. Wein und Brühe, Steinpilze mit dem Einweichwasser, Sahne, Lorbeerblatt und Thymian hinzufügen, salzen und pfeffern. Bräter mit Backpapier abdecken, dann mit Alufolie dicht verschließen und 30 Minuten im Ofen braten. Folie und Papier abnehmen und das Huhn weitere 30 Minuten garen.

3. Hühnerteile mit einem Schaumlöffel aus dem Bräter heben und in eine Servierschüssel geben. Mehl mit einem Schneebesen in den Fond rühren. Bei mittlerer Temperatur unter ständigem Rühren zum Köcheln bringen. Für eine sämigere Sauce weiteres Mehl einrühren. Estragon hinzufügen, Sauce über das Huhn geben. Mit Bandnudeln servieren.

Hühner-Schinken-Pie „The Ginger Pig"

Anfangs haben wir hier die Keulen verwertet, die beim Verkauf der Brüste übrig blieben. Mittlerweile machen wir viel mehr Pies und nehmen ganze Hühner.

Ergibt 4 kleine Pies (12 × 6 cm) oder 1 große Pie (24 × 12 cm)
Zubereitung: 2½ Stunden

Für die Füllung	Für den Mürbteig
1 Huhn (etwa 2 kg)	900 g Mehl (Type 550)
50 g Butter	350 g Schweineschmalz
50 g Mehl	2 große Eier, verquirlt
125 g Sahne	1 Prise Salz
je 1 Prise weißer Pfeffer und Salz	**Außerdem**
400 g geräucherter Kochschinken am Stück, fein gewürfelt	25 g Schweineschmalz, zerlassen
4 Stängel glatte Petersilie, fein gehackt	1 EL Mehl
	1 Ei, verquirlt

1. Backofen auf 190 °C vorheizen. Huhn in einem großen, ofenfesten Topf mit Wasser bedecken. Backpapier über den Topf legen und einen gut schließenden Deckel auflegen. 1½ Stunden im Ofen backen. Das Huhn ist gar, wenn beim Einstechen mit einem Spieß an der dicksten Stelle des Schenkels klarer Saft austritt. Aus dem Topf nehmen, Huhn und Brühe abkühlen lassen. Die Haut entfernen. Fleisch auslösen, grob hacken, in eine Schüssel füllen.

2. Fett von der Brühe schöpfen. Butter in einem Topf zerlassen, 50 g Mehl gründlich einrühren. Zu der glatten Mehlschwitze langsam 750 ml der Brühe gießen, dabei stetig rühren. Zum Kochen bringen. Wenn die Sauce schön sämig ist, vom Herd nehmen und abkühlen lassen. Mit Sahne, Salz, Pfeffer, Schinken und Petersilie unter das Fleisch heben.

3. Für den Teig Mehl und Schmalz in der Küchenmaschine mit dem Momentschalter gut vermischen. In eine Schüssel füllen. Eier, Salz und 125 ml eiskaltes Wasser hinzufügen. Alles zu einem glatten Teig vermengen. Für kleine Pies aus dem Teig acht Kugeln formen: Vier mit je 180 g und vier mit je 110 g. Für eine große Pie zwei Kugeln mit 750 g beziehungsweise 450 g formen.

4. Backofen auf 190 °C vorheizen. Formen mit Schmalz ausstreichen und dünn mit Mehl ausstreuen. Größere Teigkugeln ausrollen, Formen damit auskleiden. Die Füllung darin verteilen, die Teigränder mit verquirltem Ei einpinseln. Kleinere Teigkugeln ausrollen, die Formen damit abdecken. Teiglagen mit den Fingern zusammendrücken, überhängenden Teig abschneiden. Die Pies 50 Minuten backen, danach 5 Minuten abkühlen lassen. Aus den Formen lösen und nach Belieben heiß oder kalt genießen.

Zitronen-Perlhuhn aus dem Ofen

Perlhühner stammen aus Afrika, heute werden die hübschen Tiere in Frankreich gezüchtet, wo sie Pintadeaux heißen. Wenn sie nach 94 Tagen geschlachtet werden, bieten sie viel Geschmack und zartes Fleisch von goldgelber Farbe. Label-Rouge-Perlhühner sind von überragender Qualität und wurden in Auslaufgehegen aufgezogen.

Für 4 Personen
Zubereitung: 1½ Stunden

1 Perlhuhn (etwa 1,5 kg)

abgeriebene Schale und Saft von 1 unbehandelten Zitrone

50 g Semmelbrösel

50 g Parmesan, gerieben

1 TL Kapern, abgespült und gehackt

2 Knoblauchzehen, angedrückt, geschält und fein gehackt

Blättchen von ½ Bund Petersilie, gehackt

1 rote Chilischote, Samen entfernt, fein gehackt

Meersalz

frisch gemahlener schwarzer Pfeffer

Pflanzenöl zum Braten

v1. Den Backofen auf 180 °C vorheizen. In einer Schüssel abgeriebene Zitronenschale und -saft, Semmelbrösel, Parmesan, Kapern, Knoblauch, Petersilie, Chilischote, Salz und Pfeffer vermischen. Im Brustbereich des Perlhuhns die Haut vom Fleisch lösen, dabei am Hals beginnen und behutsam vorgehen, damit die Haut nicht reißt. Die Füllung in einer Schicht unter die Haut schieben und durch sanftes Klopfen mit der flachen Hand gleichmäßig verteilen.

2. Das gefüllte Perlhuhn wiegen und die Garzeit berechnen: pro 500 g jeweils 20 Minuten plus zusätzliche 20 Minuten.

3. Einen Bräter dünn mit Öl ausstreichen und das Perlhuhn hineinlegen. Locker mit Alufolie abdecken und für die Dauer der errechneten Garzeit im Ofen braten. Während der letzten 25 Minuten ohne die Folie braten, damit die Haut goldbraun und knusprig wird. Zur Garprobe an der dicksten Stelle des Schenkels mit einem Spieß einstechen. Es muss klarer Fleischsaft austreten.

NOVEMBER

November auf der Farm

Chrissie beim Füttern eines neugeborenen Dorset-Lamms. Sie leistet als „Nachtschwester" unschätzbare Dienste.

In wenigen Wochen werden die ersten Dorset-Lämmer das Licht der Welt erblicken. Noch immer fungiert Chris als hauptverantwortlicher Schäfer und hat sichtlich Spaß daran. Dank der neuen Ablammboxen, die er in den Scheunen eingerichtet hat, herrscht dort jetzt eine nie gekannte Ordnung. Nach den Ultraschalluntersuchungen im letzten Monat verteilen wir nun die Schafe danach, wie viele Lämmer sie austragen auf die Boxen. So können wir ihnen die jeweils passende Futtermenge geben, was der Entwicklung übergroßer Lämmer und damit Risikogeburten vorbeugt.

Alan, mein Faktotum, unterstützt Chris bei der Bewältigung des immensen Aufgabenpensums., und ständig lernen die beiden voneinander. Das freut mich, zumal Alan noch im Sommer über Chris, als dieser gerade anscheinend unbeteiligt über den Hof schlurfte, geäußert hatte: „Der Bursche ist nicht unbedingt auf Zack." Heute dagegen ist Alan voller Bewunderung für ihn.

Die Nachfrage aus den Londoner Geschäften nach Lamm reißt nicht ab, und jede Woche schlachten wir etwa 35 Tiere. Wir versuchen, unsere Kunden an das Fleisch von Lämmern und Hammel heranzuführen, das intensiver als Milchlamm schmeckt. Es ist ein langsamer Prozess, aber unsere Überzeugungsarbeit zeigt etwas Wirkung.

Schwierigkeiten bereitet den Schaffarmern dieses Jahr die Nässe. Es prasselt unablässig, und so sind die Schafe stets durchweicht. Wenn wir sie in diesem Zustand zum Ablammen in die warmen Boxen bringen, heizen sich ihre Körper zu schnell auf, was zu einer Lungenentzündung führen kann. Doch der Regen will nicht aufhören. Wir müssen es also wagen, sonst kommen die Lämmer auf dem freien Feld zur Welt.

Zumeist werden Lämmer in der Nacht geboren, sodass sie bis morgens sicher auf den Beinen und keine allzu leichte Beute für Räuber sind. Als Helferin bei den nächtlichen Geburten steht uns seit fünf Jahren Chrissie zur Seite. Sie unterhielt früher in der Gegend eine Herde von Milchschafen für die Erzeugung von Käse. Inzwischen verbringt sie den Großteil des Jahres in Afrika, wo sie sich in Kinder- und Naturschutzprojekten engagiert. Jeden Winter aber kehrt sie zurück, um mir unter die Arme zu greifen. Manchmal dämmert es mir, wenn sie von ihren Erlebnissen in Afrika erzählt, dass Farmer wie ich letzten Endes doch eher mit banalen Problemen zu tun haben.

Damit sie für die nächtliche Kälte ein wenig besser gewappnet ist, stelle ich für Chrissie abends eine Flasche Portwein auf den Küchentisch. Morgens kann ich dann daran, wie oft sie sich einen Schluck gegönnt hat, immer gleich ablesen, was während der Nacht los war. Wenn es hoch hergeht, kommen wir auf vierzig bis fünfzig neue Lämmer von 18 bis zwanzig Schafen (bisher gab es einmal Vierlinge). Ich schätze Chrissies Erfahrung und Umsicht. Es kann, wenn in einer Box Schafe gleichzeitig lammen, zu Verwechslungen der Jungen kommen, oder es passiert, dass ein Schaf, das noch nicht gelammt hat, ein fremdes Tier adoptiert. Die ersten Stunden im Leben eines Neugeborenen entscheiden darüber, ob die Bindung zum Mutterschaf entsteht oder ob es abgelehnt wird. Manchmal ist es gar nicht leicht, ein Lamm, das kläglich blökend umherirrt, an die mütterliche Zitze zu führen. Chrissie hat die Gabe, derartige Probleme schnell zu erkennen, zu lösen und so in der Lammscheune eine entspannte Atmosphäre zu schaffen. In Anbetracht von dreihundert trächtigen Dorset-Schafen, die uns noch bis zu 450 Lämmer bescheren können, herrschen auf der Farm rege Betriebsamkeit und eine fröhliche Stimmung zugleich.

Wir müssen auch das Decken all der Blackface-, Bluefaced Leicester- und Muleschafe organisieren. Wieder werden also im Vorfeld über 550 Tiere aus dem Moor auf die fetten Weiden rings um die Farm geführt, wo sie körperliche Topform erlangen sollen. Soeben werden die Bocksprunggeschirre angelegt, als Chris in die Küche gerannt kommt und ruft: „Ich habe gerade einen der Blackface-Böcke tot aufgefunden." Was immer ihn dahingerafft hat – vielleicht hat er die Aufregung ja nicht verkraftet –, es muss jedenfalls unbedingt und schnellstens Ersatz für ihn her. Ich hänge mich ans Telefon, doch wie nicht anders zu erwarten, brauchen alle Farmer in der Umgebung ihre Blackface-Böcke für die eigenen Schafe. Nach zahlreichen Anrufen kann ich einen Bock oben in den Borders aufspüren. Ein echter Glückstreffer!

Ich zeige auf die rückwärtige Kabine meines Wagens, wo ich schon einmal optimistisch eine Plastikplane ausgebreitet habe. Entsetzt erwidert Philip, dass ich diesen Bock unmöglich so transportieren könne. „Der ist ein übler Geselle und wird Hals über Kopf durch die Scheibe springen!"

Gleich um vier Uhr früh mache ich mich am nächsten Tag auf den Weg, um die kostbare Fracht abzuholen. Es läuft nicht gut. Nach den Regengüssen sind die Straßen überflutet, und es herrscht fürchterlicher Verkehr. Aber schließlich bringt mich mein Range Rover doch zu der Farm in Alston. Der Besitzer, Philip, verkauft mir seinen gesund und kräftig aussehenden Bock für einen Schnäppchenpreis von vierhundert britischen Pfund und will dann wissen, wie ich ihn nach Yorkshire zu befördern gedenke. Ich zeige auf die rückwärtige Kabine meines Wagens, wo ich schon einmal optimistisch eine Plastikplane ausgebreitet habe. Entsetzt erwidert Philip, dass ich diesen Bock unmöglich so transportieren könne. „Der ist ein übler Geselle und wird Hals über Kopf durch die Scheibe springen!", fügt er lachend hinzu.

Mit bleibt nichts anderes übrig, als in Yorkshire den Anhänger zu holen und die lange Strecke hoch nach Alston ein zweites Mal hinter mich zu bringen. Mit dem

Bock an Bord trete ich schließlich die Rückfahrt an. Wie ein Besessener traktiert er während der ganzen Fahrt mit Tritten und Kopfstößen die Wände des Anhängers, der dadurch gefährlich ins Schlingern gerät. Schon am nächsten Tag bringen wir den Bock zum Einsatz, und er macht seine Sache mit den Schafen gut. Aber er ist eben ein echter Heißsporn, und ich bin mir sicher, dass ich so schnell mit ihm nirgends mehr hinfahren werde.

In Vorbereitung der Festtage in diesem und dem nächsten Monat arbeiten die Metzger auf der Farm jetzt mit voller Kraft. Schließlich will das Rindfleisch für das Weihnachtsgeschäft gut abgehangen sein, es müssen zusätzliche Schinken und Speckseiten gepökelt werden, und dann gilt es noch zahlreiche Truthähne für Thanksgiving gegen Ende November zu schlachten. Um uns zu unterstützen, versuchen die Metzger in den Londoner Geschäften ihre Bestellungen möglichst so zu planen, dass die kleine Schlachterei der Farm all die Aufträge reibungslos erledigen kann, die in dieser absoluten Boomzeit eingehen.

Rechts: Chrissie erzählt Tim und Sarah von der letzten Nacht auf der „Entbindungsstation". Ganz rechts: ein Dorset-Schaf.

Knuspriger Schweinebauch

Bei diesem Braten ist die knusprige Kruste das A und O. Sie entsteht, indem man die Schwarte einschneidet und das Fleisch ausgiebig bei schwacher Hitze brät. Daher die lange Zubereitungszeit.

Für 4–6 Personen
Zubereitung: 6 Stunden

1,5 kg Schweinebauch mit Schwarte

1 EL Olivenöl

4 Zwiebeln, geschält und in Spalten geschnitten

6 Möhren, geschält und grob gewürfelt

4 Rote Bete, geschält und in Spalten geschnitten

6 Kartoffeln, geschält und in Spalten geschnitten

6 Salbeiblätter, grob gehackt

Meersalz

frisch gemahlener schwarzer Pfeffer

1. Den Backofen auf 170 °C vorheizen. Die Schweinebauchschwarte mit einem scharfen Messer in gleichmäßigen Abständen nicht zu tief einschneiden (vielleicht erledigt das schon der Metzger netterweise für Sie) und mit Küchenpapier trocken tupfen.

2. Einen Bräter mit dem Öl ausstreichen. Das Gemüse zusammen mit dem Salbei hineingeben, salzen und pfeffern. Schweinebauch mit der Schwarte nach oben darauflegen und 1 Stunde im Ofen braten.

3. Die Temperatur auf 150 °C reduzieren und das Fleisch weitere 4½ Stunden garen. Danach die Temperatur auf 180 °C erhöhen und das Fleisch noch 30 Minuten braten – möglicherweise ist sogar noch etwas mehr Hitze erforderlich, um die perfekte Kruste zu erhalten.

4. Den Braten auf ein Schneidbrett legen, mit Alufolie abdecken und 15–30 Minuten ruhen lassen. Inzwischen das Gemüse aus dem Fond nehmen, das Fett mit einem Metalllöffel von der Oberfläche schöpfen und wegwerfen. Das Fleisch aufschneiden. Mit dem Gemüse und dem Fond servieren.

Rehfrikadellen auf getoastetem Ciabatta

Rehfleisch ergibt edle Frikadellen. Es gehört aber unbedingt Speck dazu, damit es beim Braten nicht austrocknet.

Für 4 Personen
Zubereitung: 45 Minuten

700 g Rehhackfleisch

275 g Speck, fein gewürfelt

5 Wacholderbeeren

2 Knoblauchzehen, angedrückt, geschält und fein gehackt

2 Salbeizweige, Blättchen abgezupft und grob gehackt

2 EL Cranberrysauce

Meersalz

frisch gemahlener schwarzer Pfeffer

2 EL Olivenöl

1 Ciabatta

1 Bund Brunnenkresse

1. Hackfleisch und Speck in einer Schüssel gründlich vermengen. Die Wacholderbeeren im Mörser zerstoßen. Mit dem Knoblauch, dem Salbei und der Cranberrysauce sowie Salz und Pfeffer nach Geschmack unter das Fleisch mischen. Die Masse in vier gleiche Portionen teilen und zu Frikadellen formen.

2. Das Olivenöl in einer Pfanne bei mittlerer bis hoher Temperatur erhitzen. Die Frikadellen von beiden Seiten 5–8 Minuten braten, bis sie durchgegart sind.

3. Inzwischen das Ciabatta waagerecht halbieren und in dann quer in vier Stücke teilen, alternativ einfach in dicke Scheiben schneiden. Die Stücke toasten. Jeweils etwas Brunnenkresse, darauf eine Frikadelle und auf diese nochmals etwas Brunnenkresse geben. Dazu Senf oder eine Würzsauce nach Wahl reichen.

Schinkenbraten selbst gepökelt

Wagen Sie sich ruhig daran, einen Schinken selber zu pökeln, denn es macht einfach Spaß und Sie lernen eine Menge dabei. Die Konzentration der Lake lässt sich ganz einfach mit einer Kartoffel testen: Geht sie unter, geben Sie mehr Salz dazu. Zum Pökeln brauchen Sie eine geräumige Kunststoffwanne, die aber in den Kühlschrank passt, und eine große Spritze (aus der Apotheke).

Für etwa 20 Personen
Zubereitung: 5 Stunden plus 10 Tage zum Pökeln und etwa 12 Stunden zum Wässern

Für den Schinken

1 Zimtstange

2 EL schwarze Pfefferkörner

1 EL Gewürznelken

1 EL Fenchelsamen

6 Lorbeerblätter

2,25 kg Pökelsalz (aus dem Fachhandel oder Internet)

1 frischer Schinken aus der Keule (etwa 7 kg, vorzugsweise von einer Jungsau)

Für die Glasur

175 g milder Senf

200 g Roh-Rohrzucker

1. Die Kunststoffwanne (siehe Rezepteinleitung) mit heißem Wasser ausspülen. In einem Topf 1 l Wasser mit allen Gewürzen und den Lorbeerblättern aufkochen und 30 Minuten köcheln lassen. Den Sud abkühlen lassen

2. In die Kunststoffwanne 6 l kaltes Wasser füllen und das Pökelsalz zufügen. Rühren, bis es aufgelöst ist, dann den abgekühlten Würzsud dazugießen. Den Schinken an den dicksten Stelle mit der vorbereiteten Pökellake mithilfe der Spritze impfen, damit sie das gesamte Fleisch durchdringt. Die Wanne in den Kühlschrank stellen und erst dann (sonst lässt sich die Wanne kaum heben) Schinken mit der Schwarte nach oben hineinlegen. Mit einem Teller beschweren, damit der Schinken in die Lake gedrückt wird, und 10 Tage pökeln. Täglich kontrollieren.

3. Schinken aus der Lake nehmen, abtrocknen, in ein Mulltuch wickeln und mindestens 3 Stunden an einem kühlen, trockenen, luftigen Ort aufhängen. Im Winter hält er sich so einige Monate, im Sommer nur ein paar Wochen. Alternativ Schinken im Kühlschrank aufbewahren, falls dort Platz ist. Nicht mit Plastikfolie abdecken, denn das Fleisch muss atmen.

4. Schinken über Nacht in kaltes Wasser einlegen und dieses regelmäßig erneuern. Dann im größten vorhandenen Topf den Schinken mit frischem Wasser bedecken. Zum Kochen bringen und Wasser abgießen. Schinken wieder mit frischem kaltem Wasser bedecken. Im geschlossenen Topf 3½–4 Stunden köcheln lassen, bis er durchgegart ist. Herausnehmen und etwas abkühlen lassen.

5. Backofen auf 170 °C vorheizen. Zutaten für die Glasur vermischen. Schwarte vom Schinken entfernen. Die Fettauflage rautenförmig einschneiden und großzügig mit der Glasur bestreichen. Schinken 1 Stunde im Ofen garen, bis er bräunt. Heiß oder kalt servieren.

Schweinerollbraten mit Fenchelgewürz

Das Aroma von Fenchelsamen passt gut zu langsam im Ofen gebratenem Schweinefleisch. In Italien, wo dieser Braten ein Klassiker ist, genießt man ihn im Winter heiß und im Sommer, fein aufgeschnitten, kalt.

Für 4–6 Personen
Zubereitung: 3½ Stunden

1 kg Schweinerücken mit Schwarte, ohne Knochen

1 EL Olivenöl

1 große Zwiebel, geschält, fein gewürfelt

100 g Semmelbrösel

2 EL Fenchelsamen

1 TL gehackter Oregano

1 TL gehackter Salbei

Meersalz

frisch gemahlener schwarzer Pfeffer

2 Äpfel, geschält und gerieben

1 Ei, verquirlt

25 g Mehl

200 ml Gemüse- oder Hühnerbrühe oder 100 ml Weißwein

1. Den Backofen auf 150 °C vorheizen. Die Schwarte vom Fleisch in einem Stück ablösen und beiseite legen. Fleisch in der Mitte einschneiden, sodass es sich zu einem flachen Stück von recht gleichmäßiger Dicke auseinanderklappen lässt. Beiseite legen.

2. Öl in einer Pfanne bei mittlerer Temperatur erhitzen und Zwiebel weich braten, ohne dass sie Farbe annimmt. Semmelbrösel, Fenchelsamen, Kräuter, Salz und Pfeffer sowie die Äpfel gründlich damit verrühren. Pfanne vom Herd nehmen. Ei unterziehen, um die Masse zu binden.

3. Füllung auf dem Fleisch verstreichen. Behutsam aufrollen, Schwarte wieder auflegen. Den Braten in Abständen von 1,5 cm mit Küchengarn umwickeln, damit er nicht auseinanderfällt.

4. In einem Bräter 3 Stunden im Ofen braten. Danach die Temperatur auf 190 °C erhöhen und weitere 20 Minuten braten, bis das Fleisch durchgegart und die Schwarte knusprig ist. Aus dem Bräter nehmen und an einem warmen Ort ruhen lassen. Das Fett vom Fond abschöpfen und wegwerfen. Mehl über den Fond stäuben und gleichmäßig unterrühren. Salzen und pfeffern, Brühe oder Wein sowie 100 ml Wasser dazugießen. Gründlich umrühren. Die Sauce bei mittlerer Temperatur zum Kochen bringen und unter ständigem Rühren eindicken lassen. Zum aufgeschnittenen Braten servieren.

Shepherd's Pie vom Hammel

So wie ursprünglich mit Hammelfleisch zubereitet, gerät diese Pie entschieden herzhafter als die übliche Version mit Lamm. Bis vor Kurzem wurde Hammel etwas geächtet. Aber ich kann Ihnen nur empfehlen, die traditionelle Rezeptvariante zu probieren, sie ist einfach besser. Oder verwenden Sie dafür ein älteres Lamm.

Für 6–8 Personen
Zubereitung: 1¼ Stunden

Olivenöl

2 Zwiebeln, geschält und in 1 cm große Würfel geschnitten

4 Möhren, geschält und in 1 cm große Würfel geschnitten

4 Stangen Sellerie, in 1 cm große Würfel geschnitten

½ kleine Steckrübe, geschält, in 1 cm große Würfel geschnitten

1 kg Hackfleisch vom Hammel oder vom einjährigen Lamm

1 Lorbeerblatt

200 ml Rotwein

600 ml Hühner- oder Lammbrühe

1 EL Tomatenmark

1 EL Worcestershire-Sauce

Meersalz

frisch gemahlener schwarzer Pfeffer

2 kg Kartoffeln, geschält und in Stücke geschnitten

100 ml Milch, erwärmt

85 g Butter

1. In einer Pfanne etwas Öl bei mittlerer Temperatur erhitzen. Zwiebeln, Möhren, Sellerie und Steckrübe weich dünsten, ohne dass sie Farbe annehmen. Gemüse aus der Pfanne nehmen. Hackfleisch hineingeben und rühren, bis es fein zerteilt und gleichmäßig gebräunt ist. Gemüse mit Lorbeerblatt, Wein, Brühe, Tomatenmark und Worcestershire-Sauce dazugeben. Salzen und pfeffern. Zugedeckt 30 Minuten köcheln lassen, dabei gelegentlich rühren.

2. Inzwischen den Backofen auf 180 °C vorheizen. Kartoffeln etwa 20 Minuten in kochendem Wasser weich garen. Abgießen, zurück in den Topf geben und bei schwacher Temperatur rühren, bis das gesamte Restwasser verdampft ist. Vom Herd nehmen und zu einem glattem Püree stampfen. Milch und Butter gründlich unterziehen, mit Salz und Pfeffer abschmecken.

3. Die Fleisch-Gemüse-Mischung in eine ofenfeste Form füllen. Kartoffelpüree mit einem Löffel daraufgeben, vom Rand aus zur Mitte hin verteilen und mit einer Gabel glatt streichen. 30 Minuten im Ofen backen, bis das Kartoffelpüree ganz leicht gebräunt ist und die Sauce am Rand der Form sanft brodelt.

Geschmortes Rindfleisch auf mexikanische Art

Falsches Filet oder ein Schaufelstück lassen sich großartig langsam schmoren. Hier entsteht mit Rotwein und Recado de Achiote eine betörende Sauce. Zugegeben, diese Chili-Zubereitung mit Annattosamen (zu beziehen im Internet oder in lateinamerikanischen Lebensmittelgeschäften) ist sehr speziell. Aber Sie können genauso eine mexikanische Adobo-Mischung nehmen. Damit schmeckt das Ganze natürlich anders, aber ebenfalls sehr gut.

Für 8 Personen
Zubereitung: 4¼ Stunden

1,5 kg falsches Filet oder Schaufelstück vom Rind

50 g Recado de Achiote (siehe Rezepteinleitung)

200 ml trockener Rotwein

1. Den Backofen auf 150 °C vorheizen. Das Fleisch in einen Bräter geben und rundherum mit Recardo de Archiote einreiben. Wein dazugeben. Die Form mit Alufolie dicht verschließen, Ränder gut andrücken, und 4 Stunden im Ofen schmoren.

2. Das Fleisch auf ein Schneidbrett geben und warm halten. Inzwischen den Fond im Bräter bei starker Temperatur erhitzen, dabei den Bratensatz vom Rand losrühren. Auf die Hälfte einkochen lassen, sodass eine intensive Sauce entsteht.

3. Fleisch in Scheiben schneiden und vor dem Servieren etwas Sauce darübergeben.

Fasanentopf

Für diese Variation des Pot au feu empfehle ich Ihnen Wildfasane. Denn sie bieten deutlich mehr Geschmack als gezüchtete Tiere, die von Einheitskost leben müssen. Am besten wählen Sie Hennen, da sie mehr Brustfleisch besitzen und insgesamt zarter sind.

Für 4 Personen
Zubereitung: 1 Stunde 20 Minuten

2 große Fasanen-Hennen

2 Lorbeerblätter

Meersalz

frisch gemahlener schwarzer Pfeffer

1 Zwiebel, geschält und halbiert

1 Knoblauchzehe, angedrückt und geschält

4 Stangen Sellerie, gehackt

2 Möhren, geschält

6 mittelgroße festkochende Kartoffeln, geschält

1. Die Fasane in einem Bräter knapp mit Wasser bedecken. Lorbeerblätter, Salz, Pfeffer, Zwiebel und Knoblauch hinzufügen. Abgedeckt bei mittlerer Temperatur aufkochen und dann auf kleinerer Stufe 40 Minuten köcheln lassen.

2. Sellerie, Möhren und Kartoffeln hinzufügen – die Kartoffeln müssen ganz von der Brühe bedeckt sein. Deckel wieder auflegen und weitere 20 Minuten köcheln lassen, bis das Gemüse gar ist. Die Fasane mit dem Gemüse und der Garflüssigkeit servieren.

Tims Brathuhn

Die Hühner von The Ginger Pig sind Vertreter der bekanntlich sehr wohlschmeckenden französischen Rasse Master Gris. Je nach dem angestrebten Gewicht leben unsere Tiere achtzig bis 155 Tage, viel länger also als die üblichen Supermarkthähnchen. Daher müssen sie, damit sie schön zart werden, länger garen, als man es sonst kennt. Hier gart das Fleisch im Folienmantel im eigenen Saft, wodurch sich ein ein herrliches Aroma entwickelt und das Huhn schön saftig bleibt.

Für 4–6 Personen
Zubereitung: 2½ Stunden

1 Knoblauchknolle

2 Lorbeerblätter

1 rote Zwiebel, geschält und in Spalten geschnitten

Meersalz

frisch gemahlener schwarzer Pfeffer

1 Huhn (etwa 2,5, vorzugsweise Master Gris)

50 g Butter

25 g Mehl

200 ml Gemüse- oder Hühnerbrühe oder 100 ml trockener Weißwein

1. Backofen auf 170 °C vorheizen. Zwei große Stücke Alufolie im rechten Winkel zueinander so auslegen, sodass sie ein Kreuz bilden. Die Knoblauchknolle quer halbieren. Lorbeerblätter in Stücke schneiden und mit Knoblauch, Zwiebel, Salz und Pfeffer in die Bauchhöhle des Huhns geben. Das Huhn ringsum mit Butter einreiben. In die Mitte der Folie setzen, diese über dem Huhn zusammenfalten und die Ränder gut verschließen.

2. Das Huhn in einem Bräter 2 Stunden im Ofen braten. Herausnehmen und die Ofentemperatur auf 180 °C erhöhen. Die Folie entfernen und das Huhn noch 20 Minuten im Ofen garen, bis die Haut knusprig ist. Zur Garprobe an der dicksten Stelle des Schenkels mit einem Spieß einstechen: Es muss klarer Fleischsaft austreten. Bei Bedarf weitere 15 Minuten braten und dann erneut die Garprobe machen.

3. Huhn aus dem Bräter nehmen, dabei das Huhn schräg halten, damit der Saft aus dem Inneren abfließt. An einem warmen Ort ruhen lassen. Überschüssiges Fett mit einem Löffel vom Fond schöpfen. Mehl darüber stäuben und gleichmäßig unterrühren. Salzen und pfeffern, Brühe oder Wein und 100 ml Wasser gründlich einrühren. Die Sauce bei mittlerer Temperatur unter ständigem Rühren zum Kochen bringen. Zum Huhn servieren.

DEZEMBER

Dezember auf der Farm

Seit über 40 Jahren züchtet Gerald Botterille Freilandgänse und beliefert auch The Ginger Pig mit prächtigen Exemplaren.

Mickey ist eingetroffen. Es ist ein hübscher Border Collie aus Schottland, zwanzig Monate alt und schon etwas ausgebildet. Leider haben wir gewisse Kommunikationsprobleme: Er versteht meinen Yorkshire-Akzent nicht und sieht mich immer fragend an. Beim Weggang meines letzten Schäfermeisters fasste ich den Entschluss, mich wieder vermehrt selbst mit den Schafen zu befassen. Mit meinem Land Rover fuhr ich hinaus zu ihnen ins Moor, um nach dem Rechten zu sehen. Aber jetzt möchte ich mit einem Hund losziehen. So ist es ja Tradition, zudem bekomme ich auf diese Weise ein viel genaueres Bild. Der Hund treibt die Schafe zusammen und lenkt sie dann in meine Richtung. So kann ich sehen, wie sie sich bewegen, und werde auf etwaige Probleme eher aufmerksam.

Als ich 1999 auf die Grange Farm zog, waren meine Berkshire-Sauen mit von der Partie. Doch sie gediehen nicht gut. Kevin, der für die Schweine zuständig ist, ließ mich mit einem breiten Lächeln wissen, dass es so weit im Norden zu kalt für sie sei. Daher hatten wir zehn Jahre lang keine Schweine, doch nun regt sich ein gewisser Trotz in mir: Ich träume davon, Plum-Pudding-Schweine zu züchten, eine alte und seltene Rasse, hervorgegangen aus der Kreuzung von Berkshire und Tamworth. Also rufe ich Vic an, einen Schweinezüchter, um mich zu erkundigen, ob er Berkshire-Jungsauen zu verkaufen hätte. „Ich bin ja nicht mehr so dick im Geschäft, aber ich könnte versuchen, eine für dich zu finden", lautet seine Antwort. Etwas später rückt er dann mit einem Vorschlag heraus: „Du kannst Claire kaufen, die Lieblingssau meiner Enkelin. Aber sie hat viele Preise gewonnen und ist daher nicht billig." Wir einigen uns auf eine ziemlich stattliche Kaufsumme, und am nächsten Tag fahre ich zeitig mit meinem Viehanhänger nach Skegness, wo ich pünktlich zum Frühstück ankomme. Vics Frau stellt selbst Speck, Schinken und vor allem Würste her, die allerbesten überhaupt. Im Lauf der Zeit und während vieler Essen mit Vic habe ich mich bemüht, ihrem Rezept auf den Grund zu kommen, und heute verwende ich ein recht ähnliches für meine Wurstproduktion. Nach dem Frühstück dreht mir Vic noch zwei weitere Berkshire-Sauen als Gesellschaft für Claire an. Seltsamerweise haben sie den gleichen hohen Preis, trotzdem kehre ich glücklich mit meinen drei Schweinen nach Yorkshire zurück.

Nie haben wir bisher in Yorkshire einen eisigeren Winter erlebt, und Kevin hat mich soeben daran erinnert, dass Berkshires Kälte gar nicht mögen. Tatsächlich bin ich besorgt, will sie aber unbedingt auf der Farm haben. Pflichtbewusst trage ich jeden Morgen bündelweise Stroh in ihren kleinen Koben, damit sie es so kuschelig wie möglich haben. Ich werde Berkshires auf der Grange Farm züchten, und Kevin wird in Yorkshire meinen Berkshire-Schinken essen! Der Monat ist weiter vorangeschritten, als Vic anruft, um mir mitzuteilen, dass er sich zur Ruhe setzen, jedoch vier Sauen behalten will. Ein echter Schweinezüchter kann eben doch nur den Unruhestand. Dann fragt er: „Würdest Du mir alle Ferkel abnehmen?" Ohne auch nur eine Sekunde nachzudenken, sage ich zu. Es scheint, als solle die Berkshire-Rasse hier in Levisham bleiben und als wäre ich nun meinem Traum, getupfte Plum-Pudding-Schweine zu züchten, einen Schritt näher gekommen.

Auf der Blansby Farm kämpft Kevin mit den Schweinen gegen Schnee und Minusgrade. Die Wasserleitungen sind eingefroren, und der Wassertank auf Rädern ist zu groß und zu schwer, um ihn über den langen, vereisten Weg hinaufzuziehen.

Auf der Blansby Farm kämpft Kevin mit den Schweinen gegen Schnee und Minusgrade. Die Wasserleitungen sind eingefroren, und der Wassertank auf Rädern ist zu groß und zu schwer, um ihn über den langen, vereisten Weg hinaufzuziehen. Kevin muss auf der Grange Farm ein kleineres Modell abholen, und beim Wegfahren platzt ihm prompt ein Reifen. Also muss er auf einen unserer Traktoren umsteigen. Unter so widrigen Umständen für Vieh zu sorgen, ist wahrlich eine Herausforderung.

Auch die Fahrten mit den Lieferwagen erweisen sich als mühsam und gefährlich. Wir beladen sie jetzt tagsüber mit Fleisch, das wir dann schon einmal nach Lockton transportieren, von wo es um ein Uhr nachts einfacher zu den Londoner Geschäften weiterbefördert werden kann. Zu dieser Strategie haben wir uns entschieden, nachdem ein Transporter eines Nachts am steilen Levisham Hill hängen geblieben war und ich mit dem Traktor anrücken musste, um fünf Tonnen Fleisch mit viel Blech darum herum auf die andere Seite des Hügels zu schleppen. Wegen des nicht enden wollenden Schneefalls könnte es passieren, dass Mitarbeiter nicht zur Arbeit erscheinen. Dann hätten wir gerade in dieser heißen Phase, in der jeder gebraucht wird, ein größeres Problem. Steve, einer meiner Metzger, hat kurzerhand einen unserer Range Rover zu einem Firmenbus umfunktioniert, mit dem er alle abholt und nach ihrem Tag im Büro, in der Schlachterei, in der Bäckerei oder auf dem Gelände der Farm wieder zu Hause absetzt.

Es hagelt nur so Bestellungen aus London. Amy erlebt das erste Weihnachtsgeschäft bei The Ginger Pig und macht sich am Telefon großartig, kennt sich aber mit der Materie Fleisch noch nicht so gut aus. Daher taucht sie alle zehn Minuten mit einer neuen Frage bei mir auf. Nächstes Jahr um die Zeit wird sie alles wissen, was sie braucht.

Die Metzgerkurse, die in der Moxon Street stattfinden, finden großen Anklang. Über sechshundert Gutscheine haben wir als Weihnachtsgeschenke verkauft. Am 24. Dezember – alle Mitarbeiter sind bereits nach Hause gegangen und über der Farm liegt eine herrliche Stille – klingelt abends das Telefon. Eine Dame möchte gern einen Gutschein erwerben. An sich ist das kein Problem. Nur: Kann ich den

Computer dazu bringen, ihr den Gutschein zu mailen, damit sie ihn ihrem Mann rechtzeitig auf den Gabentisch legen kann? Keine Chance. Also muss ich warten, bis Sarah von ihrem Inspektionsgang beim Vieh zurückkommt. Sie beherrscht die magische Kunst der elektronischen Übertragung, und so tätigen wir um zwanzig Uhr an Heiligabend unseren letzten Geschäftsabschluss.

Es liegt ein turbulenter Monat hinter uns. Die Telefone verstummten nicht mehr, Würste wurden hergestellt, Wild-Pies zubereitet, Schlachtkörper zerlegt, Lieferwagen abgeschleppt und um die vierhundert Lämmer geboren. Jetzt herrscht plötzlich Stillstand. Ich fühle mich etwas traurig, irgendwie ausgebrannt. Einige Minuten lang erscheint mir die Farm sehr leer und allzu ruhig.

Ich mache mich daran, eine köstliche Freilandgans von der Geflügelfarm eines Freundes in Lincolnshire zuzubereiten. Sarah und ich genießen sie vor dem wohlig-warmen Herd und trinken dazu eine Flasche guten Wein. Jetzt gibt es nur noch eines zu tun. Um Mitternacht rollt der Lieferwagen aus London auf den Hof. Der letzte Truthahn, der übrig geblieben ist, wiegt stramme acht Kilo. Ich freue mich darauf, ihn morgen mit Sarah, Anne (meiner Ex-Frau) und meiner Mutter zu verspeisen. Ein Gefühl der Erschöpfung, aber auch der angenehmen Sättigung macht sich breit, während einmal mehr eine hektische Zeit bei The Ginger Pig ausklingt.

Frühmorgens auf der Farm.

Lamm „Henrys" mit Bohnen

Lammhachsen sind irgendwie verschwenderisch. Denn sie werden von der Keule geschnitten, die sich ja gut als Ganzes verkaufen lässt. Wir haben uns dazu Gedanken gemacht und kamen dabei auf die weniger begehrte, aber entschieden schmackhaftere Schulter. Unser Stück haben wir „Henrys" getauft. Regen Sie doch Ihren Metzger zur Nachahmung an.

Für 5 Personen
Zubereitung: 2½ Stunden

750 g gekochte Cannellini-Bohnen

2 Zwiebeln, geschält und grob gewürfelt

2 Knoblauchzehen, angedrückt, geschält und fein gehackt

3 Rosmarinzweige

2 Thymianzweige

1 Lammschulter, vom Metzger in 5 Stücke geteilt

450 ml trockener Weißwein

150 ml Hühnerbrühe nach Bedarf

1. Den Backofen auf 180 °C vorheizen. Bohnen, Zwiebeln, Knoblauch, Kräuter, Lamm und Wein in einen Bräter geben. Mit Backpapier abdecken, dann mit Alufolie dicht verschließen.

2. Für 2 Stunden im Ofen backen. Anschließend Folie und Papier entfernen und das Lamm weitere 30 Minuten garen, bis das Fleisch schön zart und knusprig gebräunt ist. Falls es zu trocken wird, etwas Brühe oder Wasser zugeben.

3. Die Bohnen mit dem Fond auf eine Servierplatte geben. Das Fleisch darauf anrichten.

Langsam gegarte Hammelkeule mit Petersilienkruste

Gutes Fleisch braucht seine Zeit. Hier wird eine Hammelkeule langsam zusammen mit verschiedenen Gemüsesorten gegart und darf dabei in reichlich Rotwein baden. Wahrlich ein Gericht für festliche Anlässe!

Für 6–8 Personen
Zubereitung: 5 Stunden

1 rote Zwiebel, geschält und in 6 Spalten geschnitten

2 Möhren, geschält und in 3 cm große Stücke geschnitten

2 Stangen Sellerie, in 3 cm große Stücke geschnitten

2 Rote Bete, geschält und in 6 Spalten geschnitten

2 Pastinaken, geschält und in 3 cm große Stücke geschnitten

1 Knoblauchknolle plus 2 Knoblauchzehen

je 1 Salbei-, Thymian- und Rosmarinzweig

Meersalz

frisch gemahlener schwarzer Pfeffer

2 kg Hammelkeule

750 ml (1 Flasche) Rotwein

200 g getoastetes oder altbackenes Weißbrot

Blättchen von 1 kleinen Bund Petersilie

2 EL Olivenöl

1½ EL Dijon-Senf

1. Den Backofen auf 150 °C vorheizen. Das gesamte Gemüse in einen Bräter füllen. Knoblauchknolle in einzelne Zehen teilen. Mit den Kräutern auf dem Gemüse verteilen, salzen und pfeffern. Die Hammelkeule auf das Gemüsebett legen und den Wein darübergeben. Mit Alufolie abdecken, die Ränder ringsum gut andrücken. Alles 4½ Stunden im Ofen backen.

2. Das Brot zerkleinern. Mit der Petersilie, den restlichen 2 Knoblauchzehen, Salz und Pfeffer sowie dem Öl in den Mixer geben und fein hacken. Den Bräter aus dem Ofen nehmen. Fleisch mit dem Senf bestreichen und mit der Bröselmischung bestreuen.

3. Weitere 30 Minuten im Ofen garen, bis es schön zart und goldbraun ist.

Hochrippe aus dem Ofen

So ein ganzes Stück Hochrippe macht viel her, und das Aufschneiden geht ganz einfach, wenn Sie das Fleisch zuvor auslösen. Falls Sie lieber einen Rollbraten zubereiten möchten, lassen Sie sich die Knochen trotzdem vom Metzger mitgeben. Während des Garens mit in den Bräter gepackt, sorgen sie für noch mehr Geschmacksfülle.

Für 10 Personen
Zubereitung: 2¼ Stunden

3 kg Hochrippe

2 TL Senfpulver

2 EL Mehl plus 25 g Mehl

2 TL frisch gemahlener schwarzer Pfeffer

300 ml Rinderbrühe, trockener Rotwein oder Gemüsekochwasser

1. Den Backofen auf 220 °C vorheizen. Das Fleisch wiegen, um die erforderliche Garzeit zu berechnen (siehe Seite 327). Senfpulver mit 2 EL Mehl und dem Pfeffer vermengen, das Fleisch rundherum damit einreiben. Auf einem Grilleinsatz in einen großen Bräter legen und 25 Minuten im Ofen anbraten.

2. Ofentemperatur auf 170 °C reduzieren und das Fleisch weiter garen: 30 Minuten pro Kilo für „rare" (blutig), 55 Minuten für „medium" und 65 Minuten für „well-done" (wenn Sie es wirklich unbedingt gut durchgebraten wollen). Fleisch aus dem Bräter nehmen und warm stellen, den dabei austretenden Saft für die Sauce auffangen.

3. Das Fett vom Fond vorsichtig abgießen oder mit einem Löffel abschöpfen, dann 25 g Mehl einrühren, sodass eine glatte Paste entsteht. Bei niedriger Temperatur auf dem Herd unter stetigem Rühren langsam die Brühe, den Wein oder das Wasser dazugießen. Aufkochen lassen und den ausgetretenen Fleischsaft einrühren. Das Fleisch mit der Sauce, Yorkshire Pudding (siehe Seite 326) und Meerrettichsauce (siehe Seite 320) servieren.

Schweinefleischterrine mit Madeira

Vielleicht erklärt sich Ihr Metzger bereit, den Schweinebauch gleich für Sie durch den Wolf zu drehen. Andernfalls hacken Sie Ihn eben selbst und zerkleinern ihn dann im Mixer – mir persönlich gefällt es, zunächst das ganze Ausgangsprodukt vor mir zu haben und es dann weiter zu verarbeiten. Zwei Möglichkeiten gibt es auch beim Auskleiden der Form: Traditionell nimmt man Speckscheiben, doch finde ich, dass sich die Terrine sehr viel einfacher stürzen lässt, wenn sie mit Backpapier ausgelegt ist.

Für 10–12 Personen
Zubereitung: 3 Stunden plus Kühlzeit über Nacht

625 g Schweinebauch

275 g mageres Schweinehackfleisch

200 g Schweineleber

Meersalz

1 TL frisch gemahlener schwarzer Pfeffer

17 Wacholderbeeren, zerstoßen

3 Knoblauchzehen, angedrückt, geschält und fein gehackt

½ TL gemahlene Muskatblüte (Macis)

25 g Mehl

150 ml Madeira

1 Ei, verquirlt

3 Lorbeerblätter (unbedingt frisch)

1. Backofen auf 170 °C vorheizen. Eine Kasten- oder Terrinenform mit 900 ml Inhalt mit Backpapier auskleiden. Schweinebauch erst grob, dann im Mixer fein hacken. Zusammen mit dem Schweinehackfleisch in eine große Schüssel füllen. Schweineleber ebenso erst grob und dann fein hacken und in die Schüssel geben. Wacholderbeeren, Knoblauch, Muskatblüte, Salz und Pfeffer hinzufügen. Mehl mit dem Schneebesen gründlich in den Madeira einrühren. Mit dem Ei zum Fleisch geben. Alles mit den Händen gleichmäßig vermengen.

2. Die Masse in die vorbereitete Form füllen und dabei bis in die Ecken sorgfältig andrücken. Mit den Lorbeerblättern belegen, mit Alufolie abdecken und in einen mit heißem Wasser gefüllten Bräter setzen. 2½ Stunden im Ofen garen.

3. Mit einem geeigneten Gewicht beschweren und abkühlen lassen, danach über Nacht kalt stellen. Am nächsten Tag aus der Form stürzen und das Papier entfernen.

Geschmorter Ochsenschwanz

Langes, sanftes Schmoren macht das Gericht zu einem zarten Genuss mit einer herrlich aromaintensiven Sauce. Ochsenschwanz braucht Geduld.

Für 6–8 Personen
Zubereitung: 3 Stunden

2,5 kg Ochsenschwanz, in Stücke gehackt

1 EL Olivenöl

3 Möhren, geschält und in 1 cm große Würfel geschnitten

2 Zwiebeln, geschält und in 1 cm große Würfel geschnitten

4 Stangen Sellerie, in 1 cm große Würfel geschnitten

2 EL Sojasauce

450 ml trockener Rotwein

600 ml Rinder- oder Gemüsebrühe plus mehr nach Bedarf

2 Lorbeerblätter

2 Thymianzweige

Meersalz

frisch gemahlener schwarzer Pfeffer

25 g Mehl plus etwas mehr nach Bedarf

4 Petersilienstängel, grob gehackt

1. Backofen auf 190 °C vorheizen. Die Ochsenschwanzstücke in einem Bräter mit dem Öl vermischen, bis sie gleichmäßig überzogen sind, und 20 Minuten im Ofen kräftig braten, bis sie Farbe annehmen. Das Gemüse untermischen und noch 10 Minuten im Ofen garen.

2. Die Ofentemperatur auf 150 °C reduzieren. Sojasauce, Wein, Brühe, Lorbeerblätter, Kräuter sowie Salz und Pfeffer nach Geschmack hinzufügen. Bräter mit Backpapier abdecken, dann mit Alufolie dicht verschließen. Erneut 2½ Stunden im Ofen backen, dabei nach der Hälfte der Zeit prüfen, ob weitere Brühe benötigt wird.

3. Die fertig gegarten Ochsenschwanzstücke mit einer Schaumkelle herausheben und in eine vorgewärmte Servierschüssel geben. Fett vom Fond abschöpfen. Mehl darüberstäuben und gleichmäßig unterrühren. Die Sauce bei mittlerer Temperatur unter ständigem Rühren köcheln lassen, bis sie die gewünschte Konsistenz erreicht hat (nach Belieben mit weiterem Mehl binden, dabei aber vor jeder Zugabe den Bräter von der Platte ziehen). Ochsenschwanz in der Sauce gut durcherhitzen. Mit der Petersilie bestreuen und servieren.

Coq au vin

Ein artgerecht aufgezogenes Huhn, das ein entsprechend langes Leben hatte, muss ausgiebiger garen als Tiere aus Massenzucht. Sollten Sie – schändlicherweise – doch ein Turbohähnchen gekauft haben, verkürzen Sie die Garzeit um ein Drittel. Sonst fällt das gesamte Fleisch vom Knochen, und das herrliche Gericht ist ruiniert.

Für 6–8 Personen
Zubereitung: 1¾ Stunden plus 12 Stunden Marinierzeit

1 Huhn (2,5–3 kg, vorzugsweise Master Gris), in Portionsstücke geteilt

1 Knoblauchzehe, angedrückt, geschält und fein gehackt

750 ml (1 Flasche) trockener Rotwein

1 EL Olivenöl

16 Schalotten, geschält

275 g Räucherspeck, gewürfelt

400 g Champignons, in Scheiben geschnitten

600 ml Hühner- oder Gemüsebrühe

1 Lorbeerblatt

1 Thymianzweig

Meersalz

frisch gemahlener schwarzer Pfeffer

25 g Mehl plus etwas mehr nach Bedarf

1 kleines Bund Petersilie, fein gehackt

1. Huhn mit Knoblauch in eine flache Schüssel geben. Den Wein darübergeben und zugedeckt 12 Stunden oder über Nacht an einem kühlen Platz marinieren. Die Stücke sollten stets von Flüssigkeit bedeckt sein, daher nach Bedarf gelegentlich wenden und durchmischen.

2. Am nächsten Tag das Huhn Zimmertemperatur annehmen lassen. Inzwischen den Backofen auf 190 °C vorheizen. Einen Bräter mit Öl ausstreichen, Schalotten 10 Minuten anbraten. Marinade abgießen und auffangen. Huhn zu den Schalotten geben und 15 Minuten im Ofen braun anbraten. Speck und Champignons in den Fond rühren, weitere 5 Minuten garen. Marinade, Brühe und Kräuter in den Bräter geben, salzen und pfeffern. Bräter mit Backpapier abdecken und mit Alufolie dicht verschließen. Ofentemperatur auf 170 °C reduzieren und das Huhn noch 1 Stunde schmoren. Es ist gar, wenn beim Einstechen mit einem Spieß an der dicksten Stelle des Schenkels klarer Saft austritt.

3. Hühnerteile und Schalotten mit einem Schaumlöffel aus dem Bräter in eine vorgewärmte Servierschüssel füllen. Mehl über den Fond stäuben, mit dem Schneebesen einrühren. Bei mittlerer Temperatur unter ständigem Rühren zum Köcheln bringen. Sauce nach Belieben mit weiterem Mehl binden (siehe gegenüberliegende Seite), zuletzt Petersilie darüberstreuen. Sauce über das Huhn geben und servieren. Gut schmeckt dazu Reis.

Festlicher Zitronen-Truthahnbraten

Bereiten Sie den Truthahn doch bereits am 24. Dezember vor. Dann müssen Sie ihn am ersten Weihnachtstag nur noch in den Ofen schieben. Beim Berechnen der Garzeit nicht das Gewicht der Füllung vergessen.

Für 12 Personen
Zubereitung: 6 Stunden

1 Truthahn (etwa 6 kg), aus Freilandaufzucht, mit Innereien	4 Knoblauchzehen, angedrückt, geschält und fein gehackt
1 Zwiebel, geschält und grob gewürfelt	2 rote Zwiebeln, geschält und fein gewürfelt
6 Lorbeerblätter	200 g schwarze Oliven, gehackt
2 Stangen Sellerie, gehackt	Meersalz
6 schwarze Pfefferkörner	frisch gemahlener schwarzer Pfeffer
1 Lauchstange, grob gehackt und gut gewaschen	1 Ei, mit 200 ml kaltem Wasser verquirlt
6 Rosmarinzweige	18 dünne Scheiben Bauchspeck ohne Schwarte
175 g Semmelbrösel	60 g Mehl
1 kg Schweinswurstbrät	100 ml trockener Rotwein

abgeriebene Schale und Saft von 3 Bio-Zitronen

1. In einem Topf die Innereien mit 1 l Wasser, der Zwiebel, 2 Lorbeerblättern, dem Sellerie, den Pfefferkörnern und dem Lauch zum Kochen bringen. Bei schwacher Temperatur 1 Stunde auf 600 ml einköcheln lassen. Die Brühe durchseihen.

2. Backofen auf 220 °C vorheizen. Restliche Lorbeerblätter hacken. Rosmarinnadeln abstreifen und fein hacken. Semmelbrösel, Wurstbrät, abgeriebene Zitronenschale und -saft, Knoblauch, rote Zwiebeln und Oliven in eine Schüssel geben. Gehackte Lorbeerblätter, Rosmarin, Salz, Pfeffer und das Ei hinzufügen. Alles mit den Händen gut vermengen.

3. Die Masse in den Truthahn füllen: zwei Drittel in die Bauchhöhle, den Rest in die Halsöffnung. Gefüllten Truthahn wiegen und die Garzeit berechnen: pro Kilo 40 Minuten. Auf einen Grilleinsatz in einen großen Bräter setzen. Die Speckscheiben in einem Flechtmuster über der Brust auslegen. Truthahn mit Alufolie abdecken und 40 Minuten im Ofen backen. Temperatur auf 170 °C reduzieren und weitere 3 Stunden 40 Minuten garen. Temperatur auf 180 °C erhöhen. Truthahn ohne die Folie noch 40 Minuten braten, dabei öfter mit dem Fond begießen. Er ist gar, wenn beim Einstechen mit einem Spieß an der dicksten Stelle des Schenkels klarer Saft austritt.

4. Aus dem Bräter nehmen und 20 Minuten warm stellen. Überschüssiges Fett vom Fond schöpfen. Mehl gleichmäßig mit dem Schneebesen unterrühren. Langsam Brühe und Wein einrühren. Sauce aufkochen, abschmecken und vom Truthahn abgegebenen Fleischsaft einrühren. Zum Truthahn servieren.

Januar auf der Farm

Bäckermeister Les mit einer Fuhre Sausage Rolls. Sie werden nach London geliefert und dort dann aufgebacken.

Es ist Neujahr, und die Grange Farm liegt immer noch unter einer dicken Schneedecke. Das mag idyllisch aussehen, aber sich Kilometer um Kilometer über zugeschneite Weiden zu kämpfen, geht auf Dauer nicht nur an die körperliche Substanz. Die allgemeine Stimmung hat einen absoluten Tiefpunkt erreicht. Auf unseren täglichen Kontrollgängen sehen wir nach 140 Hühnern, 58 Schweinen, 320 Schafen mit vierhundert bis fünfhundert Lämmchen in den Scheunen, über tausend Schafen auf den Weiden, zwei Riggit-Bullen, zehn Kühen und zwei jungen Kälbern. Natürlich will ich auch meinen Hund Brisket – es ist ein Grand Basset Griffon Vendeen –, meinen Schafhund Mickey und die Kätzchen nicht links liegen lassen.

In meinem über zwanzigjährigen Farmerdasein habe ich derart extreme Bedingungen noch nicht erlebt. Ein starker Ostwind bringt eisige Kälte, und Schneeverwehungen machen es fast unmöglich, bis zur Moorheide vorzudringen. Wenn man den Alten glauben darf, war seit 1947, als die Häuser im Schnee versanken, kein Winter dermaßen streng. Die Tiere sind völlig von uns abhängig, denn bisher sprießt kein einziger Grashalm, und sämtliche Tränken und Wasserleitungen hat der Frost fest im Griff. Obendrein müssen wir uns gegen ausgehungerte Füchse und Dachse zur Wehr setzen.

Kevin, mein Schweine-„Manager", berichtet, dass sie auf der Blansby Farm schwer zu kämpfen haben. Die Sauen sind auf der Weide, aber jede hat ihre eigene Unterkunft, die ihr Schutz bietet vor der oft beißenden Kälte. Auf der Suche nach Wärme schmiegen sich die Ferkel ganz eng an ihre Mütter, die, wenn sie sich dann bewegen, ihren Nachwuchs erdrücken können. Tatsächlich werden tagtäglich erstickte Ferkel aus den Verschlägen geborgen – es ist schrecklich. Von ursprünglich 120 Ferkeln würden uns, wie Kevin schätzt, bis zur Zeit der Entwöhnung ungefähr 75 bleiben. Er ist auf seinem Gebiet ein alter Hase, und er sollte Recht behalten: Wir verloren sage und schreibe 46 Tiere, nur 74 Ferkel überlebten.

Während alle auf der Farm das Letzte aus sich herausholen, wandert mein erschöpfter Geist zu Erfreulicherem. Vielleicht sollte ich mich bei der nächsten Bonham-Versteigerung um die hübsche Nostalgie-Uhr bemühen, die ich im neuen Katalog entdeckt habe (bevor ich Farmer wurde, habe ich mit alten englischen Möbeln gehandelt). Aber mir droht eine saftige Steuerzahlung, die Holzdielen auf den Treppenabsätzen sind noch nicht verlegt, und das Dach leckt. Die Realität holt mich unerbittlich ein: Ich sollte sparen und, wichtiger noch, mich um die Tiere kümmern, so gut ich kann.

Die in der Woche vor Weihnachten geborenen Dorset-Lämmer sind wegen der extremen Kälte mit ihren Müttern noch immer in den warmen Scheunen eingesperrt. Sie bräuchten aber mehr Platz und sollten eigentlich schon draußen auf den Weiden sein. Ständig legt nun meine rechte Hand Alan reichlich frisches Stroh für sie aus. Den ganzen Morgen bringe ich damit zu, zwei Wege freizuschaufeln, um etwas Heu zu den anderen Schafen zu schaffen. Morgen werde ich dieselbe Übung wiederholen, denn es soll erneut schneien.

Die Böcke haben ihre diesjährige Arbeit beendet und werden nun von den Schafen getrennt. Mich erinnern sie dabei immer an Soldaten nach einer Schlacht: Einige humpeln, andere lehnen sich ermattet aneinander, und manche haben bei den Kämpfen um die letzten noch nicht vergebenen Weibchen Kopfwunden davongetragen. Bis zur nächsten Runde im Juli werden sie von jetzt an wieder in der Boy-Group leben und nur ans Grasen denken.

Die Böcke haben ihre diesjährige Arbeit beendet und werden nun von den Schafen getrennt. Mich erinnern sie dabei immer an Soldaten nach einer Schlacht: Einige humpeln, andere lehnen sich ermattet aneinander, und manche haben bei den Kämpfen um die letzten noch nicht vergebenen Weibchen Kopfwunden davongetragen.

Zwei telefonische Sonderbestellungen sind bei uns eingegangen. Susie, eine Kundin unseres Ladens im Londoner Bezirk Hackney und angehende Braut, wünscht sich für ihre Hochzeit anstelle des üblichen Kuchens eine mehrstöckige Pie. Les, auf der Farm für die Pie-Herstellung zuständig, macht sich begeistert an die Planung und leiht bei seiner Mutter die Backformen aus, die für deren Hochzeitsfeier zum Einsatz kamen, während Anne Ausschau nach einem stabilen Hochzeitstortenständer für Les' schwergewichtige Kreation hält. Jede der Pies ist anders gefüllt: die unterste mit unserer klassischen Schweinefleischmischung, dann folgt in der Mitte Huhn mit Speck, und den krönenden Abschluss bildet eine Pie mit gemischtem Wild, gekrönt von dunkelrot schimmernden Cranberrys, die mit unserer selbstgemachten Gelatine gebunden sind. Vorsichtig fahren wir das architektonische Meisterwerk mit drei Etagen nach London, und das Brautpaar ist hochzufrieden. Ich glaube, unser Pie-Kuchen könnte einen neuen Hochzeitstrend auslösen!

Die andere Bestellung kommt von Jeremy, der vor Kurzem an einem Metzgerkurs in unserem Geschäft in der Moxon Street teilgenommen hat und von dem Lammfleisch so angetan war, dass er bei seinem Hochzeitsessen unbedingt Lammkarrees servieren will. Anfragen dieser Art freuen mich sehr, denn sie zeigen mir, dass wir unsere Sache richtig machen.

Wir räumen das Büro um, und zusammen mit David Harrison will ich die Computer neu anschließen. Es entsteht großer Kabelsalat, und die Internetverbindung ist hin. Chaos bricht aus. Ich beschließe, mich in die Bäckerei zu verkrümeln, bis wieder Ruhe und Ordnung eingekehrt sind. Schließlich brauche ich selbst den PC nur, um nach Ersatzteilen für Traktoren, Wettervorhersagen und Antiquitäten zu recherchieren oder mich schlau zu machen, wenn mir in einer Debatte die Argumente ausgehen.

Burns Night, das Fest zu Ehren des Dichters Robert Burns, naht. Also müssen wir Haggis für die Geschäfte zubereiten. Diese schottische Spezialität besteht aus Schafmagen, der mit Lunge, Leber und Herz des Tieres, dazu Zwiebeln, Kräutern und feinen Haferflocken gefüllt wird (Les ergänzt das Rezept mit Fleisch von der Hammelkeule). Ich bin ja stolz darauf, dass wir die Schlachttiere möglichst komplett verwerten, und dieses Rezept bietet dafür eine optimale Gelegenheit.

Endlich sind die Mutterschafe und Lämmer wieder auf den Weiden. Tauwetter hat eingesetzt mit der Folge, dass ein Traktor bis zur Achse im Schlamm versinkt. Kevin kommt von Blansby mit einem zweiten Traktor zur Hilfe. Aus dem Morast wird das Gras ohnehin so schnell nicht wieder sprießen, und um die Situation nicht noch zu verschlimmern, bleiben die Rinder einstweilen in den Ställen. Denn mit ihren schmalen Hufen, auf denen viel Gewicht lastet, würden sie den Boden zusätzlich schädigen. Wir müssen aber besonders auf der Hut sein, dass sie keine Infektionen bekommen, die sich in der warmen, feuchten Stallluft recht schnell ausbreiten können. Etwas Gutes hat dieser Monat gebracht, nämlich die Rinder- und Hühnerbrühe, die wir jetzt herstellen. Diese Produkte sind so rein und konzentriert, dass sie beim Erkalten fest werden. Außerdem macht es mich einmal mehr froh, dass so wenig von meinen Tieren ungenutzt bleibt.

Pie-Formen und andere Utensilien in der Bäckerei der Farm.

Ungarisches Schweinegulasch

Der Schweinebauch ist hier unverzichtbar. Mit seinem Fett verhilft er dem Gericht zu einer saftigen Konsistenz und gehaltvollen Sauce.

Für 6 Personen
Zubereitung: 3 Stunden

1 EL Olivenöl

1,25 kg Schweineschulter, in 3 cm große Würfel geschnitten

275 g Schweinebauch ohne Schwarte, in 3 cm große Würfel geschnitten

1 Zwiebel, geschält und fein gewürfelt

2 Knoblauchzehen, angedrückt, geschält und fein gehackt

2 TL mildes geräuchertes Paprikapulver

½ TL Cayennepfeffer

2 TL Kümmel

Meersalz

frisch gemahlener schwarzer Pfeffer

2 Dosen gehackte Tomaten (à 400 g)

325 g geröstete Paprika aus dem Glas (ersatzweise 3 rote Paprika, gegrillt und enthäutet)

2 EL saure Sahne

1 Bund Schnittlauch, in Röllchen geschnitten

1. Den Backofen auf 180 °C vorheizen. In einem großen, ofenfesten Topf das Öl bei mittlerer Temperatur erhitzen und das Fleisch rundherum braun anbraten. Zwiebel und Knoblauch hinzufügen und 3 Minuten mitbraten. Paprikapulver, Cayennepfeffer und Kümmel, Salz und Pfeffer gründlich untermischen. Nach 4 Minuten Dosentomaten und so viel Wasser in den Topf geben, dass das Fleisch gerade bedeckt ist. Zum Kochen bringen. Einen Deckel auflegen und das Gulasch für 2 Stunden im Ofen schmoren.

2. Paprika aus dem Glas abtropfen lassen (oder frische Paprika grillen und enthäuten). In feine Streifen schneiden und unter das Gulasch mischen. Weitere 30 Minuten garen. Mit Bulgur oder Reis servieren und mit saurer Sahne und Schnittlauchröllchen garnieren.

Rillettes vom Schwein

Vor der Erfindung der Kühltechnik wurde das gesamte Fleisch auf die eine oder andere Weise konserviert, wenn eine Bauersfamilie ein Schwein schlachtete. Ein Teil des Schweinebauchs ergab Rillettes. Versiegelt mit einer Schicht aus erstarrtem Fett halten sie sich monatelang.

Für 4–6 Personen
Zubereitung: 5 Stunden

50 g Schweine- oder Gänsefett

1 kg Schweinebauch ohne Schwarte, in 3 cm große Würfel geschnitten

300 ml trockener Weißwein

2 Knoblauchzehen, angedrückt, geschält und fein gehackt

2 Thymianzweige

Meersalz

frisch gemahlener schwarzer Pfeffer

1 Zwiebel, geschält und fein gewürfelt

1. Fett in einem Topf mit schwerem Boden zerlassen. Fleisch bei sehr niedriger Temperatur 15 Minuten garen, aber nicht bräunen. Das Fett abgießen und auffangen. Wein, Knoblauch, Thymian, Salz, Pfeffer und Zwiebel in den Topf geben. Fleisch zugedeckt 4½ Stunden sehr schwach köchelnd garen, dabei gelegentlich rühren und nach Bedarf etwas Wasser dazugießen.

2. Leicht abkühlen lassen. Fleisch und Knoblauch mit einer Gabel gründlich zerdrücken (oder, für ein feineres Ergebnis, im Mixer pürieren). Die Masse abschmecken. Mit einem Löffel in ein gründlich heiß ausgespültes Tongefäß oder Glas füllen und fest zusammendrücken – es dürfen keine Lufteinschlüsse bleiben. Zuvor abgegossenes Fett wieder zerlassen und über die Masse gießen, die zuletzt völlig bedeckt sein muss.

3. Die Rillettes vor dem Verzehr möglichst noch mindestens 1 Woche im Kühlschrank reifen lassen. Gekühlt lassen sie sich bis zu 6 Monate aufbewahren, wenn sie durch eine geschlossene Schicht aus festem Fett gegen Lufteintritt geschützt sind. Mit knusprigem Brot, herzhaft eingelegten Gurken und knackigem Salat genießen.

Sausage Rolls nach Art des Hauses

Gute Sausage Rolls, also „Würstchen im Schlafrock", sind eher rar gesät. Unsere Version findet bei den Kunden mittags reißenden Absatz.

Ergibt 8 Stück
Zubereitung: 2 Stunden plus Zeit zum Kühlen und Ruhezeit über Nacht

Für die Füllung	Für den Blätterteig
700 g Schweinehackfleisch	600 g backstarkes Mehl (vorzugsweise Type 00) plus etwas zum Bestäuben
175 g Speck, fein gewürfelt	450 g Butter, gekühlt
110 g Semmelbrösel	1 Prise Salz
2 TL gemischte getrocknete Kräuter (Thymian, Majoran, Petersilie, Oregano, Basilikum)	2 EL Weißweinessig
1 TL gehackter Salbei	1 Ei, verquirlt
Meersalz	
frisch gemahlener schwarzer Pfeffer	

1. Hackfleisch und Speck in einer Schüssel vermischen. Semmelbrösel, 125 ml Wasser, Kräuter, Salz und Pfeffer hinzufügen. Alles mit den Händen gut vermengen.

2. Für den Blätterteig Mehl in eine große Schüssel sieben. In einem Topf 50 g Butter zerlassen und mit Salz, Essig und 230 ml eiskaltem Wasser verrühren. Zum Mehl geben und alles zu einem glatten Teig verarbeiten. Für 1 Stunde im Kühlschrank ruhen lassen.

3. Restliche Butter zwischen zwei Lagen Frischhaltefolie fingerdick ausrollen. Teig zu einem Rechteck ausrollen, das etwas mehr als doppelt so groß wie die Butterplatte ist. Butter auswickeln und auf eine Hälfte des Teigstücks legen. Die andere Teighälfte darüberklappen, die Ränder zusammendrücken, damit die Butter völlig umschlossen ist. Zu einem Rechteck von gleicher Größe wie zuvor ausrollen und quer wie einen Brief zweimal zusammenfalten. Erneut ausrollen, um 90 Grad drehen und wieder zweimal zusammenfalten. In Frischhaltefolie wickeln und 1 Stunde kalt stellen. Das Ausrollen, Drehen und Falten noch viermal wiederholen, dabei den Teig jeweils dünn mit Mehl bestäuben und nach jedem Durchgang kühlen. (Insgesamt wird der Vorgang fünfmal wiederholt.) Einwickeln und über Nacht kalt stellen.

4. Den Backofen auf 180 °C vorheizen. Teig auf etwa 40 x 25 cm Größe ausrollen. Fleischmasse zu einer etwa 40 cm langen, gleichmäßigen Wurst formen. An einer Längskante auf den Teig legen, freie Teigfläche mit Ei bestreichen und das Ganze aufrollen. Zuletzt die Teiglagen entlang der Naht mit einer Gabel zusammendrücken. Die Rolle in vier Stücke schneiden. Mit Ei bestreichen, auf ein Backblech legen und 50 Minuten im Ofen garen. Warm servieren.

Schmortopf vom Rind mit Kräuterklößchen

Langsames Schmoren macht Rindernacken zu einem echten Gaumenschmeichler. Die Klößchen sind wunderbar, um damit die leckere Sauce aufzutunken.

Für 6 Personen
Zubereitung: 3 Stunden plus Kühlzeit über Nacht

Für den Schmortopf

2 EL Olivenöl

1,5 kg Rindernacken, in größere Stücke geschnitten

2 Zwiebeln, geschält und in feine Ringe geschnitten

1 EL gehackte Oreganoblättchen

4 Lorbeerblätter

Meersalz

frisch gemahlener schwarzer Pfeffer

200 ml trockener Rotwein

1,25 l Rinderbrühe

1 EL Mehl

4 Möhren, geschält und in Scheiben geschnitten

4 Stangen Sellerie, in Scheiben geschnitten

4 Pastinaken, geschält und in Scheiben geschnitten

Für die Klößchen

200 g Mehl (Type 550)

2 gestr. TL Backpulver

115 g Nierenfett

Blättchen von 1 kleinen Bund Petersilie, gehackt

1. Backofen auf 150 °C vorheizen. Olivenöl in einem großen, ofenfesten Topf bei mittlerer bis hoher Temperatur erhitzen. Fleisch rundherum braun anbraten, danach herausnehmen und beiseite legen. Zwiebeln im Öl bei niedriger Temperatur ohne Farbe weich schwitzen. Fleisch zurück in den Topf geben. Kräuter, Lorbeerblatt, Salz, Pfeffer, Wein und Brühe hinzufügen. Langsam zum Kochen bringen und zugedeckt 2 Stunden im Ofen schmoren. Herausnehmen, abkühlen lassen und über Nacht kalt stellen.

2. Am nächsten Tag den Schmortopf Zimmertemperatur annehmen lassen. Backofen auf 150 °C vorheizen. Schmortopf im Ofen langsam erwärmen und herausnehmen, sobald die Brühe wieder flüssig ist. Mehl in den Topf stäuben und einrühren. Möhren, Sellerie und Pastinaken dazugeben. Zugedeckt nochmals 10 Minuten im Ofen schmoren.

3. Inzwischen die Zutaten für die Klößchen in einer Schüssel mit ebenso viel Wasser gründlich vermengen, sodass ein zusammenhängender Teig entsteht, der aber nicht klebt. In zwölf Portionen teilen und zu Kugeln rollen. Topf aus dem Ofen nehmen, Klößchen nebeneinander hineinlegen. Zugedeckt im Ofen 30 Minuten garen, bis die Klößchen und der Eintopf dampfend heiß sind.

Gepökeltes Rindfleisch (Salt beef)

Was wäre die berühmte New Yorker Deli-Sandwichkultur ohne „Salt beef"? Bereiten Sie das gepökelte Rindfleisch doch selbst zu und genießen Sie es warm mit pikantem Senf und Meerrettichsauce oder kalt in Sandwiches aus kernigem Roggenbrot.

Für 20 Personen
Zubereitung: 4½ Stunden plus 8 Tage zum Pökeln plus Wässern über Nacht

- 475 g Salz
- 750 g Pökelsalz (aus dem Fachhandel oder Internet)
- 100 g Roh-Rohrzucker
- 2 EL schwarze Pfefferkörner
- 2 EL Koriandersamen
- 12 Wacholderbeeren
- 1 TL Gewürznelken
- 3 Lorbeerblätter
- 1 TL gemahlene Muskatblüte (Macis)
- 1 TL gemahlener Ingwer
- 4 kg Rinderbrust ohne Knochen oder Unterschale

1. Als Gefäß eignen sich ein traditioneller Steinguttopf oder auch eine Schüssel oder ein Eimer aus Kunststoff – Metall hingegen würde dem Fleisch einen unangenehmen Geschmack verleihen. Das Gefäß mit Soda gründlich reinigen und danach mit kochendem Wasser sterilisieren. Salz, Pökelsalz und Zucker mit 600 ml Wasser in einen Topf füllen. Aufkochen und dabei ständig rühren, bis sich die Zutaten aufgelöst haben. Ganze Gewürze grob zerstoßen. Mit Lorbeerblättern, Muskatblüte und Ingwer in die Lake rühren. In das vorbereitete Gefäß geben und so viel kochendes Wasser hinzufügen, wie nach grober Schätzung nötig ist, damit das später hineingelegte Fleisch bedeckt ist. Umrühren und abkühlen lassen.

2. Fleisch in die kalte Lake legen und das Gefäß mit doppelt gelegter Frischhaltefolie dicht verschließen. 8 Tage an einem kühlen Ort ruhen lassen.

3. Das gepökelte Fleisch aus der Lake nehmen und über Nacht in kaltes Wasser einlegen. Abspülen, in einem großen Topf mit frischem Wasser bedecken und zum Köcheln bringen. Dann das Kochwasser probieren: Schmeckt es zu salzig, abgießen und von vorn beginnen. Den aufsteigenden Schaum vom köchelnden Wasser sorgfältig abschöpfen. Einen Deckel auflegen und das Fleisch im sehr sanft sprudelnden Wasser garen, bis es nach 4 Stunden ganz zart ist. Dabei stündlich nachsehen, ob weiteres Wasser ergänzt werden muss.

4. Fleisch aus dem Wasser nehmen und an einem warmen Ort mindestens 10 Minuten ruhen lassen. Aufschneiden und in Sandwiches oder aber mit Gemüse, Senf und Meerrettichsauce (siehe Seite 320) als Beilagen genießen.

Lammleber mit Salbei

Lammleber sollte höchstens einen Tag alt sein. Kaufen Sie sie also nur bei einem Metzger Ihres Vertrauens. Kurz gebraten, wie in diesem Rezept, garantiert sie köstlich zarte Gaumenfreuden – und das zu einem Bruchteil des Preises von Kalbsleber.

Für 4 Personen
Zubereitung: 15 Minuten

50 g Butter

12 Salbeiblätter

500 g Lammleber, von Häuten und Adern befreit, in feine Scheiben geschnitten

150 ml trockener Rotwein

75 g Sahne

75 g Mascarpone

Meersalz

frisch gemahlener schwarzer Pfeffer

1. Butter in einer Pfanne bei niedriger bis mittlerer Temperatur zerlassen. Wenn sie aufschäumt, Salbei hinzufügen. Nur 30 Sekunden braten, danach die Blätter herausnehmen und beiseite legen. Bei mittlerer bis hoher Temperatur so viele Leberscheiben, wie nebeneinander in die Pfanne passen, in der aromatisierten Butter von beiden Seiten je 2 Minuten braten. Herausnehmen und warm stellen, bis alle Scheiben gebraten sind.

2. Nach der letzten Portion rasch den Wein in die Pfanne gießen und auf die Hälfte einköcheln lassen, dann Sahne und Mascarpone einrühren. Salzen und pfeffern. Die Sauce aufkochen und reduzieren, bis sie einen Löffelrücken dick überzieht.

3. Die Leber mit der Sauce beträufeln, mit den knusprigen Salbeiblättern bestreuen und servieren. Vorzüglich passt zu diesem schmackhaften, schnellen Gericht cremiges Kartoffelpüree.

Lancashire Hot pot

Stilecht gelingt dieser Klassiker der rustikalen britischen Küche mit Hammelfleisch. Langsam gegart, entwickelt es das typisch intensive Aroma. Bitten Sie den Metzger, das Nackenstück in Portionshappen zu teilen.

Für 6 Personen
Zubereitung: 2¾ Stunden

1 kg vorwiegend festkochende Kartoffeln

25 g Butter

2 Zwiebeln, geschält und in 1 cm große Würfel geschnitten

3 Möhren, geschält und in feine Scheiben geschnitten

200 g Perlgraupen

2 Thymianzweige

1 Lorbeerblatt

1,5 kg Hammelnacken, in etwa 3 cm große Scheiben geschnitten

4 Lammnieren

Meersalz

frisch gemahlener schwarzer Pfeffer

2 TL Worcestershire-Sauce

750 ml Lammbrühe

1. Den Backofen auf 180 °C vorheizen. Kartoffeln schälen und in 5 mm dicke Scheiben schneiden. Eine Gratinform mit der Hälfte der Butter ausstreichen und mit einem Drittel der Kartoffelscheiben auslegen. Zwiebeln, Möhren und Perlgraupen mit Thymian und Lorbeerblatt hinzufügen. Das Hammelfleisch darauf geben.

2. Nieren enthäuten, halbieren, das weiße Innere mit einer Schere herausschneiden und wegwerfen. Nierenhälften zwischen dem Hammelfleisch verteilen. Mit Salz und Pfeffer würzen. Worcestershire-Sauce mit der Brühe mischen und über das Gericht geben.

3. Die restlichen Kartoffelscheiben dachziegelartig darauf auslegen. Die Form bedecken und 2 Stunden im Ofen schmoren. Folie entfernen, restliche Butter in Flöckchen über den Kartoffeln verteilen und weitere 30 Minuten im Ofen garen, bis die Kartoffeln goldbraun und knusprig sind.

Lammfilet auf römische Art

Aus dem Lammnacken geschnittenes Filet war einst ein Geheimtipp. Allerdings muss man dafür inzwischen, wie generell für Lammfleisch, deutlich mehr berappen. Trotzdem schätze ich dieses kleine Stück mit seiner besonderen Geschmacksfülle und Konsistenz nach wie vor sehr.

Für 4 Personen
Zubereitung: 40 Minuten

500 g Nackenfilet vom Lamm

4 Rosmarinzweige

2 EL Olivenöl

2 Knoblauchzehen, angedrückt, geschält und fein gehackt

125 ml trockener Rotwein

Saft von 1 Zitrone

175 g entsteinte schwarze Oliven, grob gehackt

Meersalz

frisch gemahlener schwarzer Pfeffer

Blättchen von 1 Bund Petersilie, grob gehackt

1. Das Filet in vier gleich lange Stücke schneiden. Entlang der Mittelachse mit einer scharfen, dünnen Messerklinge anritzen und jeweils 1 Rosmarinzweig hineinstecken. In einem Topf das Öl bei mittlerer bis hoher Temperatur erhitzen. Das Fleisch rundherum etwa 15 Minuten braun anbraten.

2. Knoblauch hinzufügen und bei niedriger Temperatur weitere 4 Minuten garen. Das Fleisch aus dem Topf nehmen und an einem warmen Ort ruhen lassen. Den Wein mit dem Zitronensaft, den Oliven sowie Salz und Pfeffer nach Geschmack in den Topf geben und auf die Hälfte einköcheln lassen.

3. Das Fleisch aufschneiden. Petersilie in die Sauce rühren, noch einmal köchelnd erhitzen und über das Fleisch geben. Einfach exzellent mit cremiger Polenta, Kartoffelpüree oder Tagliatelle.

Entenkeulen mit Puy-Linsen

Entenkeulen betören durch ihr süß-aromatisches, zartes Fleisch. Mit Puy-Linsen und Champignons ergeben sie ein schmackhaftes Gericht, das man auch bei einem zwanglosen Essen mit Freunden gut auftischen kann.

Für 4 Personen
Zubereitung: 45 Minuten

1 EL Olivenöl plus etwas für den Bräter

4 ganze Entenkeulen, in Ober- und Unterkeule geteilt, überschüssiges Fett entfernt

4 Schalotten, geschält und gewürfelt

275 g große Champignons, die Hüte in Streifen geschnitten

250 g Puy-Linsen

600 ml Hühner- oder Wildbrühe plus mehr nach Bedarf

300 ml trockener Rotwein plus etwas mehr nach Bedarf

Meersalz

frisch gemahlener schwarzer Pfeffer

3 Thymianzweige

2 Lorbeerblätter

1. Den Backofen auf 200 °C vorheizen. Einen Bräter dünn mit Öl ausstreichen, die Ententeile hineingeben und 15 Minuten im Ofen braten.

2. Inzwischen in einem großen, ofenfesten Topf 1 EL Öl bei mittlerer bis hoher Temperatur erhitzen und die Schalotten 2 Minuten anschwitzen. Pilzstreifen hinzufügen und 5 Minuten dünsten. Linsen, Brühe, Wein sowie Salz und Pfeffer nach Geschmack sowie Thymian und Lorbeerblätter untermischen und zum Kochen bringen.

3. Die Ententeile aus dem Ofen nehmen und auf die Pilz-Linsen-Mischung legen. Den Topf mit einem Deckel verschließen und 20 Minuten im Ofen schmoren. Deckel abnehmen und das Gericht weitere 10 Minuten garen, bis die Ententeile knusprig gebräunt sind und aus den Oberschenkeln beim Einstechen mit einem Spieß an der dicksten Stelle klarer Saft austritt. Nach Bedarf während des Garens etwas mehr Brühe oder Rotwein dazugießen.

FEBRUAR

Februar auf der Farm

Andy Holmes, einer der Metzger der Farm, mit einem geschlachteten Lamm.

Als ich heute Morgen aufwachte, lagen 15 Zentimeter Neuschnee. Ist das vielleicht das Einstandsgeschenk von Arthur, der aus Northumberland kommt und soeben bei uns die Stelle als neuer Schäfermeister angetreten hat? Er bezieht mit seiner Frau Lesley ein zum Betrieb gehörendes Cottage in Thorton Dale, und neben den Schafen werden auch die unverzichtbaren Hunde sowie Gänse und Hühner auf ihrem Gelände leben. Mein Collie Mickey freut sich gewiss, weil ihn Arthurs schottischer Zungenschlag mehr anspricht als mein Yorkshire-Akzent. Arthur ist ein sehr erfahrener Schäfer, und ich hoffe, dass er gut mit Chris und Alan zurechtkommt. Chris hat die Lücke, die der vorherige Schäfermeister hinterlassen hatte, in der Übergangszeit bestens gefüllt, und ich wünschte, dass er sich weiter so mausert wie in den vergangenen Monaten. Die drei müssen eben zu einer Form der Zusammenarbeit finden, die ihren jeweiligen Stärken am ehesten entspricht.

Vor drei Jahren beschloss mein Cousin Alex, der in London lebt, sich ein Landhaus zuzulegen, und wir überlegten, ob er vielleicht ein großes Gut erwerben sollte, dessen Grund ich für mein Vieh nutzen könnte. Er machte die Park Farm ausfindig, und während noch die Verkaufsverhandlungen liefen, kam als weiteres mögliches Objekt die benachbarte East Moor Farm dazu. Alex kaufte kurzerhand beide. Um ehrlich zu sein, war ich an dieser Entscheidung nicht ganz unbeteiligt. Die Park Farm, die sich am Rand eines Tals erstreckt, hat ein ansehnliches Herrenhaus, aber keine Wirtschaftsgebäude. Dagegen hat die East Moor Farm eine funktionierende Molkerei, was ja gut zur Rinderhaltung passt. Durch den Erwerb beider Objekte können wir den Wald, der das Tal säumt, für die Jagd nutzen.

Alex konnte sich gut vorstellen, wie hübsche Rinder über die 150 Hektar der Park Farm ziehen. Damals besaß ich bereits vierzig Longhorns, doch der Bestand musste vergrößert werden, und wie ich herausfand, stand die Versteigerung einer Longhorn-Herde an, die ich schon immer bewundert hatte. Ich teilte Alex mit, dass wir unbedingt den Viehmarkt von Holsworthy in Devon besuchen müssten, und bat ihn, sein Scheckheft mitzunehmen. Als Alex den Sattelschlepper erblickte, den ich gemietet hatte, wunderte er sich über dessen Ausmaße: „Den bekommen wir doch nie voll." „O doch", entgegnete ich, „das Gelände von East Moor und Park Farm ist groß." Mit meiner langen Liste von vierzig Rindern, die ich zu erwerben hoffte, rückte ich dem Auktionator ganz dicht auf die Pelle und begann aufgeregt mitzubieten, ohne mich groß mit Alex zu besprechen. Bei

Nummer zehn zeigte er leichte Panik, die dann bei Nummer zwanzig der Sorge wich, wie wir all die Rinder im Sattelschlepper unterbringen sollten. Mit dem 35sten Longhorn beendete ich meinen Einkauf, schließlich wiegen diese Tiere jeweils eine Tonne und jedes kostet etwa 1400 britische Pfund, also knapp 1600 Euro.

Heute ist Alex über den Anblick der anmutigen Longhorns auf dem Gelände der Park Farm sehr glücklich. Ich habe auch meine Herde erweitert, denn die Nachfrage nach gut abgehangenem Rindfleisch steigt stetig. Inzwischen haben wir über fünfhundert Longhorns, und in diesem Monat wurde ein neuer großer Stall als Winterquartier für die Herde fertiggestellt.

Meine beiden Bullen Jupiter und Dynamo produzieren prächtige Kälber – ich möchte behaupten, dass Dynamo der beste Longhorn-Bulle des Landes ist. Vor vier Jahren habe ich ihn im Alter von neun Monaten von einem Züchter in Cockermouth gekauft und mich viel um ihn gekümmert. Aggressiv warf er den Kopf hin und her, wenn ich zu ihm in den Stall kam, was mich aber nicht davon abhielt, ihn täglich mit bester Gerste und Heu zu füttern. Ich glaube, dass der ständige Kontakt zum Menschen einen Bullen beschwichtigen kann und er dann sanfter mit den Kühen umgeht. Noch immer will Dynamo mir manchmal zeigen, wer der Boss ist – einmal ist er auf mich losgegangen und hat mich tatsächlich erwischt, bei einer anderen Gelegenheit hat er mir nichts, dir nichts die Stallwand durchbrochen. Aber allmählich legt er seine ungestümen Teenager-Manieren ab. Er ist ein wirklich schöner Kerl mit perfekt geformten Hörnern und einem dicken, mahagonibraun und weiß gescheckten Fell. Umgeben von seinem Harem, zieht er über die Weiden und fühlt sich dabei sichtlich wohl.

Noch immer will Dynamo mir manchmal zeigen, wer der Boss ist – einmal ist er auf mich losgegangen und hat mich tatsächlich erwischt, bei einer anderen Gelegenheit hat er mir nichts, dir nichts die Stallwand durchbrochen.

Die Betreuung der großen Herde auf East Moor und Park Farm wurde für mich allein zu viel, deshalb heuerte ich vor drei Jahren Mike an. Heute lebt er auf East Moor und kann so immer nach den Tieren sehen. Sie haben ein beschauliches Leben, was meines Erachtens zur Qualität ihres Fleischs beiträgt. Außerdem gehören wir zu den wenigen Anbietern, die Rindfleisch mindestens vier bis fünf Wochen reifen lassen. Wir beliefern viele Restaurants, unter anderem das Steakhaus Hawksmoor in London, das seit seiner Eröffnung bei mir einkauft. Will und Hugh, die Besitzer, haben ein weiteres Gastronomieprojekt in Angriff genommen, und damit wird unser Liefervolumen weiter steigen.

Zusammen mit Mike mache ich mir viele Gedanken, wie wir am besten auf die generell wachsende Nachfrage nach Rindfleisch reagieren. Wir überlegen, welche Longhorn-Färsen wir für unsere Zuchtherde behalten sollen und wie viel

Ackerfläche wir für den wachsenden Rinderbestand in Grasland umwandeln können. Die im Juli 2010 gedeckten Kühe bringen ihre Kälber im April 2111 zur Welt, die dann erst im Sommer 2013 schlachtreif sein werden. Folglich sollte ich mich nach guten Rindern umsehen, die zum Verkauf stehen, um so meine Herde schneller zu vergrößern. Wir müssen der Entwicklung des Marktes immer um einige Jahre voraus sein.

Primrose hat neun gesunde Ferkel geworfen, seit vier Jahren die ersten auf der Grange Farm. Turpin ist mächtig stolz. Primula sieht aus, als würde sie jeden Moment platzen, ansonsten erkenne ich bei ihr aber keine der typischen Anzeichen von Trächtigkeit. Vielleicht hat es bei ihrem ersten Date mit Turpin ja auch nicht geklappt und sie ist nur durch übermäßiges Fressen etwas pummelig geworden. Wenn sich bis Ende dieses Monats nichts getan hat, werde ich sie nochmals mit Turpin zusammenbringen.

Eine hübsche Longhorn-Kuh auf East Moor.

Würziger Lamm-Pilaw

Mit einer Fülle unterschiedlicher Aromen und Texturen lockt dieses Gericht. Es ist im Nu fertig und ideal, um Bratenreste zu verwerten.

Für 2 Personen
Zubereitung: 30 Minuten

1 EL Pflanzenöl

1 Zwiebel, geschält und fein gewürfelt

1 Knoblauchzehe, angedrückt, geschält und fein gehackt

1 Zimtstange

2 Gewürznelken

4 Kardamomkapseln, zerstoßen

1 TL gemahlene Kurkuma

200 g Basmatireis

350 g gegartes Lammfleisch, gehackt

600 ml Gemüse- oder Lammbrühe

Blättchen von 1 Bund glatter Petersilie, gehackt

3 Frühlingszwiebeln, grob gehackt

2 Tomaten, grob gewürfelt

Blättchen von 1 Bund Koriander, gehackt

1. Das Öl in einem weiten, flachen Topf bei mittlerer Temperatur erhitzen. Zwiebel 5 Minuten unter Rühren anschwitzen. Knoblauch und Gewürze hinzufügen, 3 Minuten mitschwitzen. Reis dazugeben und gut durchmischen. Das Lammfleisch mit der Brühe in den Topf geben.

2. Aufkochen und dann bei reduzierter Temperatur abgedeckt 12 Minuten köcheln lassen. Petersilie, Frühlingszwiebeln, Tomaten und Koriandergrün unterziehen. Mit Mango-Chutney servieren.

Lammnieren in cremiger Rotweinsauce

Früher wurden Nieren üblicherweise in ihrer Fettkapsel angeboten, wodurch der Geschmack und die Farbe schön erhalten blieben. Falls Sie derart „naturbelassene" Nieren in einer Metzgerei entdecken, können Sie sicher sein: Dort versteht man etwas von Genuss und Qualität.

Für 2 Personen
Zubereitung: 20 Minuten

8 Lammnieren

25 g Butter

1 EL Olivenöl

125 g Champignons

2 Schalotten, geschält und gewürfelt

150 ml trockener Rotwein

1 TL Dijon-Senf

Meersalz

frisch gemahlener schwarzer Pfeffer

150 g Sahne

Blättchen von 3 Estragonstängeln, grob gehackt

1. Die Nieren enthäuten, halbieren, das weiße Innere mit einer Schere herausschneiden und wegwerfen. Butter und Olivenöl in einer großen Pfanne bei hoher Temperatur erhitzen. Die Nieren mit den Champignons 5 Minuten braten. Schalotten unterrühren und weitere 2 Minuten braten.

2. Mit dem Wein vorsichtig ablöschen, da heißer Dampf aufsteigt und es etwas spritzt. Bei hoher Temperatur etwa 5 Minuten auf die Hälfte einkochen lassen.

3. Senf unterrühren, salzen und pfeffern. Die Sahne unterziehen und die Sauce 5 Minuten köchelnd eindicken lassen. Zuletzt den Estragon unterrühren. Auf einem Reis- oder Couscousbett servieren.

Duftende Lamm-Kebabs

Hackfleisch vom Lamm ergibt nicht nur eine herzhafte Shepherd's Pie. Hier ein weiterer Rezeptvorschlag – auch köstlich und ebenso günstig.

Für 4 Personen
Zubereitung: 15 Minuten

625 g mageres Lammhackfleisch

2 Schalotten, geschält und fein gewürfelt

50 g Semmelbrösel

Blättchen von 1 Bund Petersilie, fein gehackt

Blättchen von 1 Bund Minze, fein gehackt

1 Ei, verquirlt

½ TL Zimt

½ TL Piment

½ TL gemahlener Kreuzkümmel

½ TL gemahlene Muskatblüte (Macis)

4 kleine Fladenbrote

½ Salatgurke, in feine Scheiben geschnitten

4 Tomaten, in feine Scheiben geschnitten

¼ Eisbergsalat, in Streifen geschnitten

Blättchen von 1 Bund Koriander, gehackt

4 EL Naturjoghurt

1. Hackfleisch, Schalotten, Semmelbrösel, Petersilie, Minze, Ei und Gewürze in eine Schüssel geben. Mit den Händen gleichmäßig vermengen. Aus der Masse acht Röllchen formen und diese jeweils längs auf einen Metallspieß spießen.

2. Den Grill auf hoher Stufe vorheizen. Die Hackfleischröllchen von beiden Seiten grillen, bis sie nach etwa 12 Minuten durchgegart sind. Inzwischen die Fladenbrote toasten und waagerecht aufschneiden, aber nicht ganz durchschneiden. Mit etwas Gurke, Tomaten, Salat und Koriandergrün füllen.

3. Die Fleischröllchen von den Spießen streifen und ebenfalls in die Fladenbrote geben. Den Joghurt in einer kleinen Schale als Dip dazu reichen.

Cassoulet

Ein üppiges Festmahl mit verschiedenen Fleischsorten und reichlich Bohnen. Je älter die getrockneten Bohnen sind, desto länger ist ihre Garzeit.

Für 6–8 Personen
Zubereitung: 4 Stunden plus Einweichzeit über Nacht

500 g getrocknete weiße Bohnen, über Nacht eingeweicht

1 Zwiebel, geschält und geviertelt

3 Knoblauchzehen, angedrückt und geschält

3 große Tomaten, geviertelt

1 Bouquet garni (Kräutersträußchen mit Petersilie, Thymian und Lorbeerblatt)

250 g Schweineschwarte (möglichst am Stück)

½ TL gemahlene Gewürznelken

3 eingelegte Gänse- oder Entenkeulen (Confit, aus der Dose)

400 g ausgelöste Lammschulter, in 3 cm große Würfel geschnitten

350 g Schweinebauch, in 3 cm große Würfel geschnitten

400 g Toulouser Wurst oder andere grobe Bratwürste

4 Thymianzweige

Meersalz

frisch gemahlener schwarzer Pfeffer

250 g Semmelbrösel

1. Bohnen abseihen. Mit Zwiebel, 2 Knoblauchzehen, Tomaten, Bouquet garni, Schwarte, Nelken und frischem Wasser in einem großen Topf 5 Minuten kochen. Die Temperatur reduzieren und 1–2 Stunden köcheln lassen, bis die Bohnen gar sind. Abseihen und die Kochflüssigkeit auffangen.

2. Inzwischen den Backofen auf 180 °C vorheizen. In einem Bräter 2 EL Schmalz des Confits zerlassen. Die Fleischwürfel darin wenden, bis sie gleichmäßig überzogen sind. 1 Stunde im Ofen garen. Wurst dazugeben und weitere 15 Minuten garen.

3. Eine ofenfeste Kasserolle mit der dritten Knoblauchzehe ausreiben und in der Kasserolle belassen. Die Hälfte der Bohnen einfüllen. Darauf den Inhalt des Bräters mit dem Fond sowie die Geflügelkeulen geben. Thymianzweige darauflegen, salzen und pfeffern. Restliche Bohnen einfüllen. So viel vom Bohnen-Kochwasser dazugeben, bis sie knapp bedeckt sind.

4. Mit 125 g Semmelbröseln bestreuen. 1½ Stunden im Ofen garen, hin und wieder durchmischen. Mit den restlichen Semmelbröseln bestreuen und weitere 30 Minuten im Ofen garen. Zu diesem reichhaltigen Essen passt ein knackiger grüner Salat.

Zarte Schweineschulter mit herzhaftem Gemüse

Eine kinderleichte Zubereitung mit Erfolgsgarantie: In ein und demselben Topf gegart, sind das Fleisch und das Gemüse am Ende herrlich zart und umgeben von einer samtigen Sauce.

Für 8 Personen
Zubereitung: 2¼ Stunden

900 ml Milch

1,5 kg ausgelöste und gerollte Schweineschulter

6 Zwiebeln, geschält und geviertelt

6 Möhren, geschält und halbiert

4 Knoblauchzehen, angedrückt und geschält

4 Stangen Sellerie, halbiert

3 Lorbeerblätter

2 Majoranstängel

3 Thymianzweige

5 Schalenstreifen von 1 Bio-Zitrone

Meersalz

frisch gemahlener schwarzer Pfeffer

1. Den Backofen auf 170 °C vorheizen. Milch im Ofen in einer ofenfesten Kasserolle bis kurz vor dem Siedepunkt erhitzen. Sofort alle übrigen Zutaten hinzufügen. Topf mit Backpapier abdecken und mit einem Deckel fest verschließen.

2. 1 Stunde im Ofen backen. Dann die Temperatur auf 150 °C reduzieren und noch 1 Stunde garen, bis das Fleisch durch und durch zart ist. In Scheiben schneiden und mit Tagliatelle servieren, Gemüse und Sauce mit einem Löffel darauf verteilen.

Schweinefilet mit jungem Rhabarber

Das säuerliche Aroma des Rhabarbers bildet einen reizvollen Gegensatz zum sanften, leicht süßen Geschmack des Filets – eine raffinierte Abwandlung des klassischen Schweinebratens mit Apfelsauce und denkbar unkompliziert in der Zubereitung.

Für 4 Personen
Zubereitung: 45 Minuten

1 EL Olivenöl

650 g Schweinefilet

Meersalz

frisch gemahlener schwarzer Pfeffer

1 Rosmarinzweig

175 g junger, zarter Rhabarber

1. Den Backofen auf 190 °C vorheizen. Öl in einen Bräter geben und 3 Minuten im Ofen erhitzen. Das Filet salzen und pfeffern. Im heißen Öl wenden, bis es gleichmäßig überzogen ist. Den Rosmarinzweig dazugeben und 20 Minuten im Ofen garen. Das Filet umdrehen und weitere 10 Minuten braten.

2. Rhabarber in 4 cm lange Stücke schneiden und zusammen mit 100 ml Wasser zum Filet geben. Noch 10 Minuten garen, bis das Fleisch ganz zart und der Rhabarber weich ist. Bräter aus dem Ofen nehmen und 5 Minuten warm gestellt ruhen lassen. Das Filet in nicht zu dünne Scheiben schneiden. Auf einer Servierplatte neben dem Rhabarber anrichten und mit dem Fond beträufeln.

Spareribs

Lassen Sie sich vom Metzger Schälrippchen aus dem oberen Teil des Bauchfleisches schneiden. Falls Ihnen größere Spareribs lieber sind, können Sie auch Querrippen nehmen. Aber ich mag es, wenn sie nicht so riesig sind.

Für 4 Personen
Zubereitung: 2 Stunden plus Zeit zum Marinieren

4 Schälrippchen vom Schwein mit je 6 Rippen (à etwa 800 g)

2 EL Honig

abgeriebene Schale und Saft von 1 Bio-Zitrone

2 EL helle Sojasauce

3 Knoblauchzehen, angedrückt, geschält und fein gehackt

50 g Muscovado-Zucker

2 EL Tomatenmark

2 EL Worcestershire-Sauce

1 EL Balsamico

2 TL Dijon-Senf

Meersalz

frisch gemahlener schwarzer Pfeffer

1. In einem großen Topf Wasser erhitzen. Die Schälrippchen hineingeben und 30 Minuten leise köchelnd garen. Vom Herd nehmen und im Wasser abkühlen lassen. Alle übrigen Zutaten gründlich verrühren, bis sich der Zucker gelöst hat.

2. Die Spareribs aus dem Wasser nehmen und mit Küchenpapier trocken tupfen. Rundherum mit Marinade einreiben und abgedeckt mindestens 1 Stunde bei Zimmertemperatur – oder besser noch über Nacht im Kühlschrank – marinieren.

3. Den Backofen auf 180 °C vorheizen. Die Schälrippchen nebeneinander auf den Rost legen und darunter die Fettpfanne einhängen. Etwa 40 Minuten braten, bis das Fleisch gar ist, immer wieder mit Marinade bestreichen. Die Spareribs erst bei Tisch zerteilen.

Bürgermeisterstück kurz im Ofen gebraten

Kurzes Braten im Ofen bei starker Hitze bekommt dem Bürgermeisterstück fantastisch. Nach der anschließenden Ruhezeit perfekt entspannt, präsentiert es sich beim Aufschneiden mit einem appetitlichen rosa Kern. Selbstgemachte Meerrettichsauce (siehe Seite 320) rundet es vollendet ab.

Für 6–8 Personen
Zubereitung: 1 Stunde 10 Minuten

1 EL Olivenöl

1 Bürgermeisterstück vom Rind (etwa 1,5 kg)

Meersalz

frisch gemahlener schwarzer Pfeffer

2 EL helle Sojasauce

1 TL scharfer Senf

1. Den Backofen auf 220 °C vorheizen. Das Öl in einem großen Bräter erhitzen. Das Fleisch rundherum mit Salz und Pfeffer, der Sojasauce und dem Senf einreiben. Behutsam in den Bräter legen und 45 Minuten im Ofen garen. Die kräftige Hitze lässt den Braten außen schön braun werden, während es innen saftig bleibt – unter Druck mit dem Daumen gibt es sanft nach.

2. Aus dem Ofen nehmen und vor dem Aufschneiden an einem warmen Ort 15 Minuten ruhen lassen. Mit verschiedenen Senfsorten und Meerrettichsauce (siehe Seite 320) servieren.

Geschmorte Beinscheiben mit Zwiebelchen und Balsamico

Beinscheiben sind vergleichsweise günstige Stücke. Ausgiebig und sanft gegart, ergeben sie, da sie stark von Bindegewebe durchzogen ist, eine sämige und äußerst schmackhafte Sauce.

Für 6–8 Personen
Zubereitung: 3½ Stunden

2 EL Olivenöl

1,5 kg Beinscheiben

12 Cipollini (kleine milde Zwiebeln) oder Silberzwiebeln, geschält

3 EL Balsamico

Meersalz

frisch gemahlener schwarzer Pfeffer

1 l Rinderbrühe

25 g getrocknete Steinpilze oder 125 g Champignons

25 g Butter nach Bedarf

Blättchen von 1 großen Bund Petersilie, gehackt

1 großes Bund Schnittlauch, in Röllchen geschnitten

1. Den Backofen auf 150 °C vorheizen. In einem großen, ofenfesten Topf das Öl bei hoher Temperatur erhitzen. Die Beinscheiben darin braun anbraten, anschließend herausnehmen. Nun die Zwiebeln im Fett hellbraun anschwitzen. Beinscheiben zurück in den Topf geben. Essig, Salz und Pfeffer nach Geschmack sowie die Brühe hinzufügen. Aufkochen lassen und dann abgedeckt 3 Stunden im Ofen schmoren.

2. Inzwischen die Steinpilze, falls verwendet, 30 Minuten in heißem Wasser einweichen und danach das Wasser durch ein feines Sieb in den Topf mit dem Fleisch seihen. Für Champignons, falls verwendet, die Butter langsam zerlassen und die Pilze 8 Minuten unter häufigem Rühren dünsten. Steinpilze oder Champignons zusammen mit den Kräutern gründlich unterrühren und heiß servieren.

Tauben mit Spinatfüllung aus dem Ofen

Junge Tauben erweisen sich, kurz gebraten, als echter Leckerbissen. Ihr fleischigster Teil ist die Brust, die im Kern noch rosa sein sollte.

Für 2–4 Personen
Zubereitung: 45 Minuten

2 EL Olivenöl

½ kleine rote Zwiebel, geschält und fein gewürfelt

½ Stange Sellerie, fein gewürfelt

50 g Schinkenspeck, fein gewürfelt

275 g frischer Spinat

4 Salbeiblätter, fein gehackt

Meersalz

frisch gemahlener schwarzer Pfeffer

2 mittelgroße Tauben

150 ml trockener Rotwein

3 EL rotes Johannisbeergelee (siehe Seite 322)

1. In einer Pfanne 1 EL Olivenöl bei niedriger Temperatur erhitzen. Zwiebel, Sellerie und Speck 5 Minuten ohne Farbe anschwitzen. Spinat hinzufügen und 2 Minuten dünsten, bis er eben zusammenfällt, dabei häufig umrühren. Salbei unterziehen, den Spinat salzen und pfeffern. Vom Herd nehmen und abkühlen lassen.

2. Den Backofen auf 230 °C vorheizen. Inzwischen die Tauben mit der Spinatmischung füllen. In einem Bräter 1 EL Olivenöl erhitzen. Die Tauben hineingeben, mit dem heißen Öl leicht beträufeln, salzen und pfeffern. 20 Minuten im Ofen braten.

3. Die Tauben aus dem Ofen nehmen, in einen anderen Topf geben und warm stellen. Den Bräter bei mittlerer Temperatur aufsetzen, Wein und Johannisbeergelee hineingeben. Die Mischung unter gelegentlichem Rühren auf die Hälfte einköcheln lassen. Die Tauben im Ganzen oder, für vier Personen, halbiert servieren und zuvor noch mit der Sauce beträufeln.

Perlhuhn „Mittelmeerart"

Die zarte Wildnote von Perlhuhn ergänzt sich gut mit den klaren, lebhaften Gemüsearomen. Alles zusammen wird sanft in Weißwein geschmort, und zuletzt kommt zitronige Frische ins Spiel, die sich großartig mit dem Knoblauch ergänzt.

Für 4–6 Personen
Zubereitung: 1½ Stunden

1 EL Olivenöl

125 g Pancetta, in 2 cm große Würfel geschnitten

1 Perlhuhn, in 8 Stücke geteilt

2 rote Zwiebeln, geschält und in Scheiben geschnitten

8 Knoblauchzehen, angedrückt und geschält

je 1 rote und gelbe Paprika, Samen und Scheidewände entfernt, in gut 1 cm große Stücke geschnitten

3 EL schwarze oder grüne Oliven

2 Lorbeerblätter

Meersalz

frisch gemahlener schwarzer Pfeffer

1 TL Oregano

300 ml trockener Weißwein

abgeriebene Schale von 2 Bio-Zitronen

Blättchen von 1 Bund Petersilie, gehackt

1. Den Backofen auf 190 °C vorheizen. Das Öl in einen Bräter geben. Speckwürfel und Perlhuhnstücke darin wenden, bis sie gleichmäßig überzogen sind und 15 Minuten im Ofen braten. Zwiebeln, Knoblauch und Paprika zum Perlhuhn geben. Weitere 15 Minuten im Ofen garen.

2. Alle übrigen Zutaten außer der abgeriebenen Zitronenschale und der Petersilie in den Bräter geben. Dicht mit Alufolie verschließen und nochmals für 30 Minuten im Ofen backen, bis das Perlhuhn gar ist. Abgeriebene Zitronenschale mit Petersilie vermischen und unmittelbar vor dem Servieren über das Gericht streuen.

MÄRZ

März auf der Farm

Tim mit einer geräucherten Speckseite.

Inzwischen sind die fünfhundert hochträchtigen Blackface-Schafe hereingeholt worden, und Chrissie übernimmt wieder die anstrengenden Nachtschichten. Ständig ist sie zwischen den beiden Scheunen unterwegs und greift, wo nötig, bei den Geburten ein. Die frisch geborenen Lämmer und ihre Mütter müssen in abgetrennte Boxen gebracht werden, damit sie eine Bindung zueinander aufbauen. Am liebsten ist es uns, wenn die Lämmer mit den eigenen Muttertieren zusammenbleiben. Mit Drillingen oder Vierlingen ist manches Schaf jedoch überfordert, sodass wir eines der Jungen der Obhut eines Schafes anvertrauen, das eine Totgeburt hatte. Wir reiben das Lamm mit der Nachgeburt der „Adoptivmutter" ein, um zu erreichen, dass sie es als ihr eigenes akzeptiert. Wenn das nicht funktioniert, wird dem tot geborenen Lamm das Fell abgezogen und dem „Adoptivkind" übergestreift, das so den Geruch bekommt, der der neuen Mutter vertraut ist. Am Morgen übernehmen Arthur, Alan und Lesley die Aufsicht. Lesley hat an einem Ende der Scheunen jeweils eine „Kinderstube" eingerichtet, in der sich die gesunden Lämmer und ihre Mütter freier bewegen können, bevor sie, zu Kräften gekommen, ins Freie dürfen. Es ist lustig zu sehen, wie die Kleinen auf ihren staksigen Beinen die ersten Spurts probieren, springen und nach hinten ausschlagen.

Aber wir haben zu viele Verluste zu beklagen. Möglicherweise hatte es unter den infolge des extrem harten Winters völlig ausgehungerten Schafen an der Futterraufe zu heftige Rempeleien gegeben. Jedenfalls habe ich nie ein Jahr wie dieses erlebt, und wir alle sind deprimiert. Wenn ein Schaf ein mumifiziertes oder fehlentwickeltes Junges gebiert, macht das einfach traurig. Einen der Föten haben wir bereits im Labor des Department of Environment, Food and Rural Affairs (Amt für Landwirtschaft, Landentwicklung und Lebensmittel) untersuchen lassen – ohne konkretes Ergebnis –, und heute morgen hat Sarah einen weiteren dorthin gebracht. Chrissie durchforstet unterdessen die Fachliteratur nach möglichen Ursachen. Einstweilen können wir nur hoffen, dass sich das Blatt wendet.

Seit November habe ich unermüdlich Futterrüben ausgegraben. Dieses knackige, süßlich schmeckende Gemüse bekommen die Schafe im Winter zusätzlich nicht zuletzt deshalb, weil es den Milchfluss anregt. Mitte März ist die Ernte beendet, und die Schafe haben die Stoppelrübenfelder abgegrast. Nun geht es darum, die bevorstehende Aussaat der Frühjahrsgerste vorzubereiten. Das Land müsste gepflügt und mit Stallmist gemulcht werden, allerdings haben die vielen Niederschläge die schwere Tonerde der Blansby und East Moor Farm in eine Schlammwüste verwandelt. Ich sehne einen trockenen, windigen Tag herbei und rufe unablässig die Wettervorhersagen im Internet ab.

Der Boden der Grange Farm braucht eine Auffrischung. Um die fehlenden Nährstoffe herauszufinden, will ich einige Proben wissenschaftlich analysieren lassen. Auf der Grange Farm haben wir einerseits Kalksteinböden und andererseits eine durch Kulturmaßnahmen entstandene Moorheide mit sandigem, kalkarmem Grund (Kalk ist ein Schlüsselelement beim Anbau von Feldfrüchten). Blansby ist geprägt von Ton und Kalk, auf East Moor dagegen finden sich Lehm über Ton und wiederum kultivierte Moorheide. Die Farmen erfordern also jeweils eine individuelle Behandlung, und das wird mich einiges kosten. Aber langfristig lohnt sich ein solcher Einsatz.

Als ich vor zehn Jahren auf die Grange Farm zog und dort eine Metzgerei aufbaute, erfüllte ich mir damit den lang gehegten Traum, in völliger Eigenregie Tiere aufzuziehen, zu schlachten und ihr Fleisch zu vermarkten. Inzwischen gehören zu meinem Team sechs Metzger, ein jeder von ihnen ein ganz eigener Charakter. Steve muss immer wissen, warum was wo auf der Farm und in der Metzgerei geschieht, und kann sich dabei schnell ereifern. Les ist ausgebildeter Metzger, leitet aber inzwischen die Bäckerei. Er ist die Ruhe selbst, findet für alles eine Lösung und entwickelt grandiose neue Ideen, zuletzt etwa die großen Fleisch-Pies mit ihrem dekorativen Teiggitter und Fruchtbelag. Ein verschmitztes Lächeln ist das Markenzeichen von Stevie B, der zur Arbeit genauso perfekt gekleidet erscheint wie auf der Galopprennbahn von York. Andy nimmt seine Arbeit sehr ernst. In seiner Freizeit tummelt er sich viel bei Ebay, und er weiß erstaunlich gut Bescheid darüber, was alle anderen geschäftlich treiben. Der stille Michael, ein großgewachsener Mann, konzentriert sich ganz auf die Herstellung exzellenter Würste. Eine gewisse Vorliebe für derbe Witze kennzeichnet Ian, der in diesem Jahr in Pension geht, um zukünftig Golfklubs unsicher zu machen. Und wie sehe ich mich in diesem Ensemble? Nun ja, ich halte mich gern für den besten unter allen Metzgern auf der Farm und in den Londoner Läden. Und überhaupt habe ich immer Recht.

Für das anstehende Ostergeschäft werden die Dorset-Lämmer ausgewählt. Normalerweise schlachten wir achtzig Tiere, doch haben wegen des widrigen Wetters diesmal nicht so viele das Idealgewicht erreicht, und niemals werde ich ein unterentwickeltes Tier töten.

Das gute Betriebsklima in der Metzgerei ist eine Sache, der straffe Arbeitsplan eine andere. Für das anstehende Ostergeschäft werden die Dorset-Lämmer ausgewählt. Normalerweise schlachten wir achtzig Tiere, doch haben wegen des widrigen Wetters diesmal nicht so viele das Idealgewicht erreicht, und niemals werde ich ein unterentwickeltes Tier töten.

Die Metzgerei verfügt über einen großen Kühlraum für die Schlachtkörper. Gute Organisation ist hier angesagt, damit die Stücke auch in der Reihenfolge ihres Eingangs verkauft werden. Rind wird drei Wochen und mehr abgehängt, Lamm reift fünf Tage und Schweinefleisch kann gleich verwertet werden. Eher magere

Schweinehälften gehen nach London in den Frischfleischverkauf, während größere, fettere Tiere direkt auf der Farm zu Würsten, Pies, Sausage Rolls, Schinken und Speck verarbeitet werden. In nur einer Woche kommt Michael auf bis zu eine Tonne Würste, Les auf über tausend Pies und Andy auf dreißig Schinken sowie vierzig Speckseiten.

Wir suchen nach einem weiteren Metzger zur Verstärkung unserer kleinen Truppe, und nach den Gesprächen werden aussichtsreiche Bewerber für einen praktischen Test zu Andy geschickt. Sie bekommen zehn bis 15 Minuten Zeit, um eine Schweineschulter zu entbeinen und rollen. Von den drei ausgewählten Kandidaten bringt nur einer ein ansatzweise verkaufstaugliches Fleischstück zustande.

Vor vier Jahren besuchte ich mit Patrice, der meine Londoner Läden leitet, in Valance (Frankreich) eine Schweinefarm, auf der er früher tätig war. Der Betrieb erzeugt selbst Blutwurst, Salami und Schinken, und der nachmittags geöffnete Hofladen lockt Käufer aus der gesamten Region an. Patrice möchte unbedingt Salami herstellen und beackert mich seit Monaten derart begeistert mit seinen Plänen, dass ich schließlich schwach geworden bin: Ich habe dreißigtausend britische Pfund (etwa 34000 Euro) lockergemacht, um in unserem alten Geschäft in Thornton Dale die erforderlichen Trockenräume einzurichten, und Ende des Monates wird Patrice mit der Produktion beginnen. Wir wollen auch Schinken pökeln und räuchern. In dem Kochbuch *Farmhouse Fare*, einer Sammlung von Landfrauenrezepten, die in den 1930er-Jahren in der Fachzeitschrift *Farmers Weekly* veröffentlicht wurden, habe ich viele reizvolle Anregungen gefunden. Unter der erfahrenen Regie von Patrice werden wir Neues erproben, um die Originalanleitungen noch weiter zu verbessern und zeitgemäß zu interpretieren. Oft fragen unsere Kunden in London nach Produkten wie mit Ahornsirup gepökeltem oder süßem geräuchertem Speck oder etwa auch nach Pancetta – die Wunschliste ist endlos. Allmählich gefällt mir die Idee, Schinken, Speck und Salami in wirklich überragender Qualität herzustellen, immer besser.

Der Metzgerblock im Kühlraum ist verwaist – es ist Mittagspause.

Pot au feu

Für dieses köstliche, simple Gericht eignen sich verschiedene Fleischstücke. Ich wähle meist Hüfte, denn damit bekomme ich ein großes, zusammenhängendes Stück mit wundervoller Textur. Günstiger sind, in absteigender Reihenfolge: Oberschale, Unterschale, Brust oder Hesse. Lassen Sie sich beim Einkauf von Ihrem Metzger beraten.

Für 4–6 Personen
Zubereitung: 3½–4 Stunden

1,8 kg Rindfleisch (siehe Rezepteinleitung)

4 Zwiebeln, geschält und geviertelt

4 Knoblauchzehen, angedrückt, geschält und gehackt

5 cm frischer Ingwer, geschält und in Scheiben geschnitten

8 Pfefferkörner

1 Zimtstange

Meersalz

1 Bund Petersilie

1 Bund Thymian

3 Lorbeerblätter

350 g neue Kartoffeln

4 Möhren, geschält

4 Stangen Sellerie, halbiert

1 kleiner Wirsing, grob geschnitten

1. Fleisch in einem möglichst großen Topf mit Wasser bedecken. Aufkochen und 5 Minuten köcheln lassen, danach das Wasser abgießen. Fleisch mit frischem Wasser bedecken. Zwiebeln, Knoblauch, Ingwer, Pfefferkörner, Zimtstange und Salz nach Geschmack dazugeben. Wasser zum Köcheln bringen. Petersilie, Thymian und Lorbeerblätter zu einem Bouquet Garni zusammenbinden, in den Topf geben. Fleisch zugedeckt im ganz leicht köchelnden Sud garen, dabei nach Bedarf weiteres Wasser hinzugießen.

2. Fleisch und Zwiebeln aus dem Topf nehmen und warm stellen. Von der Brühe mit einem Metalllöffel das Fett abschöpfen. Fleisch und Zwiebeln zusammen mit Kartoffeln und Möhren wieder hineingeben. Zugedeckt weitere 15 Minuten köcheln lassen. Sellerie und Wirsing hinzufügen und in die Brühe hineindrücken. Noch 8 Minuten zugedeckt garen.

3. Fleisch aus dem Topf nehmen und in Scheiben schneiden. Gemüsestücke auf Schalen verteilen. Darauf das Fleisch anrichten und Brühe darüberschöpfen.

Steak tartare

Mit gut abgehangenem Rindfleisch von erster Qualität verspricht dieses denkbar einfache und zugleich überaus gesunde Gericht absoluten Hochgenuss. Entweder vermengen Sie gleich alle Zutaten – so mache ich es – oder Sie servieren die einzelnen Komponenten separat und überlassen das Mischen den Gästen.

Für 2 Personen
Zubereitung: 30 Minuten

200 g Rinderfilet (das dicke, hintere Ende ist etwas günstiger)

200 g Rinderhüfte

2 Schalotten, geschält und fein gewürfelt

6 Spritzer Tabasco

1 TL Tomatenketchup

½ TL scharfer Senf

1 TL Worcestershire-Sauce

1 TL kleine Kapern in Salz

3 kleine Gewürzgurken, gewürfelt

2 TL gehackte Petersilie

2 TL Schnittlauchröllchen

Meersalz

frisch gemahlener schwarzer Pfeffer

2 Eier

2 TL sehr guter Balsamico oder Crema di Balsamico

1. Rinderfilet und -hüfte sorgfältig von Fett und Sehnen säubern. Mit einem schweren, scharfen Messer fein hacken und in eine Schüssel geben. Schalotten, Tabasco, Ketchup, Senf, Worcestershire-Sauce, Kapern, Gurken, Petersilie und Schnittlauch sowie Salz und Pfeffer nach Geschmack hinzufügen – sparsam salzen, da die Kapern bereits salzige Würze mitbringen.

2. Alles gründlich mit den Händen vermengen, sodass sich die Aromen gut vermischen. Aus der Masse zwei Frikadellen formen. Auf zwei Teller legen und in die Mitte jeweils eine Mulde drücken.

3. Eier aufschlagen, trennen und die Schalenhälften, die das Eigelb enthalten, in die Vertiefungen setzen (die Eiweiße in einem Nachtisch verwerten). Jeweils etwas Balsamico darüberträufeln und ein wenig Pfeffer darübermahlen. Sofort servieren.

Schweineschulter auf peruanische Art

Seinen Weg hierher fand das Rezept über einen Freund Tims in Frankreich, die Grundidee aber entstammt Pamela Westlands *Encyclopedia of Spices*. Kreuzkümmel und Orange verleihen der herzhaften Komposition einen leicht exotischen Hauch, und ich liebe die Süßkartoffeln darin. Servieren Sie das Gericht in Schalen mit Brot zum Dippen oder mit Reis.

Für 4 Personen
Zubereitung: 3 Stunden 10 Minuten

1 EL Pflanzenöl

1,25 kg Schweineschulter, gewürfelt

2 Zwiebeln, geschält und in Ringe geschnitten

1 Knoblauchzehe, angedrückt und geschält

½ TL Chiliflocken

3 TL Kreuzkümmel, zerstoßen

1 Dose Mais (400 g)

1 Dose Tomaten (400 g)

abgeriebene Schale und Saft von 2 großen Bio-Orangen

Meersalz

frisch gemahlener schwarzer Pfeffer

500 g Süßkartoffeln, in 3 cm große Würfel geschnitten

1. Den Backofen auf 190 °C vorheizen. Öl in einem ofenfesten Bräter erhitzen und Fleischwürfel 15 Minuten anbraten, bis sie rundherum gleichmäßig gebräunt sind. Zwiebeln, Knoblauch, Chiliflocken und Kreuzkümmel untermischen.

2. Im Ofen 5 Minuten braten, dann den Mais und die Tomaten zusammen mit abgeriebener Orangenschale und -saft hineingeben. Gut vermischen, salzen und pfeffern. Bräter mit Backpapier abdecken und mit Alufolie dicht verschließen. Erneut 15 Minuten im Ofen backen.

3. Ofentemperatur auf 150 °C herunterschalten. Weitere 1½ Stunden schmoren, dabei nach der Hälfte der Zeit umrühren.

4. Die Süßkartoffeln zusammen mit 100 ml Wasser untermischen. Alles noch 40 Minuten garen, bis das Fleisch ganz zart und die Süßkartoffeln weich sind.

Hackbraten mit würziger Tomatensauce

In den USA ein Klassiker, führt der Hackbraten bei uns eher ein Schattendasein. Dabei erfordert er wenig Aufwand und schmeckt grandios, ob heiß mit der Sauce oder am nächsten Tag kalt mit Brot und Salat serviert.

Für 6 Personen
Zubereitung: 2 Stunden

50 g Butter

2 Zwiebeln, geschält und fein gewürfelt

1 Knoblauchzehe, angedrückt und geschält

100 ml trockener Rotwein

24 dünne Scheiben durchwachsener Speck

200 g Hühnerleber, pariert und gehackt

400 g Schweineschulter, fein gewürfelt

350 g Hackfleisch vom Huhn oder Truthahn

2 Eier, verquirlt

3 Lorbeerblätter, zerpflückt

Blättchen von 1 Bund Petersilie, fein gehackt

Meersalz

frisch gemahlener schwarzer Pfeffer

Tomatensauce (siehe Seite 325)

1. Butter in einer Pfanne bei niedriger Temperatur zerlassen. Zwiebeln und Knoblauch 4 Minuten sanft anschwitzen, dann Wein dazugeben und 2 Minuten köcheln lassen. Vom Herd nehmen und abkühlen lassen. Inzwischen eine 1-kg-Kastenform erst mit Frischhaltefolie und dann mit dem Speck so auskleiden, dass die Enden seitlich über den Rand hängen. Sie sollen später das Fleisch abdecken. Den Backofen auf 170 °C vorheizen.

2. Hühnerleber, Schweineschulter und Geflügelhackfleisch mit Eiern, Lorbeerblättern, Petersilie, Salz und Pfeffer in eine große Schüssel geben. Alles gleichmäßig mit den Händen vermengen, dann die Zwiebel-Wein-Mischung einarbeiten. Die Masse in die vorbereitete Form füllen, die Oberseite glätten und die Speckenden darüberlegen. Die Form mit Alufolie dicht verschließen und den Hackbraten 1¼ Stunden im Ofen garen.

3. Aus dem Ofen nehmen und 10 Minuten ruhen lassen. Stürzen, in Scheiben schneiden und mit Tomatensauce servieren.

Schinkenbraten mit Senfkruste

Gepökelter Schinkenspeck muss in der Regel zunächst ungefähr 12 Stunden gewässert werden. Traditionell machte man die Geschmacksprobe: Einfach den Finger ins Wasser tauchen und probieren – wenn es salzig schmeckte, musste man das Stück länger wässern; schmeckte es angenehm mild, konnte man mit der Zubereitung beginnen. Heute gilt das nicht mehr als zuverlässig, deshalb fragen Sie Ihren Metzger nach der notwendigen Dauer.

Für 8 Personen
Zubereitung: 3 Stunden plus etwa 12 Stunden zum Wässern

2 kg gepökelter Schinkenspeck

2 l trockener Cidre

1 Bouquet garni (Kräutersträußchen aus Petersilie, Thymian und Lorbeerblatt)

200 g Semmelbrösel

½ TL gemahlene Gewürznelken

50 g Roh-Rohrzucker

1 EL Dijon-Senf

1. Schinkenspeck wässern (siehe Rezepteinleitung). In einem großen Topf mit frischem Wasser bedecken. Zum Kochen bringen und nach 3 Minuten das gesamte Wasser abgießen.

2. Den Cidre mit dem Bouquet garni in den Topf geben. Aufkochen und dann bei reduzierter Temperatur 2 Stunden ganz leicht köcheln lassen. Topf vom Herd nehmen und das Fleisch aus der Brühe nehmen, sobald es sich anfassen lässt. Brühe erkalten lassen und einfrieren – sie lässt sich, sofern sie nicht zu salzig ist, noch einmal für eine solche Zubereitung verwenden und ergibt auch eine gute Grundlage für schmackhafte Erbsensuppen.

3. Backofen auf 170 °C vorheizen. Schwarte so vom Fleisch abschneiden, dass eine nicht zu dünne Fettauflage erhalten bleibt. Semmelbrösel mit Nelken und Zucker vermengen. Das Fleisch auf der Fettseite mit Senf einstreichen. Hände waschen und gut abtrocknen. Semmelbröselmischung gleichmäßig auf den Senf streuen und behutsam andrücken. Schinkenspeck 25 Minuten im Ofen garen, bis er goldbraun ist. Heiß oder kalt genießen.

Gebratenes Frühlingslamm mit Oregano

Im Spätfrühling und Frühsommer schmeckt dieses Gericht schlicht superb. Da es reichlich Kräuter und viel Olivenöl enthält, beschränke ich mich bei den Beilagen gern auf gedämpfte neue Kartoffeln und Spargel oder anderes junges Gemüse. Bitten Sie den Metzger, Schluss- und Röhrenknochen zu entfernen. So lässt sich der Braten später einfacher aufschneiden.

Für 8 Personen
Zubereitung: 1½ Stunden plus 24 Stunden zum Marinieren

450 ml Olivenöl plus 3 EL

Blättchen von 2 Bund Oregano, grob gehackt

4 Schalotten, geschält und fein gewürfelt

Meersalz

frisch gemahlener schwarzer Pfeffer

1 Keule vom Frühlingslamm (etwa 2,75 kg)

1. Olivenöl mit Oregano, Schalotten, Salz und Pfeffer verrühren. Die Lammkeule in eine große, flache Schüssel geben und mit dem würzigen Öl einreiben. Zugedeckt im Kühlschrank 24 Stunden marinieren, dabei gelegentlich wenden.

2. Am nächsten Tag den Backofen auf 190 °C vorheizen. In einem großen, ofenfesten Bräter 3 EL Olivenöl bei mittlerer bis hoher Temperatur erhitzen und die Lammkeule rundherum braun anbraten. Anschließend die Marinade hinzufügen und die Lammkeule im Ofen braten. Nach 1 Stunde 10 Minuten ist sie „rare" (im Kern noch blutig) und nach weiteren 10 Minuten „medium" (durchgehend rosa). Frühlingslamm sollte nicht übergart werden. Wer durchgebratenes Fleisch bevorzugt, wählt lieber Hammel.

3. Den fertigen Braten vor dem Aufschneiden abgedeckt an einem warmen Ort 10 Minuten ruhen lassen.

Lammschulter mit Kapern, Oliven und Koriandergrün

Sie können hier Schulter vom Lamm oder Hammel verwenden, entweder in 3 cm große Würfel geschnitten oder vom Metzger gerollt, gebunden und in 6–8 Scheiben geschnitten. Eigentlich genügt sich das Gericht selbst. Ich würde höchstens etwas Pasta oder Kartoffelpüree dazu reichen.

Für 6–8 Personen
Zubereitung: 2½ Stunden

1 EL Olivenöl

1,5 kg ausgelöste Lammschulter (siehe Rezepteinleitung)

4 Zwiebeln, geschält und geviertelt

4 Knoblauchzehen, geschält und in Scheiben geschnitten

25 g Mehl

2 Dosen gehackte Tomaten (à 400 g)

Blättchen von 1 Bund Oregano, gehackt

2 Rosmarinzweige

350 g schwarze Oliven, entsteint

25 g kleine Kapern, abgespült

600 ml trockener Weißwein

Blättchen von 1 Bund Koriander, gehackt

1. Den Backofen auf 190 °C vorheizen.

2. Öl in einem großen Bräter im Ofen erhitzen. Fleisch darin wenden, bis es gleichmäßig überzogen ist. 10 Minuten im Ofen braten, dann Zwiebeln mit Knoblauch hinzufügen und weitere 10 Minuten im Ofen braten.

3. Die Ofentemperatur auf 170 °C reduzieren. Das Mehl über den Bratensatz stäuben und gut unterrühren. Tomaten, Oregano, Rosmarin, Oliven, Kapern und Wein hinzufügen. Den Inhalt des Bräters mit einem Stück Backpapier abdecken, anschließend mit Alufolie fest verschließend.

4. Fleisch 2 Stunden im Ofen backen, dabei nach 1 Stunde Backpapier und Folie kurz abnehmen und das Fleisch in der Sauce wenden. Vor dem Servieren mit dem Koriander bestreuen.

Stubenküken mit süßer Thai-Sauce

Wegen ihrer handlichen Portionsgröße und schnellen Zubereitung sind die höchstens vier Wochen alten Stubenküken sehr beliebt. Ich selbst habe sie nicht im Programm, sondern beziehe sie von einer zuverlässigen Quelle. Kinder werden ihnen, wenn Sie die Chili weglassen, vergnüglich mit bloßen Händen zuleibe rücken.

Für 4 Personen
Zubereitung: 40 Minuten plus 12 Stunden Marinierzeit

85 g Zucker

1 TL Fischsauce

2 rote Chilischoten, Samen entfernt, fein gehackt

2 Knoblauchzehen, angedrückt, geschält und fein gehackt

2 Stängel Zitronengras, geputzt and in feine Scheiben geschnitten

5 cm frischer Ingwer, geschält und gewürfelt

Saft von 3 Limetten

4 Stubenküken (à etwa 500 g)

1. Den Zucker in einem kleinen Topf in 75 ml Wasser bei niedriger Temperatur verrühren, bis er sich gelöst hat. Vom Herd nehmen. Fischsauce, Chilischoten, Knoblauch, Zitronengras, Ingwer und Limettensaft einrühren. Die Mischung abkühlen lassen.

2. Aus den Stubenküken mit einer Geflügelschere das Rückgrat herausschneiden, anschließend die Stubenküken mit der gespreizten Hand flach drücken (es macht nichts, wenn dabei der eine oder andere Knochen hörbar bricht).

3. Stubenküken in einen robusten, lebensmitteltauglichen Plastikbeutel geben – er darf keine Löcher aufweisen – und die abgekühlte Sirupmischung einfüllen. Beutel zuknoten und kneten, bis die Stubenküken gleichmäßig von der Sirupmischung überzogen sind. 12 Stunden im Kühlschrank marinieren, dabei gelegentlich wenden.

4. Stubenküken aus der Marinade nehmen und jeweils mit zwei Metallspießen über Kreuz durchstechen – so bleiben sie flach ausgebreitet. Die Marinade in einem kleinen Topf bei niedriger Temperatur erhitzen. Stubenküken bei mittlerer Temperatur unter dem Elektrogrill oder auf dem Holzkohlengrill von beiden Seiten 12–15 Minuten grillen, dabei häufig wenden und mit der Marinade bestreichen. Sie sind gar, wenn beim Einstechen mit einem Spieß an der dicksten Stelle des Schenkels klarer Saft austritt.

5. Inzwischen den Fleischsaft, der sich in der Fettpfanne gesammelt hat, zur restlichen Marinade geben. Aufkochen und 2 Minuten köcheln lassen. Die Stubenküken vor dem Servieren mit dieser Sauce überziehen.

Hühnerschenkel mit Olivenfüllung

Heiß oder kalt, im Ganzen oder aufgeschnitten serviert, schmeckt diese Zubereitung zu einem frischen Salat exzellent. Das Schweinenetz wird Ihnen ein guter Metzger besorgen, Parmaschinken tut es aber auch.

Für 6 Personen
Zubereitung: 1½ Stunden

6 große Hühnerschenkel, ausgelöst (Knochen aufbewahren)

3 ausgelöste kleine Hühnerbrüste

1–2 Eiweiß

Meersalz

frisch gemahlener schwarzer Pfeffer

85 g grüne Oliven, entsteint und gehackt

abgeriebene Schale von 1 Bio-Zitrone

Blättchen von 1 Bund Petersilie, fein gehackt

3 EL Olivenöl plus etwas für den Bräter

6 Stücke Schweinenetz (ersatzweise Parmaschinken-Scheiben)

1. Die Knochen der Hühnerschenkel in einem Topf mit Wasser bedecken. Aufkochen und 45 Minuten köcheln lassen. Abseihen, die Brühe mit einem Metalllöffel entfetten und auf die Hälfte einkochen lassen.

2. Inzwischen die Hühnerschenkel mit der Haut nach unten auf eine Arbeitsfläche legen. Hühnerbrüste enthäuten und das Fleisch hacken. Mit den Eiweißen, Salz und Pfeffer im Mixer zu einer glatten Paste verarbeiten. Dann Oliven, abgeriebene Zitronenschale, Petersilie und 1 EL Olivenöl mit der Hand gleichmäßig unterziehen. Die Füllung mit Salz und Pfeffer abschmecken.

3. Backofen auf 180 °C vorheizen. Schweinenetz, falls verwendet, abspülen, trocken tupfen und auf der Arbeitsfläche auslegen (Parmaschinken muss nicht abgespült werden). Hühnerschenkel mit der Haut nach unten darauflegen. Die Füllung in sechs Portionen teilen, jeweils zu einer Rolle formen und auf die Hühnerschenkel geben. Das Fleisch über der Füllung zusammenschlagen und die Hühnerschenkel sorgfältig ins Schweinenetz oder den Schinken einwickeln.

4. In einer Pfanne 2 EL Olivenöl bei mittlerer bis hoher Temperatur erhitzen. Hühnerschenkel, beginnend mit der „Nahtseite" der Umhüllung, ringsum braun anbraten. In einen leicht geölten Bräter legen und 40 Minuten im Ofen garen. Im Ganzen oder aufgeschnitten servieren und mit einigen Löffeln der kräftigen Brühe beträufeln.

APRIL

April auf der Farm

Mike Jenkins, „Herr der Wurstringe" auf der Grange Farm.

Die Uhren wurden vorgestellt, und der Frühling ist da. Von jetzt auf gleich hat sich damit mein Arbeitstag um vier Stunden verlängert. Aber wir können diese Zeit gut gebrauchen, denn das Land muss bis Ende des Monats für die nächste Ernte vorbereitet sein. Zudem brauchen die Kühe mehr Aufmerksamkeit, da sie bald kalben werden. Obendrein gilt es die Winterschäden zu beheben und die letzten Lämmer auf die Welt zu bringen.

Primroses Ferkel sind inzwischen ordentlich gewachsen und kräftig genug, um sie zu entwöhnen. Dafür haben wir in der Nähe der Farm einen großen Pferch eingerichtet und mit einer neuen Schweinehütte ausgestattet. Unsere Versuche, die Ferkel zusammenzutreiben und auf den Anhänger zu bugsieren, quittieren diese mit viel Gequieke. Doch irgendwann haben wir sie alle eingefangen und bringen sie mit dem Quad zu ihrem neuen Zuhause. Irritiert flüchten sie sich dort zunächst in ihren Unterschlupf, aber bald trauen sich ersten, besonders mutigen hervor, um das Areal zu erkunden. Nach einigen Tagen haben sie das Gras umgepflügt und alles in Morast verwandelt – ein Zeichen, dass sie sich wohlfühlen. Mein Cousin Alex hat uns fünf kleine, dralle Gloucester Old Spots gegeben, und ich habe sie zu den übrigen Ferkeln im „Kindergarten", wie Sarah liebevoll sagt, gesteckt. Die erschöpfte Primrose hat endlich ihre Ruhe und kann genüsslich ausschlafen.

Gemma, unsere Spezialtierärztin für die Schweine, verbringt einen Tag mit uns auf der Grange und der Blansby Farm, und wir sprechen über unseren langfristigen Zuchtplan. Hatten wir noch im letzten Juli nur einige Tamworths, sind es inzwischen über 35, und zwei weitere Tamworth-Jungsauen sind gerade trächtig. Dandelion kam mit ihrem Nachwuchs nicht zurecht. Daher haben wir die Ferkel kurzerhand ein paar Tage mit der Flasche gefüttert, bis sie von einer anderen Sau angenommen wurden. Bei „Erstgebärenden" kommt so etwas vor, doch Gemma und ich sind uns sicher, dass Dandelion beim zweiten Mal eine gute Mutter abgeben wird, und beschließen, sie wieder zu belegen. Außerdem meint Gemma, dass meine Berkshires reif seien, um von Turpin gedeckt zu werden, und damit den Grundstein für meine Zucht von Plum-Pudding-Schweinen zu legen. Zusammen mit einer solchen Expertin den Schweinebestand zu inspizieren, finde ich äußerst spannend und aufschlussreich. So zeigt Gemma uns die Tiere, die aufgrund ihrer gut ausgebildeten Schenkel besonders schöne Schinken und mit ihrem geraden Rücken hochwertigen Speck erbringen werden. Dem sachverständigen Urteil der Veterinärin folgend, markieren wir einige Schweine, die für die

Zucht nicht taugen, aber exzellentes Fleisch liefern werden und folglich für die Mast bestimmt sind.

Auf der Grange Farm wurden die ersten Kälber des Jahres geboren: zwei kleine Riggits und ein Belted Galloway. Bei der Galloway-Geburt ließen wir Tosca, die Mutter, nicht aus den Augen. Alles lief reibungslos, bis zu dem Moment, als sie sich langsam umdrehte und ihr Kalb dort liegen sah, das noch in der Fruchtblase steckte. Eine derart schockierte Kuh hatte ich nie zuvor gesehen, und sofort war mir klar, dass wir nicht gehen dürften. Mein Instinkt hatte mich nicht getäuscht: Die als Mutter völlig unerfahrene Tosca machte keine Anstalten, ihrem Kalb zu helfen, und wir mussten sie im Behandlungsstand fixieren, damit sie es überhaupt trinken ließ. Inzwischen hat sie sich glücklicherweise beruhigt, und beide sind wohlauf. Seither sind auf der Grange Farm insgesamt neun Galloway- und Riggit-Kälber auf die Welt gekommen, und in East Moor gab es noch viel mehr Longhorn-Nachwuchs.

Eine Stippvisite in London steht an, denn das Geschäft in der Moxon Street ist führungslos. Der neue Leiter soll außer Fachkenntnis auch Persönlichkeit mitbringen, sodass er, wenn er hinter dem Tresen steht, die Kunden nicht einfach bedient, sondern mit ihnen ins Gespräch kommt, sei es über die Zubereitung von einem bestimmten Stück Fleisch oder auch nur über die letzte politische Talkrunde im Fernsehen. Meine Spitzenmetzger sind Borat, Daniel und Steve, die in Hackney gut zusammenarbeiten. Mit geschickten Argumenten konnte ich sie trotzdem überzeugen, dass es von Vorteil wäre, wenn Steve die Leitung in der Moxon Street übernehmen würde.

Die als Mutter völlig unerfahrene Tosca machte keine Anstalten, ihrem Kalb zu helfen, und wir mussten sie im Behandlungsstand fixieren, damit sie es überhaupt trinken ließ.

Nun wünscht er einen Termin mit mir, denn er hat Pläne für den Laden und möchte einiges verändern. Am besten sollte ich das gleich erledigen, und so schwinge ich mich in den Zug zur King's Cross Station. Steve ist Australier, folglich sollte ich auf der Hut sein, dass seine geplanten Neuerungen nicht Dinge wie Känguru-Burger oder Krokodilsteak beinhalten. Nichts dergleichen! Steve macht tolle Vorschläge und wird gleich am nächsten Tag in die Moxon Street wechseln. Die Fahrt nach London hat viel Zeit beansprucht, doch diese ist gut investiert. Bestimmt wird Steve neuen Schwung in den Laden bringen.

Unsere Wurstproduktion ist meine Leidenschaft, obwohl ich eher zufällig vor zehn Jahren damit begann. Damals verkaufte ich geschlachtete Schweine an andere Metzger, und regelmäßig musste ich auf die Bezahlung warten. Die einzige Möglichkeit, den dauernden Stress abzustellen, sah ich darin, das Fleisch selbst zu zerlegen und zu verarbeiten. Einem Metzger, der mir Geld schuldete und wohl nie würde zahlen können, schlug ich vor, mir zum Ausgleich die Wurstherstellung beizubringen. Er zeigte mir, wie man das Fleisch zerlegt, richtig würzt und – ganz entscheidend – die richtige Konsistenz erzielt. Dazu erwies er mir noch einen Riesendienst. Eines Nachmittags brachte er mich zu einem Metzger nicht weit von seinem eigenen Geschäft, der gerade in Pension gegangen war und mir seine Gerätschaften überließ. Für schlappe vierzig britische Pfund, also nicht einmal fünfzig Euro, erstand ich einen Fleischwolf aus den 1950er-Jahren, eine Füllmaschine aus Gusseisen und Emaille für die Wurstherstellung sowie eine Hamburgerpresse.

Am nächsten Tag machte ich in meiner Küche ans Werk. Den Druck der Maschine beim Einfüllen der Wurstmasse in den Darm richtig einzustellen, erwies sich als recht schwierig, und so verschleuderte ich – buchstäblich – sieben Kilo meiner Mischung im ganzen Raum. Aber ich gab nicht auf, und nach viel Übung und Probiererei kam eine Wurst heraus, wie sie sein sollte. Mit demselben Rezept arbeiten wir bis heute.

Die letzten Schafe werden aus der Moorheide zum Ablammen hereingeholt, und glücklicherweise bleiben uns die Komplikationen des letzten Monats diesmal erspart. Auch bei der Untersuchung des zweiten Fetus durch die DEFRA kam nichts Besorgniserregendes heraus, der Tierarzt vermutet den immens harten Winter als Ursache für die vielen Verluste. Um sie im nächsten Jahr möglichst zu verringern, fassen wir eine Schutzimpfung gegen Schafabort ins Auge. Außerdem will ich mit Arthur und dem Tierarzt ein Dokumentationssystem erarbeiten, mit dem wir alle Vorkommnisse bei den verschiedenen Schafrassen erfassen und anhand der daraus gewonnenen Erkenntnisse die Herde wieder in Topform bringen können. Diesmal hat die Lammzeit Arthur, Alan, Lesley und Chrissie extrem viel abverlangt. Seit ihrer Ankunft im Februar waren Arthur und seine Frau Lesley tagtäglich eingespannt, und Lesley sehnt sich danach, in ihrem neuen Zuhause in Thornton Dale die letzten Kisten auszupacken, endlich anzukommen und erste Freundschaften zu knüpfen. Chrissie dagegen packt ihre Siebensachen ein. Sie wird nach Australien reisen, von dort aus mit dem Segelboot einige Pazifikinseln abklappern und in Afrika weilen – bis zur nächsten Lammzeit.

Friedlich grasende Schafe in der Moorheide.

Lammkarrees mit Minzekruste

Lammkarrees fallen unterschiedlich groß aus, entsprechend variiert die Garzeit. Mit der Fingerspitze lässt sich ganz einfach prüfen, wie weit das Fleisch ist: Gibt es leicht nach, ist es „rare" (blutig mit noch rötlichem Saft); fühlt es sich fester an, ist es „medium" (durchgehend rosa); eine noch festere Konsistenz bedeutet „well-done", also gut durchgebraten.

Für 6 Personen
Zubereitung: 45 Minuten

2 EL Olivenöl

6 Lammkarrees mit je 3 Koteletts (insgesamt jeweils à 450 g), die Rippenknochen freigelegt

Blättchen von 1 Bund Minze, fein gehackt

1 Bund Schnittlauch, in feine Röllchen geschnitten

Blättchen von 1 Bund Petersilie, fein gehackt

Meersalz

frisch gemahlener schwarzer Pfeffer

6 TL Dijon-Senf

1. Den Backofen auf 220 °C vorheizen. Das Öl in einer Pfanne mit schwerem Boden bei mittlerer bis hoher Temperatur erhitzen. Lammkarrees einzeln ringsum goldbraun anbraten – insgesamt dauert dies 6–8 Minuten. In einen Bräter geben und 8–10 Minuten im Ofen garen, wenn das Fleisch im Kern noch blutig sein soll, beziehungsweise 10–12 Minuten für „medium".

2. Kräuter mit Salz und Pfeffer nach Geschmack in einer kleineren, flachen Schüssel vermischen. Lammkarrees aus dem Ofen nehmen, auf der Hautseite mit Senf bestreichen und in die Kräutermischung drücken – darauf achten, dass sie gut haftet.

3. Die Lammkarrees nochmals 3 Minuten im Ofen backen. Herausnehmen und vor dem Aufschneiden 5 Minuten ruhen lassen. Mit Kartoffelgratin servieren.

Lammköfte vom Spieß

Würziges Hackfleisch vom Lamm, dazu knackiger Salat, frischer Joghurt und Hummus – eine kulinarische Lustreise in den Orient.

Für 4 Personen
Zubereitung: 30 Minuten

800 g Lamm-Hackfleisch (besonders aromatisch von Schulter oder Nacken)

2 Schalotten, fein gewürfelt

1 Knoblauchzehe, angedrückt, geschält und fein gehackt

abgeriebene Schale und Saft von 2 Bio-Zitronen plus Zitronenspalten zum Servieren

4 TL gemahlener Kreuzkümmel

Blättchen von 1 Bund Thymian

2 rote Chilischoten, Samen entfernt, fein gehackt

Meersalz

frisch gemahlener schwarzer Pfeffer

½ Salatgurke

zarte Herzblätter von einem grünen Salat, zerpflückt

Blättchen von 4 Stängeln Koriander

Blättchen von 4 Stängeln glatter Petersilie

2 EL Olivenöl

4 kleine Fladenbrote

2 Tomaten, in Scheiben geschnitten

4 EL griechischer Jogurt

4 EL Hummus

1. Hackfleisch, Schalotten, Knoblauch, abgeriebene Zitronenschale und die Hälfte des Safts, Kreuzkümmel, Thymian, Chilischoten, Salz und Pfeffer in eine große Schüssel geben. Alles mit den Händen gleichmäßig vermengen.

2. Die Masse in vier gleiche Portionen teilen. Um vier Metallspieße herum zu gleichmäßigen Rollen formen.

3. Grill auf starke Hitze vorheizen. Spieße grillen, bis sie ringsum gleichmäßig gebräunt sind – je nachdem, wie heiß der Grill ist, dauert das ungefähr 15 Minuten.

4. Inzwischen die Gurke in schmale Streifen oder sehr dünne Scheiben hobeln. Mit Salatblättern, Koriandergrün, Petersilie, Olivenöl und restlichem Zitronensaft in einer Schüssel vermischen. Fladenbrote unter dem Grill 20 Sekunden aufwärmen.

5. Spieße mit Salat, Fladenbroten und übrigen Zutaten auf einer großen Platte anrichten. Jeder Gast nimmt sich ein warmes Fladenbrot und gibt darauf etwas Joghurt und Hummus, dann etwas von Salat, Tomatenscheiben und schließlich einem Spieß. Diesen schnell herausziehen, dann das Ganze zusammenrollen – und genießen. Nach Belieben weitere Zitronenspalten dazu reichen.

Kurz gebratenes Rumpsteak auf Papaya-Sojasprossen-Salat

Rumpsteak schmeckt an sich schon herrlich aromatisch – und einfach deliziös auf einem unverkennbar asiatisch angehauchten Salat. Mit der halben Rezeptmenge erhalten Sie eine stilvolle Vorspeise für besondere Anlässe.

Für 4 Personen
Zubereitung: 45 Minuten

2 Papayas (möglichst fest und grün)

125 g Sojasprossen

½ Salatgurke, geschält

5 cm frischer Ingwer, fein gerieben

1 Knoblauchzehe, angedrückt, geschält und fein gehackt

1 rote Chilischote, Samen entfernt, sehr fein gehackt

Blättchen von 1 Bund Koriander, gehackt

2 Limetten

Meersalz

frisch gemahlener schwarzer Pfeffer

1 TL Pflanzenöl

4 Rumpsteaks (insgesamt etwa 350 g)

1. Papayas schälen, halbieren und alle Kerne mit einem Löffel herausschaben. Fruchthälften in gleichgroße, streichholzdünne Stifte schneiden, mit den Sprossen in eine große Schüssel füllen. Gurke längs halbieren, entkernen, ebenfalls in streichholzdünne Stifte schneiden und in die Schüssel geben.

2. Ingwer, Knoblauch, Chilischote und Koriandergrün in einer kleinen Schüssel vermischen. Frisch gepressten Saft von 1 Limette, Salz und Pfeffer nach Geschmack unterheben. Das Dressing über den Papayasalat träufeln, vorsichtig vermischen.

3. In einer Pfanne das Öl bis zum Rauchpunkt erhitzen und die Rumpsteaks darin braten: je 2 Minuten von beiden Seiten, wenn sie „rare" (im Kern noch blutig) sein sollen oder jeweils 3 Minuten für „medium" (durchgehend rosa). Aus der Pfanne nehmen und 1 Minute ruhen lassen.

4. Inzwischen den Papayasalat auf vier Teller verteilen. Die Rumpsteaks mit einem scharfen Messer in Scheiben schneiden und auf dem Salat anrichten. Die zweite Limette in Spalten schneiden und zu dem Salat reichen.

Königliches Filetsteak

Für diese edle Zubereitung ist das Filetsteak, das meist aus dem mittleren Abschnitt des Filets geschnitten wird, gerade gut genug: etwas kostspielig zwar, aber gleichmäßig geformt und daher beim Garen perfekt auf den Punkt zu bringen. Vorzüglich passt dazu grüner Spargel, der von nun an bis zum 24. Juni das Marktangebot beherrscht.

Für 6 Personen als Hauptgang oder für 12 Personen als Vorspeise
Zubereitung: 45 Minuten

1,3 kg Filetsteak

Blättchen von 2 Bund krauser Petersilie

Blättchen von 1 Bund Thymian

1 Bund Schnittlauch

1 TL Meersalz

1 EL grob zerstoßener schwarzer Pfeffer

1 Eiweiß

3 EL Dijon-Senf

2 EL Olivenöl

1. Backofen auf 220 °C vorheizen. Filet sorgfältig von Fett und Sehnen befreien.

2. Kräuter sehr fein hacken, nach Geschmack salzen und pfeffern. Die Kräutermischung auf dem Schneidebrett so verteilen, dass sie ein Rechteck entsprechend der Länge und dem Umfang des Rinderfilets bedeckt.

3. Eiweiß schlagen, bis es soeben weiche Spitzen bildet, und Senf mit dem Schneebesen unterziehen. Filet damit bestreichen und anschließend über die Kräutermischung rollen, sodass es einen gleichmäßigen Überzug erhält – die Kräuter müssen gut haften.

4. Olivenöl in einer großen, ofenfesten Pfanne mit schwerem Boden oder einem hitzebeständigen Bräter bei mittlerer bis hoher Temperatur erhitzen. Das Filet rundherum anbraten, dann im Ofen fertig garen. Für meinen Geschmack sollte man es unbedingt „rare" (im Kern noch blutig) genießen, was von beiden Seiten achtminütiges Braten erfordert. Für „medium" (durchgehend rosa) weitere 8 Minuten garen. Man kann das Filet natürlich noch länger braten, doch das würde, wie ich finde, diesem exquisiten, eigentlich wundervollen Stück nicht gerecht – es wäre ruiniert.

5. Das Filet aus dem Ofen nehmen und vor dem Aufschneiden 5 Minuten ruhen lassen. Mit Meerrettichsauce (siehe Seite 320) servieren.

Toad in the hole

In Tims Augen ist diese Version des englischen Klassikers wie geschaffen für Leute, die bei frischen Frühjahrstemperaturen den ganzen Tag draußen geackert haben. Je nach Wurstsorte schmeckt die „Kröte im Erdloch" immer wieder etwas anders. Experimentieren Sie!

Für 4 Personen
Zubereitung: 45 Minuten

Für die „Kröten"

4 Hähnchenbrustfilets ohne Haut

4 Bratwürste

4 Scheiben durchwachsener Speck

1 EL Olivenöl

Für den Teig

3 Eier

200 ml Milch

175 g Mehl

1. Backofen auf 170 °C vorheizen. Die Unterseite der Hähnchenbrustfilets jeweils so tief einschneiden, dass sich darin eine Wurst unterbringen lässt. Hähnchenbrustfilets jeweils mit 1 Wurst füllen und mit den Speckscheiben umwickeln, sodass sie in Form bleiben.

2. Einen metallenen Bräter gleichmäßig mit Öl ausstreichen. Die gefüllten Hähnchenbrustfilets hineingeben und 20 Minuten im Ofen braten. Inzwischen die Eier mit der Milch und dem Mehl mit dem Handrührgerät zu einem glatten Teig verarbeiten und 10 Minuten ruhen lassen.

3. Ofentemperatur auf 190 °C erhöhen. Den Teig in die Form zu den gefüllten Hähnchenbrustfilets geben. In der oberen Backofenhälfte 40 Minuten garen.

Frühlingspasta mit Sirloin-Steak

Bei dieser überaus köstlichen Zubereitung wird Sirloin-Steak einfach direkt auf der Pasta pochiert. Die Gardauer bleibt Ihrem Geschmack überlassen. In jedem Fall sollte das Steak hauchdünn aufgeschnitten werden, sodass es mit den übrigen Aromen eine vollendete Allianz eingeht.

Für 4 Personen
Zubereitung: 20 Minuten

175 g Spaghetti

200 g Sirloin-Steak

150 g Zuckerschoten

150 g Kirschtomaten

½ rote Zwiebel, geschält und fein gewürfelt

2 EL Olivenöl

2 EL schwarze Oliven, entsteint und grob gehackt

Blättchen von 1 Bund glatter Petersilie, grob gehackt

1 rote Chilischote, Samen entfernt, in feine Streifen geschnitten

150 g Rucola

frisch gemahlener schwarzer Pfeffer

Meersalz

Blättchen von 1 Bund Basilikum, zerpflückt

50 g Parmesan, gerieben

1. Spaghetti in einen großen Topf mit kochendem Salzwasser geben, umrühren und 8 Minuten köchelnd garen. Dabei das Sirloin-Steak auf den Spaghetti in den letzten Minuten zugedeckt mitgaren: 2 Minuten für „rare" (im Kern noch blutig) beziehungsweise 4 Minuten für „medium" (durchgehend rosa). Wenn Sie es komplett durchgegart wünschen, garen Sie es 6 Minuten mit.

2. Zuckerschoten, Tomaten und Zwiebel dazugeben und alles noch 1 Minute garen. Das Fleisch aus dem Topf nehmen und auf einem Schneidbrett 2 Minuten ruhen lassen.

3. Die Pasta mit Tomaten und Zwiebel abseihen und zurück in den Topf geben. Oliven, Petersilie, Chili und Rucola bei niedriger Temperatur gleichmäßig untermischen. Das Steak mit einem scharfen Messer in sehr feine Scheiben schneiden und zur Pasta geben. Basilikum und Parmesan hinzufügen, rasch durchmischen und servieren.

Schweinekoteletts mit süß-würziger Zitrusmarinade

Bitten Sie den Metzger, den Fettrand der Koteletts in Abständen von 5 cm einzuschneiden. So bleiben sie während des Garens schön flach.

Für 4 Personen
Zubereitung: 25 Minuten plus bis zu 24 Stunden zum Marinieren

4 Lendenkoteletts vom Schwein (oder Stielkoteletts, wenn es günstiger sein soll)

3 EL dunkle Sojasauce

4 EL grober Senf

abgeriebene Schale und Saft von 1 Bio-Zitrone

abgeriebene Schale und Saft von 1 Bio-Orange

100 ml Ahornsirup

½ TL Thymian

2 Knoblauchzehen, angedrückt und geschält

Meersalz

frisch gemahlener schwarzer Pfeffer

Pflanzenöl für die Grillpfanne

1. Koteletts in einen großen, robusten, lebensmitteltauglichen Plastikbeutel packen – er darf keine Löcher aufweisen. Sojasauce, Senf, abgeriebene Schale und Saft von Zitrone und Orange, Ahornsirup, Thymian, Knoblauch, Salz und Pfeffer mit dem Schneebesen gründlich verrühren. Die Mischung zu den Koteletts geben. Beutel gut verschließen und kräftig schütteln, bis die Koteletts gleichmäßig von der Marinade überzogen sind. Mindestens 1 Stunde und bis zu 24 Stunden (optimal sind etwa 12 Stunden) im Kühlschrank marinieren.

2. Vor der Zubereitung die Koteletts Zimmertemperatur annehmen lassen. Aus der Marinade nehmen und diese beiseite stellen. Den Grill auf hoher Stufe vorheizen und den Rost leicht einölen. Die Koteletts nebeneinander darauflegen und 8–10 Minuten grillen, dabei regelmäßig mit der Marinade bestreichen. Wenden, von der zweiten Seite ebenfalls 8–10 Minuten grillen und wieder mit Marinade bestreichen, sodass die Koteletts einen dicken, klebrigen Überzug erhalten. (Die Garzeit kann je nach Dicke der Koteletts etwas variieren.)

3. Die restliche Marinade in einem kleinen Topf langsam zum Kochen bringen und 3 Minuten köcheln lassen. Die heiße Sauce zu den Koteletts reichen.

Geschmortes Schweinefleisch mit Paprikasauce

Schweinelende bietet für seinen Preis viel Geschmack, und durch langes, sanftes Schmoren holt man aus ihr das Beste heraus. Mildes geräuchertes Paprikapulver und rote Paprika runden das Gericht köstlich ab.

Für 4 Personen
Zubereitung: 2½ Stunden

2 EL Olivenöl

1 kg ausgelöste Schweinelende, in 4 Stücke geschnitten

4 Schalotten, geschält und gewürfelt

2 Knoblauchzehen, angedrückt und geschält

Blättchen von 4 Oreganozweigen, gehackt

1½–2 TL mildes geräuchertes Paprikapulver

Meersalz

frisch gemahlener schwarzer Pfeffer

300 g geröstete Paprika aus dem Glas (ersatzweise 3 rote Paprika, gegrillt und enthäutet)

200 ml trockener Weißwein

1. Den Backofen auf 180 °C vorheizen. Öl in einen ofenfesten Bräter geben und das Fleisch hineinlegen. Im heißen Ofen in 15 Minuten rundherum anbräunen. Schalotten und Knoblauch dazugeben. Weitere 10 Minuten im Ofen garen.

2. Fleisch mit Oregano und Paprikapulver würzen, salzen und pfeffern. Paprika aus dem Glas, falls verwendet, abtropfen lassen. Die Paprikastücke in schmale Streifen schneiden und mit dem Wein in den Bräter geben. Ofentemperatur auf 150 °C herunterschalten. Bräter mit Backpapier abdecken, dann mit Alufolie verschließen – die Ränder gut andrücken – und nochmals 2 Stunden im Ofen backen.

3. Fleisch auf einer Servierplatte anrichten. Mit einem Metalllöffel überschüssiges Fett vom Schmorfond abschöpfen und die herzhafte Sauce über das Fleisch träufeln.

Würzige Wachteln

Wachteln sind kleiner als Hähnchen und schmecken kräftiger. Hier erhalten sie durch die würzige Marinade eine leicht asiatische Note.

Für 4 Personen
Zubereitung: 40 Minuten plus 2 Stunden zum Marinieren

1 EL Sonnenblumenöl

3 Knoblauchzehen, angedrückt

1 rote Chilischote, Samen entfernt, fein gehackt

2 cm frischer Ingwer, geschält und gerieben

abgeriebene Schale und Saft von 1 Bio-Zitrone

2 EL helle Sojasauce

4 TL grober Senf

Meersalz

frisch gemahlener schwarzer Pfeffer

4 Wachteln

1. In einer kleinen Schüssel Öl, Knoblauch, Chili, Ingwer, abgeriebene Zitronenschale und -saft, Sojasauce, Senf, Salz und Pfeffer mit dem Schneebesen verrühren. In einen großen, robusten Plastikbeutel füllen (er darf keine Löcher aufweisen) und die Wachteln dazugeben. Beutel fest verschließen, schütteln und behutsam kneten, bis die Wachteln rundherum mit der Marinade überzogen sind. 2 Stunden in den Kühlschrank stellen.

2. Die Wachteln vor der Zubereitung Zimmertemperatur annehmen lassen. Backofen auf 220 °C vorheizen. Wachteln mit ihrer Marinade in einen Bräter geben und 15 Minuten im Ofen garen. Mit dem Fond beschöpfen und weitere 10 Minuten braten.

3. Zu Beginn des Essens werden Ihre Gäste selbstverständlich zum Besteck greifen. Aber dann legen sie es wahrscheinlich schnell beiseite, um mit den Fingern noch an das letzte schmackhafte Stückchen Fleisch zu gelangen.

MAI

Mai auf der Farm

Schäfer Arthur Ramage mit zwei jungen Lämmern, die aus einer Texel-Kreuzung hervorgegangen sind.

Sechs weiße Sussex-Hühner haben sich unserer wachsenden Herde auf der Farm zugesellt. David Howard, vielseitig begabter Gärtner (er gestaltete die Gärten von Highgrove) wie auch Züchter von Riggits und einheimischen Geflügelrassen in einer Person, brachte sie auf seinem Weg von Gloucestershire zu seinem neuen Zuhause in Northumberland bei uns vorbei. Gleichzeitig überließ er uns eine Auswahl traditioneller englischer Obstgehölze (Apfel-, Pflaumen- und Reneklodenbäume), die wir gleich gepflanzt haben. Die Vorstellung, von nun an einen eigenen Obstgarten zu unterhalten, spricht mich immens an. Vor meinem geistigen Auge sehe ich schon Hühner und Schweine darin herumlaufen, das Fallobst fressen und im gleichen Zug lästiges Ungeziefer vertilgen, das sonst den Bäumen gefährlich werden könnte. Ebenso könnte ich mir gut vorstellen, dass die Bäckerei in Zukunft Chutneys aus Früchten der Saison herstellt und unsere Läden neben Fleisch auch Äpfel anbieten. Soeben habe ich mich mit einem befreundeten Imker kurzgeschlossen. Er wird einige seiner zahlreichen Bienenvölker aus der Moorheide in den Obstgarten umsiedeln, bestimmt wird es den emsigen Pollen- und Nektarsammlerinnen dort gefallen. Ich liebäugele damit, in die Honigproduktion einzusteigen. Ist es nicht faszinierend, dass man gleichzeitig Früchte, Eier und Honig erzeugen könnte, indem man einfach nur einen kleinen Obstgarten anlegt?

Erstmals seit 150 Jahren werden die Trockenmauern, die die Farm umgrenzen, renoviert. Beauftragt habe ich damit Andrew Fordham-Brown. Abschnitt für Abschnitt arbeitet er sich langsam voran, so wie es meine Finanzen erlauben. Insgesamt wird das Projekt wohl, wie er mir soeben mitgeteilt hat, drei bis vier Jahre in Anspruch nehmen. Andrew rückt in einem umgebauten 1977er Land Rover aus Beständen der Armee-Ambulanz an, in dem er oft auch zusammen mit seinem Hund Jess übernachtet. Wie er mir ebenfalls mitteilte, hat er in den Steinritzen so viele Nattern aufgespürt wie seit Langem nicht mehr, was ihn angesichts des letzten harten Winters doch überrascht.

Die Errichtung von Trockenmauern ist eine Jahrtausende alte Kunst. Ohne die Verwendung von Mörtel werden die Steine so aufeinandergeschichtet, dass sie einen möglichst geschlossenen Verbund bilden. Trockenmauern finden sich in aller Welt, in Yorkshire aber sind sie besonders verbreitet. Die Steine dafür wurden ursprünglich im umliegenden Gelände zusammengesucht, und so schlug man zwei Fliegen mit einer Klappe, da gleichzeitig die Felder gesäubert wurden.

Zusammen mit Sarah, meinem Schäfer Arthur und seiner Frau Lesley besuche ich den jährlichen Dorset-Schafmarkt in Exeter. Am Vorabend der Versteigerung machen wir uns ein erstes Bild von den angebotenen Tieren und merken uns dabei zwei ansehnliche Böcke, Los Nr. 126 und 127, vor.

Sehr früh erscheinen wir am nächsten Morgen zur Versteigerung und nutzen die Zeit, um das Angebot nochmals unabhängig voneinander genau zu besichtigen. Arthur ist nicht mehr so überzeugt von unserer Vorabendwahl und hat stattdessen Los Nr. 152 als neuen Favoriten ausgemacht – eine recht eindrucksvolle Erscheinung, da muss ich ihm zustimmen. Als die Auktion beginnt, suche ich mir einen Platz am Ring. Anfangs wird zögerlich geboten, die Böcke finden schließlich für durchschnittlich fünfhundert bis sechshundert Guineas neue Besitzer (die Guinea ist eine frühere englische Goldmünze aus längst vergangenen Tagen, dient aber bis heute etwa beim Verkauf von Schafböcken als Rechnungseinheit). Als ich jedoch bei den Positionen 126 und 127 einsteige, bin ich am Ende schon mit 850 beziehungsweise 1100 Guineas dabei. Doch ich bin sicher, dass das Brüderpaar auf den Weiden bei der Farm eine exzellente Figur machen und auch den Weibchen viel Freude bereiten wird. So schleppend, wie die Auktion verläuft, heißt es im Anschluss geduldig warten, bis Los Nr. 152 aufgerufen wird. Wir vertreiben uns die Zeit an den Ständen rings um das Auktionsgelände, kaufen gewachste Jacken, einen warmen Pullover, Leder- und Gummistiefel.

Endlich ist Position 152 an der Reihe, eine wahrhaft imposante Erscheinung im Ring. Das Anfangsgebot liegt bei achthundert Guineas – ein sehr hoher Betrag. Ich steige bei 1100 Guineas ein und erhalte schließlich für dreitausend Guineas den Zuschlag. Eine solche Summe habe ich noch nie bezahlt und sie ist womöglich eine Rekordsumme für einen Dorset-Bock. Der Bock kommt aus Irland und trägt den extravaganten Namen Bally Taggart Nirvana. Das passt gar nicht bei uns in Yorkshire, wie ich finde, deshalb verpasse ich ihm den neuen knackigen Namen „Golden Balls" – auf Deutsch „Goldene Eier".

Endlich präsentiert sich Los Nr. 152 stolz im Ring. Das Anfangsgebot liegt bei achthundert Guineas – ein sehr hoher Betrag. Ich steige bei 1100 Guineas ein und erhalte schließlich für dreitausend Guineas den Zuschlag. Eine solche Summe habe ich noch nie bezahlt und sie ist womöglich eine Rekordsumme für einen Dorset-Bock. Der Bock kommt aus Irland und trägt den extravaganten Namen Bally Taggart Nirvana. Das passt gar nicht bei uns in Yorkshire, wie ich finde, deshalb verpasse ich ihm den neuen knackigen Namen „Golden Balls" – auf Deutsch „Goldene Eier". Nachdem der Papierkram erledigt ist, laden wir unsere kostbaren Neuerwerbungen auf den Anhänger, verlassen Exeter um halb sechs und sind weit nach Mitternacht zurück in Levisham, wo wir die Tiere für die Nacht in Ställen unterbringen. Am nächsten Morgen machen wir sie mit ihrer neuen Umgebung vertraut, und dann dürfen sie die Weiden bei der Farm erkunden. Ich bin hochzufrieden mit unserer Wahl und ziehe einmal mehr den Hut vor dem Sachverstand Arthurs, der ja Golden Balls entdeckt hat.

Wir haben das Decken der Dorsets vom August auf den Juni vorgezogen, sodass sie anstatt Anfang Dezember bereits im Oktober lammen werden. Dann ist das Wetter noch nicht so garstig, und die Lämmer kommen zu Kräften, bevor der harte Winter einsetzt. Zudem bleibt ihnen mehr Zeit, um sich bis zum Ostergeschäft gut zu entwickeln. Der Besuch des Schafmarkts hat bei uns ein vermehrtes Interesse für die Dorsets entfacht. Arthur wird aus unseren vierhundert Auen die besten heraussuchen, die dann von Golden Balls gedeckt werden sollen und uns hoffentlich einige hervorragende Lämmer bescheren werden. Vielleicht nehme ich in Zukunft auch an Ausstellungen teil und steige in den Handel mit Dorset-Schafen ein. Es wäre ja nicht schlecht, wenn andere Herden im Land aufgefrischt und die Eigenschaften dieser feinen Rasse dadurch gestärkt würden.

Inzwischen haben die beiden jungen Männer aus dem nahegelegenen Thirsk die letzten Dorsets geschoren. An einem Tag schaffen sie 402 Tiere – ein beachtliches Ergebnis, da bei Dorset-Schafen auch Beine, Bauch und Kopf bewollt sind. Nächsten Monat steht dann die Schur der Mules und Blackfaces an (sie tragen weniger Wolle). Wieder verkaufe ich die Vliese an das Wool Marketing Board, und pro Stück bekomme ich etwa ein britisches Pfund, also etwas über einen Euro. Durch den Verkauf in eigener Regie könnte ich mehr verdienen. Allerdings müsste ich dafür die Vliese zu Wolle verspinnen lassen, und das bedeutet einigen Aufwand.

Die Weiden stehen in vollem Saft, und die Dorset-Böcke stärken sich für ihren Einsatz ab Juni.

Beef Ribs American Style

Beef Ribs (Rinderrippen), die sie bei einem guten Metzger bestellen können, sind nichts für Feiglinge, denn sie sind wirklich groß. Bitten Sie den Metzger, die Rippenleiter in einzelne Rippen zu teilen. Sie lassen sich einfacher handhaben, außerdem ergibt sich so insgesamt eine größere Oberfläche und damit mehr knuspriger Genuss.

Für 1 Person
Zubereitung: 2 Stunden plus Marinierzeit über Nacht

Für die Rippen	Für die Glasur
¼ TL Cayennepfeffer	25 g Butter
½ TL Paprikapulver	25 g Zucker
½ TL gemahlener Kreuzkümmel	2 EL Weißweinessig
½ TL Knoblauchpulver	1 EL Worcestershire-Sauce
½ TL frisch gemahlener schwarzer Pfeffer	Saft von ½ Zitrone
½ TL Salz	2 EL Ketchup
500 g Rinderrippen (etwa 2 Rippen pro Person)	1 TL Senf
Pflanzenöl für das Backblech nach Bedarf	2 EL Honig

1. Cayennepfeffer, Paprikapulver, Kreuzkümmel, Knoblauchpulver, Pfeffer und Salz in einem großen robusten Gefrierbeutel mit Zip-Verschluss vermengen. Rippen dazugeben und schütteln, bis sie gleichmäßig von der Gewürzmischung überzogen sind. Über Nacht im Kühlschrank marinieren.

2. Für die Glasur Butter in einem kleinen Topf bei niedriger Temperatur zerlassen. Zucker und Essig hinzufügen und rühren, bis er sich gelöst hat. Die übrigen Zutaten gründlich damit vermengen.

3. Um die Beef Ribs zuzubereiten, den Holzkohlegrill aufheizen und die Rippen gut 1½ Stunden grillen, dabei immer wieder wenden. Alternativ den Backofen auf 170 °C vorheizen, die Rippen nebeneinander auf ein leicht geöltes Backblech legen und ebenfalls in 1½ Stunden garen. In jedem Fall die Rippen häufig mithilfe eines Backpinsels gleichmäßig mit der Glasur bestreichen, sodass sie einen wundervoll knusprig-klebrigen Überzug erhalten. Stilecht serviert man sie ohne Besteck und stattdessen einfach mit einer Rolle Küchenpapier, damit sich die Gäste zwischendurch die Hände abwischen können.

Kartoffelpfanne mit Schweinebratenresten und Ei

Aus Resten vom Sonntagsbraten lässt sich am nächsten Tag schnell eine deftige Mahlzeit zaubern. Das Rezept funktioniert ebenso mit Rinderbraten (den Salbei durch glatte Petersilie ersetzen), mit Lamm (und Thymian statt Salbei) oder mit Huhn (und Estragon statt Salbei). Wer Schärfe mag, gibt zusammen mit den Tomaten etwas gehackte Chilischote dazu.

Für 1 Person
Zubereitung: 30 Minuten

½ EL Olivenöl

175 g Kartoffeln, geschält und gewürfelt

1 Zwiebel, geschält und in Ringe geschnitten

175 g Schweinebratenreste, fein zerpflückt

1 feste Tomate, grob gewürfelt

3 Salbeiblätter

1 Ei

1. Das Öl in einer großen Pfanne bei mittlerer Temperatur erhitzen. Kartoffeln 12 Minuten hellbraun braten. Zwiebel hinzufügen und 5 Minuten mitbraten.

2. Wenn die Kartoffeln weich sind, das Fleisch, die Tomate und den Salbei darunterrühren.

3. In der Mitte des Pfanneninhalts eine Mulde formen. Das Ei hineinschlagen und zugedeckt etwa 2 Minuten garen, bis das Eiweiß gestockt ist und der Dotter seinen glasigen Schimmer verliert.

Gekochter Rollschinken mit Petersiliensauce

Ganz nach Geschmack können Sie für dieses Rezept nur gepökelten oder auch geräucherten Rollschinken wählen. Das Gericht ist denkbar einfach, aber ich liebe es – nicht zuletzt wegen der guten alten Petersiliensauce.

Für 4 Personen
Zubereitung: 3½ Stunden

1,5 kg Rollschinken (nach Belieben geräuchert)

2 Lorbeerblätter

10 schwarze Pfefferkörner

2 Wacholderbeeren

2 Zwiebeln, geschält und halbiert

2 Stangen Sellerie, quer halbiert

2 Möhren, geschält und quer halbiert

2 Lauchstangen, geputzt, quer halbiert und gründlich gewaschen

1 kleiner Spitzkohl

Petersiliensauce (siehe Seite 325)

1. Rollschinken in einem großen Topf mit Wasser bedecken und zum Kochen bringen. Dann herausnehmen und Wasser weggießen. Frisches Wasser in den Topf füllen und den Rollschinken mit Lorbeerblättern, Pfefferkörnern und Wacholderbeeren wieder hineingeben. Aufkochen und zugedeckt bei niedriger Temperatur 2 Stunden leise köchelnd garen.

2. Zwiebeln zum Rollschinken geben, abgedeckt weitere 20 Minuten garen. Sellerie, Möhren und Lauch in den Topf geben und abgedeckt nochmals 20 Minuten garen. Spitzkohl in Spalten schneiden und den Strunk entfernen. Kohlstücke in den Topf geben und zugedeckt 4 Minuten mitgaren.

3. Rollschinken aus dem Topf nehmen und aufschneiden. Mit dem Gemüse in Schalen anrichten. Etwas von der Brühe darüberschöpfen und zuletzt einen Klecks Petersiliensauce daraufgeben.

Gerollte und gefüllte Lammbrust

Lammbrust ist zwar nicht sehr fleischig, aber höchst schmackhaft und, langsam gegart, dank des austretenden Fetts wunderbar saftig. Sie ist auch perfekt für die Studentenküche. Als Tim seine erste eigene Bude bezogen hatte, kaufte er öfters Lammbrust, die er einfach auf ein Bett aus Kartoffeln und Pastinaken legte und bis zu 4 Stunden im Ofen garen ließ. So erhielt er ein Abendessen für zwei Tage und für den dritten noch eine Suppe.

Für 4 Personen
Zubereitung: 2½ Stunden

1 EL Olivenöl	Meersalz
1 Zwiebel, geschält und fein gewürfelt	frisch gemahlener schwarzer Pfeffer
2 Knoblauchzehen, angedrückt und geschält	1 Lammbrust, ausgelöst (Knochen aufbewahren)
175 g Champignons, fein gehackt	1 EL Mehl
175 g Spinat, fein gehackt	1 EL rotes Johannisbeergelee (siehe Seite 322)
150 g Cheddar oder Gouda, gerieben	100 ml trockener Rotwein
1 Ei, verquirlt	

1. Backofen auf 170 °C vorheizen. Öl in einer Pfanne erhitzen und die Zwiebel mit dem Knoblauch hellbraun anschwitzen. Pilze hinzufügen und 5 Minuten braten. Spinat dazugeben und dünsten, bis er zusammenfällt. Pfanneninhalt abkühlen lassen. Den geriebenen Käse, das Ei sowie Salz und Pfeffer nach Geschmack darunterrühren.

2. Lammbrust auf ein großes Stück Alufolie legen, gleichmäßig mit der Füllung bestreichen und fest aufrollen. In die Folie wickeln und die Enden sorgfältig zusammendrehen, sodass die Hülle dicht verschlossen ist. Zusammen mit den Knochen in einen Bräter legen und 1½ Stunden im Ofen garen, danach die Knochen herausnehmen.

3. Knochen in einem flachen Topf knapp mit Wasser bedecken. Im verschlossenen Topf aufkochen und 35 Minuten köcheln lassen. Die Brühe durchseihen. Inzwischen das Fleisch weitere 30 Minuten garen. Wenn es ganz zart ist, aus dem Ofen nehmen und im Bräter die Folie so entfernen, dass von dem Fond nichts verloren geht.

4. Mehl zum Fond geben und sorgfältig unterrühren. Bräter bei mittlerer bis hoher Temperatur aufsetzen. Langsam die Brühe hineingießen, dabei ständig rühren, sodass eine glatte Sauce entsteht. Johannisbeergelee und Wein einrühren. Zum Kochen bringen und auf die Hälfte reduzieren. Fleisch aufschneiden, mit einem Rosmarinzweig garnieren und mit der Sauce servieren.

Ginger-Pig-Pie „Bœuf bourguignon"

Um all unsere guten Reststücke nicht länger einfach durch den Wolf zu drehen, haben wir vor etwa acht Jahren mit der Pie-Herstellung begonnen. Für diese Variante habe ich einen Rezeptklassiker aufgepeppt, den ich in einem alten Kochbuch gefunden habe.

Ergibt 4 kleine Pies (12 × 6 cm) oder 1 große Pie (24 × 12 cm)
Zubereitung: 2 Stunden plus Kühlzeit über Nacht

Für die Füllung

1,3 kg falsches Filet, in 2 cm große Würfel geschnitten

350 g gepökelter Bauchspeck, gewürfelt

200 g Champignons, gehackt

1 Zwiebel, geschält und fein gewürfelt

1 kleine Knoblauchzehe, angedrückt und geschält

1 EL helle Sojasauce

350 ml trockener Rotwein

2 EL Maisstärke

Blättchen von 4 Stängeln glatter Petersilie, grob gehackt

Für den Teig

700 g Mehl

350 g Nierenfett

½ TL Salz

Außerdem

25 g Schmalz, zerlassen

1 EL Mehl

1 Ei, verquirlt

1. Backofen auf 180 °C vorheizen. Fleisch- und Speckwürfel in einem Bräter 15 Minuten im Ofen bräunen. Gut vermischen und weitere 15 Minuten braten. Pilze, Zwiebel, Knoblauch, Sojasauce und Wein dazugeben. Den Bräter mit passend zugeschnittenem Backpapier abdecken und mit Alufolie verschließen. 1½ Stunden im Ofen backen.

2. Den gesamten Fond aus dem Bräter in einen Topf geben. Maisstärke mit etwas Wasser verrühren. Zum Fond geben, unter ständigem Rühren kochen und eindicken lassen und dann mit der Petersilie mit dem Fleisch vermischen. Vollständig abkühlen lassen.

3. Mehl, Salz und Nierenfett im Mixer mit dem Momentschalter gut vermischen. In eine Schüssel füllen, 300 ml Wasser dazugeben und alles zu einem glatten Teig vermengen. Daraus für kleine Pies acht Kugeln formen: vier mit je 180 g und vier mit je 110 g. Für eine große Pie zwei Kugeln mit 750 g beziehungsweise 450 g formen.

4. Backofentemperatur auf 190 °C erhöhen. Die Formen sorgfältig mit Schmalz ausstreichen und dünn mit Mehl ausstäuben. Größere Teigkugeln ausrollen und die Formen damit auskleiden. Füllung darin verteilen und Teigränder großzügig mit verquirltem Ei einpinseln. Kleinere Teigkugeln ausrollen, Formen damit abdecken. Teiglagen mit den Fingern zusammendrücken und Überschuss abschneiden. Teigdeckel mit Ei bestreichen, Teigreste nach Belieben formen und als Dekoration daraufsetzen. Pies 50 Minuten backen, danach 5 Minuten abkühlen lassen. Aus den Formen lösen und heiß oder kalt genießen.

Rinderschmorbraten mit Chili

Fehlrippe ist ein äußerst schmackhaftes, saftiges Stück Fleisch, das eigentlich unter Wert gehandelt wird. Kurz gebraten und im Kern noch rot, mundet sie genauso vorzüglich wie langsam bei sanfter Temperatur geschmort.

Für 6 Personen
Zubereitung: 3½ Stunden

1 EL Olivenöl

1,5 kg Fehlrippe, gerollt

4 rote Zwiebeln, geschält und geviertelt

4 Knoblauchzehen, angedrückt und geschält

1–2 rote Chilischoten, Samen entfernt, fein gehackt

500 ml trockener Rotwein

Meersalz

frisch gemahlener schwarzer Pfeffer

1½ EL Mehl

½ Blumenkohl, in Röschen geteilt

Blättchen von 1 Bund Koriander, gehackt

1. Backofen auf 150 °C vorheizen. Öl in einem Bräter bei mittlerer bis hoher Temperatur erhitzen und das Fleisch ringsum braun anbraten. Herausnehmen und beiseite legen. Zwiebeln in den Topf geben und 5 Minuten braten, dann den Knoblauch mit der Chili noch 1 Minute mitbraten. Fleisch zurück in den Topf geben. Wein dazugeben, salzen und pfeffern. Topf mit Backpapier und dann mit Alufolie abdecken, einen gut schließenden Deckel auflegen.

2. Das Fleisch 3 Stunden im Ofen schmoren. Aus dem Topf nehmen und an einem warmen Ort ruhen lassen. Mehl in den Fond stäuben und gründlich einrühren, anschließend den Blumenkohl hinzufügen. Aufkochen und dann bei reduzierter Temperatur 4 Minuten köcheln lassen. Zuletzt den Koriander in die Sauce rühren.

3. Den Braten aufschneiden und mit der Sauce servieren.

Entenpastete mit Pistazien

Mit dieser Pastete im Kühlschrank sind Sie für Hungerattacken bestens gewappnet. Genießen Sie sie auf heißem Toast oder zu einem Frühlingssalat mit frischen Kräutern. Das Fett und die Haut werden vom Entenfleisch nicht entfernt, denn sie sorgen für die saftige Konsistenz.

Für 12 Personen
Zubereitung: 2¾ Stunden

1,3 kg Entenfleisch mit Haut und Fett

200 g Schweinehackfleisch

350 g Hühnerleber, pariert

50 ml Weinbrand

200 g geschälte Pistazien plus etwas mehr, gehackt, zum Servieren

Blättchen von 1 Bund Thymian

Meersalz

frisch gemahlener schwarzer Pfeffer

110 g Schweinenetz (beim Metzger vorbestellen)

1 EL Entenschmalz, zerlassen, zum Bestreichen

1. Backofen auf 180 °C vorheizen. Das Entenfleisch mit dem Schweine-Hackfleisch durch den Wolf drehen oder im Mixer fein hacken. Die Hühnerleber separat durchdrehen oder fein hacken. Das gesamte Fleisch mit dem Weinbrand, den Pistazien und dem Thymian sowie Salz und Pfeffer nach Geschmack in eine Schüssel geben. Alles gründlich vermengen.

2. Eine 2-l-Terrinenform so mit dem Schweinenetz auskleiden, dass es an den Rändern überhängt, und die Fleischmasse einfüllen. Das überhängende Schweinenetz darüberbreiten und die Form mit Alufolie verschließen.

3. In einen großen Bräter setzen und bis auf halbe Höhe der Form kochendes Wasser einfüllen. 2 Stunden im Ofen garen. Die Terrine zur Probe in der Mitte mit einem Spieß einstechen: Sie ist gar, wenn klarer Saft austritt. Aus dem Wasser nehmen, auf der Oberseite mit dem Entenschmalz bestreichen und mit den gehackten Pistazien bestreuen. Abkühlen lassen und vor dem Servieren im Kühlschrank gut durchkühlen.

Pochierte Hähnchenbrust mit Nudeln in würziger Brühe

Dank der schnörkellosen Zubereitung bleiben die kraftvollen, frischen Aromen unverfälscht erhalten und bilden einen köstlichen Kontrast zu dem sanft pochierten Hähnchenfleisch.

Für 4 Personen
Zubereitung: 40 Minuten

1 EL Pflanzenöl

4 enthäutete Hähnchenbrustfilets

2 Knoblauchzehen, angedrückt, geschält und sehr fein gehackt

5 cm frischer Ingwer, geschält und sehr fein gehackt

1 Zwiebel, geschält und sehr fein gewürfelt

1 Chilischote, Samen entfernt, fein gehackt

1 Stängel Zitronengras, geputzt und sehr fein gehackt

1 l Hühnerbrühe

400 g dünne Bandnudeln

350 g Brokkoli, in Röschen geteilt

Blättchen von 1 kleinen Bund Koriander, gehackt

50 g Sesam, geröstet

1. In einem großen Topf das Öl bei mittlerer bis hoher Temperatur erhitzen und die Hähnchenbrustfilets von beiden Seiten anbräunen. Die Hitze verringern. Knoblauch, Ingwer, Zwiebel, Chili und Zitronengras zum Fleisch geben und ohne Farbe 2 Minuten anschwitzen. Die Brühe dazugießen, einmal aufkochen und dann 12 Minuten leise köcheln lassen, bis die Hähnchenbrustfilets gar sind. Aus dem Topf nehmen und warm stellen.

2. Nudeln in die Brühe geben und unter die Oberfläche drücken. Nach Packungsanweisung garen, dabei 2 Minuten vor Ende der Garzeit den Brokkoli hinzufügen.

3. Hähnchenfleisch in feine Scheiben schneiden. Nudeln und Brokkoli auf vier vorgewärmte Schalen verteilen. Darauf das Fleisch geben, mit Koriandergrün und Sesam bestreuen. Die heiße Brühe darüberschöpfen und servieren.

JUNI

Juni auf der Farm

Julie Howe, Bäckerin auf der Grange Farm, mit frisch gebackenen Pies.

Die Bäckerei stellt emsig Pies her, darunter auch Spezialanfertigungen für diverse Feste. Gerade haben wir eine imposante, dreistöckige Kreation für die Pensionsfeier eines Herrn vollendet, der bis zu seinem Abschied aus dem Berufsleben jeden Mittag eine unserer Pies mit Schweinefleisch gegessen hatte. Vor etlichen Jahren hatte ich eine Weile eine Metzgerei in St. Peter Port auf der Insel Guernsey beliefert, und neulich überraschte mich der Chef persönlich mit einem Anruf. Wir hatten uns einiges zu erzählen nach der langen Pause, und dann rückte er mit seinem Wunsch heraus, wieder Fleisch von uns zu beziehen. Es dürfte nicht schaden, dachte ich, wenn er auch unsere anderen Erzeugnisse kennenlernen würde, und schickte ihm Kostproben unserer Pies und Schinkenspezialitäten. Eine Woche später war er wieder in der Leitung, um sich bei mir über seine beträchtliche Gewichtszunahme zu beschweren und um vorerst ein Longhorn-Rind, drei Wochen abgehangen, zu ordern. Auf seiner Wunschliste stehen auch einige Pies, die dann aber nicht für ihn selbst gedacht sind, sondern für seine Kunden. Ich beliefere gern andere gute Metzgereien, sofern unsere Kapazitäten dies erlauben. Zu unseren Abnehmern zählt seit vielen Jahren auch das Restaurant The Hawksmoor in London, dem sich kürzlich noch Sophie's Steak House in Chelsea zugesellt hat. Da beide Häuser jeweils unterschiedliche Stücke bestellen, können wir die Schlachtkörper optimal nutzen.

Wie es aussieht, wollen meine zwei jungen Riggit-Galloway-Bullen mir Ärger machen. Im letzten Sommer standen sie auf einer Weide jenseits des Dorfes, und eines Tages war von dort ein jämmerliches Blöken zu vernehmen. Es kam von Mr Riggity Man, meinem im Werden begriffenen Preisbullen. Auf den ersten Blick war kein Grund für sein Wehklagen zu erkennen, und so bestellten wir den Tierarzt zur Grange Farm. Doch wie sollten wir die beiden Tiere dorthin bugsieren? Ein Fanggatter oder ein Behandlungsstand gehörten damals nicht zu unserem Equipment. Glücklicherweise aber war Kevin (der die Blansby Farm, das Zentrum unserer Schweinezucht, leitet) aufgekreuzt, und außerdem hatten wir Fran, die Co-Autorin des Buches, mit ihren Söhnen zu Besuch. Gemeinsam schafften wir es mit herkömmlicher Manpower, die Tiere langsam zur Farm zu geleiten.

Der Tierarzt kam, und nach einigem Gerangel, im Verlauf dessen ein paar Gatter zu Bruch gingen, gelang es Kevin und Mick, Mr Riggity Man mit Stricken zu bändigen. Es wurde Fieber gemessen, ein Antibiotikum gespritzt, und schließlich bekam der Bulle eine Schlundsonde gesetzt: Durch sein Maul wurde eine Art Staubsaugerschlauch eingeführt, um über diesen in den Pansen, einen der vier Mägen von Rindern, eine Lösung einzuleiten, die den diagnostizierten Aufruhr im Verdauungstrakt des Tieres beschwichtigen sollte.

Just an diesem Wochenende meldete nun mein Schäfer Arthur, dass die zwei Riggit-Bullen nicht auf ihrer Weide seien. Sogleich machten wir uns auf die Suche. Normalerweise hinterlassen ausgebrochene Bullen eindeutige Spuren in Form von demolierten Zäunen oder wenigstens Kuhfladen. Doch von dem Duo war nichts zu sehen und nichts zu hören. Arthurs Frau Lesley mutmaßte bereits eine Entführung. Das konnte ich mir nicht vorstellen, denn an einem Sonntag wäre ein Laster in dieser ruhigen Gegend bestimmt aufgefallen. Schließlich entdeckten wir die beiden in gut einem Kilometer Entfernung auf einer Weide, wo sie sich mit den zahlreichen anwesenden Belgium-Blue-Färsen vergnügten, so wie es die Natur eben will. Meine beiden kleinen Bullen hatten ihre Unschuld verloren.

Was sie angestellt hatten, um zu den Gespielinnen zu gelangen, war schier unglaublich. Sie hatten Zäune überwunden, ohne den geringsten Schaden anzurichten, die extrem abschüssige Flanke des Levisham-Tals hinter sich gebracht, den Fluss durchschwommen und weitere Zäune übersprungen.

Was sie angestellt hatten, um zu den Gespielinnen zu gelangen, war schier unglaublich. Sie hatten Zäune überwunden, ohne den geringsten Schaden anzurichten, die extrem abschüssige Flanke des Levisham-Tals hinter sich gebracht, den Fluss durchschwommen und weitere Zäune übersprungen. Beflügelt hatte sie zu all dem wahrscheinlich der mit dem Südwestwind herbeigewehte verlockende Duft der Damen.

Ich entschuldigte mich bei Chester Brown, dem Farmer, für den ungebührlichen Auftritt meiner beiden Halbstarken und sprach mit ihm ab, wie der Abtransport zu bewerkstelligen sei. Glücklicherweise zeigte sich Chester, dessen Frau Sandra zufällig bei uns in der Bäckerei arbeitet, sehr verständnisvoll und entgegenkommend. Wir transportierten unser Fanggatter auf das Gelände und errichteten einen Korral, in den wir alle Rinder trieben, um dann die beiden Übeltäter auszusortieren. Wieder zu Hause, verordnete ich den zweien einen Tag Stallarrest, bevor ich sie auf eine Weide mit zwei Färsen entließ, sodass sie ihren Instinkten weiter freien Lauf lassen konnten.

Mr Riggity Man wird mein Zuchtbulle sein, Little Riggity Man hingegen in etwa sechs Wochen seinem Schlachter begegnen. Ich habe die beiden seinerzeit zusammen gekauft, weil Mr Riggity Man auf der Weide einen Gefährten brauchte, aber inzwischen ist er vor allem an weiblicher Gesellschaft interessiert. Er wird seinen Kumpan also nicht vermissen.

Mit Alan, meinem unentbehrlichen Faktotum, und jedem, der sonst noch weiß, wie man einen Schraubenschlüssel hält, bringe ich das gesamte Equipment für die bevorstehende Heuernte in Schuss.

Derzeit ist alles schrecklich anstrengend: Ab halb fünf Uhr morgens bin ich draußen unterwegs, und erst gegen zehn Uhr abends ist Schluss. Aber ich muss zugeben, dass ich den frühmorgendlichen Anblick des im Licht der aufgehenden

Sonne friedlich grasenden Viehs auch sehr genieße. Nur wenige Stunden später ist der Tau, der die Weiden mit einem Glitzern überzieht, und mit ihm dieses zauberhafte Bild verschwunden. Jedenfalls bis zum nächsten Tag.

Inzwischen wurden weitere Tamworth-Ferkel geboren, doch nur vier der sieben überleben. Ich hatte ohnehin geahnt, dass es nicht leicht sein würde, eine eigene Herde aufzubauen, und tatsächlich geht es nur langsam voran. Altmodische Farmer müssen eben Zeit, Sorgfalt und Geduld aufbringen. Ich habe meinen Eber Turpin mit vier Berkshire-Jungsauen zusammengeführt, allerdings scheinen diese nicht wirklich angetan und verhalten sich ziemlich widerborstig. Mein Fehler, könnte man sagen. Denn ich lasse die Sauen erst decken, wenn sie mindestens zwölf Monate alt und mithin kräftig genug sind, um das Gewicht des Ebers zu tragen. In der kommerziellen Viehzucht dagegen werden die Sauen gewöhnlich bereits im Alter von acht Monaten belegt und haben dann gar keine Chance, sich auch zur Wehr zu setzen.

Jedenfalls habe ich inzwischen neue Schweinehütten und Tränken angeschafft, nachdem der Bestand auf der Grange Farm auf etwa 75 Tiere angewachsen ist. Letztes Jahr hatten wir um diese Zeit noch gar keine Schweine.

Eine Wiese auf der Grange Farm, frisch eingesät mit einheimischen Sorten.

Scharf gebratenes Rindfleisch auf knackigem Salat im Asia-Stil

Fleischdünnung mag ein wenig grobfaserig sein, wartet dafür aber mit viel Geschmack auf. Meist wird sie in Eintöpfen und Schmorgerichten ausgiebig gegart. Doch gelingt sie auch gut, wenn man sie kurz bei hoher Temperatur in der Pfanne brät, dann ein Weilchen entspannen lässt und schließlich fein aufschneidet. Auf einem Salat ein herzhafter Genuss mit Biss.

Für 6 Personen
Zubereitung: 1 Stunde plus Marinierzeit über Nacht

Für die Marinade und das Fleisch

4 Knoblauchzehen, angedrückt und geschält

100 ml Sojasauce

5 cm frischer Ingwer, geschält und fein gehackt

1–2 rote Chilischoten, Samen entfernt, fein gehackt

frisch gemahlener schwarzer Pfeffer

900 g Fleischdünnung vom Rind

Für den Salat

125 g Sojasprossen

½ Eisbergsalat, in Streifen geschnitten

1 rote Paprika, Samen und Scheidewände entfernt, in feine Streifen geschnitten

1 Salatgurke, geschält, Samen entfernt, in Scheiben geschnitten

6 Frühlingszwiebeln, in Scheiben geschnitten

Blättchen von 1 Bund Koriander, grob gehackt

85 g Cashewkerne, grob gehackt

Für das Dressing

2 EL Sesamöl

1 EL Sojasauce

Saft von 2 Limetten

1 rote Chilischote, Samen entfernt, fein gehackt

1 Knoblauchzehe, angedrückt, geschält und fein gehackt

1. Alle Zutaten für die Marinade vermischen. Fleisch darin wenden und im Kühlschrank bis zu 24 Stunden – oder jedenfalls solange wie möglich – marinieren. Dabei häufig mit der würzigen Mischung beträufeln und darin wenden.

2. Den Holzkohlengrill oder eine große Grillpfanne erhitzen. Fleisch bei hoher Temperatur von beiden Seiten garen: je 4 Minuten für „rare" (im Kern noch blutig), je 5–6 Minuten für „medium" (durchgehend rosa) oder je 7–8 Minuten für „well-done" (gut durchgegart). Während des Garens wiederholt mit der Marinade bestreichen. Vom Grill oder aus der Pfanne nehmen, warm stellen und 8–10 Minuten ruhen lassen.

3. Inzwischen in einer großen Schüssel Sprossen, Eisbergsalat, Paprika, Gurke und Frühlingszwiebeln vermengen. Mit Koriandergrün und Cashewkernen bestreuen.

4. Die Zutaten für das Dressing in einer Schüssel mit dem Schneebesen gründlich verrühren. Fleisch in feine Streifen schneiden und auf dem Salat anrichten. Mit dem Dressing beträufeln und sofort servieren.

Der ultimative Sandwich-Burger

Etwas Rindermark, unter die Hackfleischmasse gemischt, ist hier für meinen Geschmack der eigentliche Clou. Neugierig geworden? Dann nehmen Sie beim Fleischkauf auch einige längs halbierte Beinscheiben mit, aus denen Sie mit einem Löffel das Mark herauslösen.

Ergibt 4 Stück
Zubereitung: 30 Minuten

1 kg Rinderhackfleisch (Hüfte und Roastbeef)

125 g Rindermark, gehackt (nach Belieben, siehe Rezepteinleitung)

Blättchen von 1 Bund Petersilie, fein gehackt

Meersalz

frisch gemahlener schwarzer Pfeffer

1 Ei, verquirlt

1 EL Olivenöl nach Bedarf

4 Scheiben Sauerteigbrot, getoastet

125 g gemischter Blattsalat

2 Fleischtomaten, in Scheiben geschnitten

1. Hackfleisch mit Rindermark (falls verwendet), Petersilie, Salz und Pfeffer nach Geschmack sowie dem Ei in eine Schüssel geben. Alles mit den Händen gründlich vermengen. In vier gleiche Portionen teilen und jeweils zu Frikadellen formen.

2. Die Frikadellen bei mittlerer bis hoher Temperatur von beiden Seiten grillen oder im Olivenöl braten: je 3 Minuten für „rare" (im Kern noch blutig), je 4 Minuten für „medium" (durchgehend rosa) oder je 5 Minuten für „well-done" (gut durchgegart).

3. Auf vier einzelne Teller je 1 Brotscheibe legen. Darauf 1 Handvoll Blattsalat, anschließend einige Tomatenscheiben und zu guter Letzt 1 Frikadelle geben. Mit verschiedenen Senfsorten und Relishes servieren.

Kurz gebratenes Onglet

Eine Art Geheimtipp ist das Onglet, Hanger-Steak oder Nierenzapfensteak, das beim Rind zwischen Brust und Rücken unter den Rippen liegt. Es bietet für einen moderaten Preis viel Geschmack und dazu eine gute Textur. Man darf die Fleischscheiben aber nur ganz kurz braten, sonst werden sie zäh. In Deutschland ist es schwer schwer zu bekommen, aber vielleicht kann es Ihnen ein guter Metzger besorgen.

Für 2 Personen
Zubereitung: 5 Minuten

etwas Olivenöl

2 Onglets

1. In einer Brat- oder Grillpfanne etwas Olivenöl bei mittlerer bis hoher Temperatur erhitzen. Die Steaks von beiden Seiten 2 Minuten – bitte nicht länger! – braten.

2. Aus der Pfanne nehmen und an einem warmen Ort 2 Minuten ruhen lassen. Mit einer Auswahl verschiedener Senfsorten oder auch mit Meerrettichsauce (siehe Seite 320) servieren.

Schmetterlingskoteletts mit Knoblauch und Sardellen

Die Schmetterlingskoteletts für dieses Rezept werden aus dem besten Teil des Rückens vom Lamm geschnitten. Schon die alten Römer wussten um die bereichernde Wirkung von Sardellen, die hier dem gehaltvollen Lammfleisch ganz neue Seiten entlocken.

Für 4 Personen
Zubereitung: 40 Minuten

1 Knoblauchknolle, in einzelne Zehen geteilt und geschält

Nadeln von 4 Rosmarinzweigen

4 Sardellenfilets in Salz

frisch gemahlener schwarzer Pfeffer

4 EL Olivenöl

4 Schmetterlingskoteletts vom Lamm (à etwa 375 g)

1. Knoblauch mit Rosmarin, Sardellen, Pfeffer und Olivenöl im Mixer zu einer Paste verarbeiten.

2. Einen Grill auf hoher Stufe vorheizen. Die Koteletts rundherum mit der Paste bestreichen und von beiden Seiten je 6–8 Minuten grillen. Mit rotem Johannisbeergelee (siehe Seite 325) servieren.

Ohne Frage ist die Zubereitung etwas aufwändig. Dafür lässt sich dieser Lammfleisch-Auberginen-Auflauf im Voraus zubereiten und zugedeckt im Kühlschrank aufbewahren, um ihn dann nach einem anstrengenden Arbeitstag einfach im Ofen aufzuwärmen.

Für 6 Personen
Zubereitung: 2 Stunden

Olivenöl zum Braten

2 Zwiebeln, geschält und gewürfelt

2 Knoblauchzehen, angedrückt, geschält und fein gehackt

900 g Lammhackfleisch

2 EL Tomatenmark

125 ml trockener Rotwein

1 TL Thymianblättchen

1 TL Zimt

Blättchen von 1 Bund Petersilie, gehackt

Meersalz

frisch gemahlener schwarzer Pfeffer

2 große Auberginen

85 g Butter

85 g Mehl

500 ml Milch

140 g Cheddar oder Gouda, gerieben

¼ TL geriebene Muskatnuss

2 Eigelb

1. In einem Topf etwas Olivenöl bei mittlerer Temperatur erhitzen. Zwiebeln und Knoblauch weich schwitzen. Hackfleisch hinzufügen und 5 Minuten unter Rühren braten, bis es fein zerteilt und gebräunt ist. Tomatenmark, Wein, Thymian, Zimt und Petersilie sowie Salz und Pfeffer gründlich unterrühren. Abgedeckt 35 Minuten köcheln lassen.

2. Inzwischen die Auberginen in dünne Scheiben schneiden, salzen und in einen Durchschlag legen. Mit einem Teller abdecken und 30 Minuten ziehen lassen, damit sie entwässern.

3. In einer großen Pfanne bei mittlerer bis hoher Temperatur etwas Olivenöl erhitzen. Die Auberginenscheiben auf beiden Seiten goldgelb braten, danach auf Küchenpapier abtropfen lassen. Den Boden einer flachen, ofenfesten Form mit Auberginen auslegen. Darauf die Hälfte der Hackfleischmischung verteilen, gefolgt von einer Lage Auberginen, der restlichen Fleischmischung und den übrigen Auberginen. Backofen auf 180 °C vorheizen.

4. Butter in einem Topf zerlassen. Mehl gründlich einrühren und 1 Minute anschwitzen. Topf vom Herd nehmen und portionsweise die Milch einrühren, sodass eine glatte Sauce entsteht. Erneut aufsetzen, langsam aufkochen und 1 Minute köcheln lassen, danach vom Herd nehmen. Die Hälfte des geriebenen Käses und die Muskatnuss einrühren, leicht salzen und pfeffern. Mit einem Schneebesen rasch die Eigelbe unter die Sauce ziehen. Über den Auflauf geben und den restlichen Käse darüberstreuen. Den Auflauf 1 Stunde backen, bis er goldbraun überkrustet ist und die Sauce leise blubbert.

Für eine große Feier ist dieses Gericht ideal, da die Hauptarbeit Stunden vorher erledigt wird. Ein üppiger Salat aus marktfrischen Zutaten und mit einem guten Dressing (siehe Seite 326) macht den Genuss komplett.

Für 20 Personen
Zubereitung: 8½ Stunden

1 Knoblauchknolle, in einzelne Zehen geteilt, geschält

5 Lorbeerblätter

2 EL gehackter Rosmarin plus einige ganze Rosmarinzweige

2 EL gemahlene Fenchelsamen

2 TL Chiliflocken

1 große Zwiebel, geschält und gewürfelt

Meersalz

frisch gemahlener schwarzer Pfeffer

8 kg Schweineschulter, Schwarte sorgfältig eingeschnitten

4 Bio-Zitronen, in Scheiben geschnitten

750 ml (1 Flasche) trockener Weißwein

1. Backofen auf 200 °C vorheizen. Knoblauch, Lorbeerblätter, gehackten Rosmarin, Fenchelsamen, Chiliflocken, Zwiebel, Salz und Pfeffer sowie 2 EL Wasser im Mixer zu einer groben Paste verarbeiten. Fleisch nur auf der Unterseite (also nicht auf der Schwarte) großzügig damit bestreichen.

2. Zitronenscheiben und Rosmarinzweige in einen sehr großen Bräter geben. Die Schweineschulter mit der Schwarte nach oben darauflegen und den Wein dazugießen. Mit Backpapier abdecken und den Bräter mit Alufolie dicht verschließen. 40 Minuten im Ofen backen, danach die Temperatur auf 150 °C herunterschalten und den Braten weitere 7 Stunden garen, dabei regelmäßig mit dem Fond beschöpfen.

3. Das Fleisch aus dem Bräter heben. Den Fond in einen Topf abgießen und das Fleisch wieder in den Bräter geben. Die Ofentemperatur auf 180 °C erhöhen und das Fleisch ohne Papier- und Folienabdeckung etwa 30 Minuten braten, bis die Kruste schön knusprig ist. Dabei darauf achten, dass sie nicht zu dunkel wird und das Fleisch nicht übergart.

4. Inzwischen mit einem Metalllöffel das Fett vom Fond schöpfen. Den Fond kurz aufkochen und dann auf die Hälfe einköcheln lassen. Das Fleisch ist so butterzart, dass eine Gabel genügt, um es vom Knochen zu lösen. Mit dem eingekochten Fond als Sauce servieren.

Jambon persillé

Das Fleisch von Eisbein hat eine betörend liebliche Note und appetitliche rosa Farbe. Jambon persillé ist eine einfache, aber köstliche Zubereitung und eignet sich bestens für ein Picknick.

Für 6 Personen
Zubereitung: 4 Stunden plus je 1 Nacht zum Wässern und Kühlen

3 Eisbeine

2 Schweinsfüße

4 Thymianzweige

2 Möhren, geschält und halbiert

2 Zwiebeln, geschält und halbiert

frisch gemahlener schwarzer Pfeffer

Blättchen von 1 großen Bund glatter Petersilie, fein gehackt

1. Die Eisbeine in eine Schüssel mit kaltem Wasser legen und über Nacht in den Kühlschrank stellen, dabei das Wasser mehrmals erneuern.

2. Eisbeine und Schweinsfüße mit Thymian, Möhren und Zwiebeln in einen großen Topf geben. Mit Wasser bedecken, einmal aufkochen und dann bei reduzierter Temperatur zugedeckt 3 Stunden köcheln lassen. Eisbeine und Schweinsfüße aus dem Topf nehmen. Die Brühe durch ein mit einem Mulltuch ausgelegtes Sieb seihen.

3. Die Eisbeine, sobald sie sich anfassen lassen, sorgfältig von Haut und Knorpeln befreien. Fleisch auslösen, grob in Streifen schneiden, in eine Schüssel füllen und pfeffern. Petersilie dazugeben und durchmischen.

4. Eine Terrinenform oder Schüssel mit 1 l Fassungsvermögen mit Frischhaltefolie auskleiden. Das Fleisch einfüllen und fest zusammendrücken. Vorsichtig die Brühe darübergeben, anschließend die Form oder Schüssel mit Folie verschließen. Über Nacht im Kühlschrank fest werden lassen. Jambon persillé hält sich im Kühlschrank mindestens eine Woche und ist an einem warmen, sonnigen Tag ein Hochgenuss.

Scotch Eggs

Diese „schottischen Eier" gehören zum Standardangebot von The Ginger Pig. Sie sind schon imposant und sehen köstlich aus. Ob sie auch so schmecken, hängt entscheidend von der Qualität des Fleisches ab.

Ergibt 4 Stück
Zubereitung: 50 Minuten

4 Eier plus 1 Ei, verquirlt, zum Panieren

50 g Mehl plus etwas mehr zum Bestäuben

700 g Schweinehackfleisch

125 g Speck, fein gewürfelt

2 TL grob gehackter Salbei

Meersalz

frisch gemahlener schwarzer Pfeffer

175 g Panko (japanisches Paniermehl aus Weißbrotkrumen)

1 l Pflanzenöl zum Frittieren

1. Die 4 Eier in einem Topf mit kaltem Wasser aufsetzen. Aufkochen und 6 Minuten köcheln lassen, danach unter kaltem Wasser abschrecken und pellen. Mit Küchenpapier trocken reiben und mit Mehl bestäuben – so haftet später das Fleisch besser.

2. In einer großen Schüssel Hackfleisch, Speck, Salbei, Salz und Pfeffer mit den Händen gründlich vermengen. Die Masse in vier gleiche Portionen teilen und jeweils zu einer Kugel formen. In der Mitte einer Kugel mit dem Daumen ein Loch bohren und dieses erweitern, bis ein Ei hineinpasst. Ei hineinschieben und die Fleischmasse über der Öffnung verstreichen, sodass das Ei vollständig umschlossen ist.

3. Mehl, verquirltes Ei und Paniermehl auf drei separate Teller geben. Die Fleischkugeln im Mehl wälzen, ins Ei tauchen und dann im Paniermehl wälzen – sie sollen danach gleichmäßig überzogen sein. Erneut ins Ei tauchen und zuletzt nochmals im Paniermehl wälzen, sodass ein dicker Überzug entsteht.

4. Öl in einem Topf auf 170 °C erhitzen. Die Scotch Eggs 13 Minuten frittieren, dabei häufiger wenden, sodass die knusprige Hülle eine gleichmäßige goldbraune Farbe erhält. Mit einem Schaumlöffel herausnehmen und auf Küchenpapier abtropfen lassen. Nach Belieben heiß oder kalt genießen.

Verwenden Sie ruhig Kirschen aus dem Glas, wenn sie frisch gerade nicht oder nur zu Höchstpreisen erhältlich sind. Die fruchtige Sauce ist zu der schlicht gebratenen, überaus köstlichen Ente einfach der Hit.

Für 4 Personen
Zubereitung: 2½ Stunden

1 Ente (etwa 2 kg)

Meersalz

frisch gemahlener schwarzer Pfeffer

200 g Kirschen, entsteint

50 ml Portwein

75 ml Hühnerbrühe

4 Thymianzweige

2 EL rotes Johannisbeergelee (siehe Seite 325)

1. Den Backofen auf 180 °C vorheizen. Überschüssige Haut der Ente entfernen und an der Halsöffnung aus dem Inneren das Fett herausholen. Die Ente mit einer feinzinkigen Gabel rundherum einstechen, sodass sie während des Bratens überschüssiges Fett abgeben kann. Kräftig salzen und pfeffern. Auf einem Grilleinsatz in einen Bräter setzen und 1¼ Stunden im Ofen braten.

2. Ofentemperatur auf 220 °C erhöhen und die Ente weitere 20 Minuten braten. Sie ist gar, wenn beim Einstechen mit einem Spieß an der dicksten Stelle des Schenkels klarer Saft austritt, außerdem soll die Haut schön knusprig sein. Aus dem Ofen nehmen und an einem warmen Ort 15 Minuten ruhen lassen.

3. Mit einem Metalllöffel das überschüssige Fett im Bräter abschöpfen. Den Fond in einen Topf geben. Kirschen, Portwein, Brühe, Thymian and Johannisbeergelee einrühren. Aufkochen und dann auf die Hälfte einköcheln lassen. Zuletzt den inzwischen von der Ente abgegebenen Saft in die Sauce rühren. Die Ente tranchieren und mit der Kirschsauce servieren.

Rehtopf mit Backpflaumen und eingelegten Walnüssen

Rehfleisch ist sehr mager, und die große Kunst besteht darin, es dennoch saftig zu bekommen. Vorzüglich gelingt dies bei einem Eintopf. Dazu kommen würziges Bier, Backpflaumen und eingelegte Walnüsse zum Einsatz. Bereits am Vortag zubereitet und wieder aufgewärmt, entfaltet der Rehtopf eine besonders faszinierende Geschmacksfülle.

Für 6 Personen
Zubereitung: 3 Stunden

1,3 kg Rehfleisch, in 3 cm große Würfel geschnitten

Meersalz

frisch gemahlener schwarzer Pfeffer

1 EL Olivenöl

3 Zwiebeln, geschält und in dicke Scheiben geschnitten

2 EL Mehl

500 ml Stout (dunkles Bier, vorzugsweise Guinness)

3 Lorbeerblätter

1 Bund Thymian

250 g eingelegte grüne Walnüsse, abgetropft

8 Backpflaumen ohne Stein

Blättchen von 1 Handvoll glatter Petersilie, fein gehackt

1. Backofen auf 180 °C vorheizen. Fleisch salzen und pfeffern, mit dem Öl in einen großen Bräter geben und durchmischen. 20 Minuten im Ofen backen, bis es angebräunt ist. Zwiebeln dazugeben und 10 Minuten mitbraten.

2. Bräter aus dem Ofen nehmen. Mehl einstreuen und gründlich unter den Fond ziehen, dann langsam das Stout einrühren. Lorbeerblätter, Thymian, eingelegte Walnüsse und Backpflaumen sowie mehr Salz und Pfeffer nach Geschmack untermischen. Bräter mit Backpapier abdecken und mit Alufolie dicht verschließen.

3. Die Ofentemperatur auf 170 °C reduzieren. Das Fleisch weitere 2 Stunden schmoren, bis es durchgegart und ganz zart ist. Den Rehtopf mit der Petersilie bestreuen und servieren.

Marokkanisches Huhn mit eingelegten Zitronen

Sanftes Pochieren verhilft dem Huhn zu einer bestechend saftigen und zarten Art. Die eingelegten Zitronen und orientalischen Gewürze sorgen für sinnliche Frische.

Für 4–6 Personen
Zubereitung: 2 Stunden

2 EL Olivenöl	2 Prisen Safranfäden
2 Zwiebeln, geschält und fein gehackt	frisch gemahlener schwarzer Pfeffer
4 Knoblauchzehen, angedrückt und geschält	1 Huhn (etwa 2 kg)
1 TL gemahlener Ingwer	1 l Hühnerbrühe
1 TL Zimt	200 g Kalamata-Oliven
2 TL gemahlener Kreuzkümmel	2 eingelegte Zitronen
1 rote Chilischote, Samen entfernt, gehackt	grob gehackte Blätter von je 1 Bund glatter Petersilie und Koriandergrün

1. In einem Schmortopf, in dem das Huhn ausreichend Platz hat, das Olivenöl bei mittlerer Temperatur erhitzen. Zwiebeln weich schwitzen, anschließend Knoblauch und Ingwer mit Zimt, Kreuzkümmel, Chilischote, Safran und Pfeffer noch 1 Minute mitdünsten. Die Mischung abkühlen lassen. Das Huhn innen und außen damit bestreichen.

2. Huhn in den Topf geben, Brühe dazugeben und leicht köcheln lassen. Einen Deckel auflegen und das Huhn 1½ Stunden sanft pochieren, dabei zweimal wenden. Es ist servierbereit, wenn beim Einstechen mit einem Spieß an der dicksten Stelle des Schenkels klarer Saft austritt. Aus dem Topf nehmen und warm stellen.

3. Mit einem Metalllöffel von der Brühe das überschüssige Fett abschöpfen. Die Brühe bei hoher Temperatur rasch aufkochen und auf die Hälfte reduzieren.

4. Inzwischen die eingelegten Zitronen in schmale Spalten schneiden. Huhn mit Oliven, Zitronenspalten und gehackten Kräutern wieder in den Topf geben. Noch 2 Minuten köcheln lassen und dann mit Couscous als Beilage sofort servieren.

Juli auf der Farm

Sarah, bei uns Tierbetreuerin, sieht nach den Galloways und bringt ihnen Futter.

Schon seit einigen Jahren hatte ich vor, den Garten der Grange Farm auf Vordermann zu bringen, und endlich ist es vollbracht. Zur Belohnung gönne ich mir einen Besuch der Hampton Court Palace Flower Show, denn etwas fehlt mir noch zu meinem Glück: ein Gewächshaus im viktorianischen Stil. Nachdem ich mich auf der Gartenbauschau schon gründlich umgesehen und informiert habe, lerne ich Robert Jamison kennen, dem ich ein solches Projekt ohne Weiteres zutraue. Er wird mich im nächsten Monat besuchen, um den geplanten Standort zu besichtigen. Das Gewächshaus soll an die Rückwand der Bäckerei anschließen, es wird 5,50 Meter lang und drei Meter breit sein, und ich will in ihm Kräuter für unsere Wurstproduktion, Gemüse für die Farmküche sowie Bauerngarten-Blumen ziehen. Ich habe auch einige alte Gartenwerkzeuge erstanden, wirklich schöne Stücke, die vor allem noch das Originalherstellerschild aufweisen. Das ist sehr oft nicht mehr erhalten, aber nur solche Objekte nehme ich in meine Sammlung überhaupt auf. Alles in allem war es ein gelungener Tag, trotz der Hitze und all des Getümmels, das ich ja von meinem Leben hier in der Weite der Moorheide gar nicht gewöhnt bin.

Bei meiner Heimkehr machte ich die traurige Entdeckung, dass ein Fuchs unter den Hühnern gewütet hat. Füchse sind echt üble Gesellen. Das ganze Jahr beobachten sie uns, warten darauf, dass wir einen kleinen Fehler machen, und schlagen in dem Moment zu. Das Ärgerlichste ist, dass sie aus reiner Lust und nicht etwa aus Hunger töten. So verloren wir an dem einen Abend mehr als hundert der Hühner, die wir im Verlauf der letzten elf Monate erfolgreich aufgezogen hatten. Unsere Arbeitsbelastung ist zu dieser Zeit des Jahres immens. Sobald der neue Tag graut – und das ist derzeit etwa um halb fünf – sind wir zur Stelle und rackern dann bis halb elf in der Nacht. Erschöpfung ist unsere ständige Begleiterin. Die Hühner vor Sonnenuntergang hereinzuholen ist schlicht nicht möglich, und an jenem speziellen Abend wurde jemand dann von der Müdigkeit übermannt, während der Fuchs bereits lauerte. Natürlich sinne ich auf Rache, passe ihn am nächsten Abend draußen auf dem Feld ab und erledige ihn mit einem einzigen Schuss aus meiner Flinte. Trotzdem habe ich den Verlust meiner Hühner noch nicht verwunden und bin nicht sicher, ob ich sie einfach ersetzen und wie zuvor weitermachen kann.

Alle zwei Jahre müssen die Rinder auf Tuberkulose getestet werden. Die lokale tierärztliche Gemeinschaft schickt dafür Kate auf die Farm, eine junge Tierärztin mit roten Haaren und einem ganzen Sammelsurium von Ohrringen. Wir treiben die Tiere zusammen und führen die Tests durch. Danach wende ich mich noch mit einem anderen Anliegen an Kate. Es geht um Tatiana, eine meiner Belted-Galloway-Kühe, mit der mir etwas nicht zu stimmen scheint. Bei der Ultraschalluntersuchung hatte sich klar gezeigt, dass sie trächtig war, doch hat sie bisher nicht gekalbt. Daher bitte ich Kate um eine Untersuchung, und tatsächlich macht sie einen mumifizierten Fetus aus, den die Kuh selbst nicht abstoßen konnte. Bei dem Versuch, den Fetus zu entfernen, reißt unglücklicherweise Tatianas Gebärmutterwand. Kate ist außer sich und meint, sie habe versagt. Allerdings stehen nach ihrer Einschätzung die Chancen, dass Tatiana eine Operation übersteht, nur fifty-fifty. Sie plädiert daher für eine Notschlachtung, zumal dann das Fleisch für private Zwecke noch verwendet werden könne, was nach einer Antibiotikumgabe nicht mehr zulässig sei.

Steve, unser Metzger, bereitet alles vor, um Tatiana mit dem humanen Bolzenschuss zu erlösen. Es herrscht eine bedrückte Stille. Mich drängt es hinaus auf die Weide, auf der die anderen Galloways grasen. Wie schön sie sind, denke ich, und weiß in dem Moment: Das kann ich nicht zulassen! Ich laufe zurück zur Farm und lasse alles stoppen. Arthur, mein Schäfermeister, schnaubt empört und sagt, ich sei verrückt. Aber unbeirrt bitte ich Kate, die Operation durchzuführen. Ich spüre, dass ich es unbedingt versuchen und die Gesundheit der Kuh über den Zustand meines Bankkontos stellen muss.

Nach der Operation ist Tatiana ziemlich mitgenommen und durchläuft eine kritische Phase. Immer wieder erkundigt sich Kate telefonisch nach dem Zustand der Kuh, und drei Tage später kommt sie zur Visite auf die Farm. Dass Tatiana verängstigt ist und nicht in den Behandlungsstand will, ist verständlich. Wir versuchen, sie mit Hafer zu locken, bekommen sie vierzig Minuten lang in der Scheune einfach nicht zu fassen, bis es uns schließlich doch gelingt, sie zu fixieren. Glücklich und erleichtert stellt Kate fest, dass Tatiana fieberfrei ist, sich innen alles gut anfühlt und die Wunde gut heilt. Sie schlägt vor, Tatiana auf die Weide mit den Schafen gleich neben der Farm zu bringen.

Zwei Wochen später ist alles nach wie vor in bester Ordnung. Aus lauter Dankbarkeit bringe ich Kate einen dicken Blumenstrauß in der Praxis vorbei. Sicherlich werde ich bald eine saftige Rechnung in Händen halten, aber ich bin vor allem ungeheuer erleichtert, dass wir Tatiana noch bei uns haben. Die Gesundheit meiner Tiere steht einfach an erster Stelle, das ist mir wieder einmal so klar geworden.

Alan, mein verdienstvoller Springer, durchkämmt wie ein Besessener die Weiden mit dem Distelmesser. Es gibt ja viele Bauernregeln, die sich immer wieder bewahrheiten, und zu den Disteln, einem schrecklichen Unkraut, heißt es bei uns:

> *Im Mai geschnitten, sind sie gekommen, um zu bleiben*
> *Im Juni geschnitten, ist's einen Monat zu früh, um zu leiden*
> *Im Juli geschnitten, verdorren sie und scheiden*

Es ist also genau die richtige Zeit für Alans Aktion.

Zuletzt habe ich die Wettervorhersagen mit Argusaugen verfolgt, um einen guten Zeitraum für die Heuernte zu finden. Dann wurden wirklich Sonne und Trockenheit angekündigt. Ich mähte ein 14 Hektar großes Areal – und prompt setzte anschließend Regen ein. Mir blieb nichts übrig, als das Heu auszubreiten und trocknen zu lassen. Schon einige Tage später konnten wir es zu dreihundert herrlich duftenden Ballen verarbeiten, und alles war wieder gut.

Eine andere Weide, die ich im September frisch mit Gras eingesät hatte und auf die ich das Vieh bisher nicht gelassen hatte, wurde soeben gemäht. Aus dem Ertrag haben wir vorzügliche Heulage hergestellt, ein Mittelding zwischen Heu und Silage. Ich bin immer wieder begeistert über das Füllhorn der Natur. Jetzt werde ich das jungfräuliche, unbeweidete Gras erneut sprießen lassen, und ab Ende September werden sich dann die Schafe daran weiden dürfen, bis sie gedeckt werden. Das junge, fette Gras wird sie kräftigen und ihre Fruchtbarkeit mehren, und das erhöht die Wahrscheinlichkeit, dass sie Zwillinge bekommen. Die Natur ist einfach die beste Wellnessoase.

Ein John-Deere-Traktor im Hof der Grange Farm.

Rumpsteak mit Salsa verde

Manche halten Rumpsteak für das schmackhafteste Stück vom Rind. Allerdings muss es aufgrund seiner etwas festeren Textur ein wenig länger gegart werden als manches andere Steak. Die Salsa verde passt hervorragend dazu und verbreitet sommerliches Flair.

Für 4 Personen
Zubereitung: 15 Minuten

Olivenöl

4 Rumpsteaks (à etwa 200 g)

Meersalz

frisch gemahlener schwarzer Pfeffer

Salsa verde (siehe Seite 324)

1. Eine Grillpfanne bei mittlerer bis hoher Temperatur erhitzen und dünn mit Öl auspinseln. Die Steaks von beiden Seiten grillen: je 3 Minuten für „rare" (im Kern noch blutig), je 4 Minuten für „medium" (durchgehend rosa) oder je 5–6 Minuten für „well-done" (gut durchgegart). Aus der Pfanne nehmen, salzen und pfeffern. Warm stellen und 4 Minuten ruhen lassen.

2. Vor dem Servieren auf jedes Steak 1 großen EL Salsa verde geben.

Chili mit Rindfleisch und schwarzen Bohnen

Chili con Carne einmal anders und, wie ich finde, feiner. Die schwarzen Bohnen sind etwas kleiner als rote Kidneybohnen und fühlen sich am Gaumen zarter an. Das Gericht erhält durch fein gewürfeltes Fleisch anstelle von Hackfleisch mehr Biss.

Für 8 Personen
Zubereitung: 3 Stunden plus Einweichzeit über Nacht

Für das Chili

200 g getrocknete schwarze Bohnen

2 EL Olivenöl

1,3 kg Rinderschulter oder Fleischdünnung vom Rind, in 1 cm große Würfel geschnitten

2 Zwiebeln, geschält und grob gewürfelt

2 Knoblauchzehen, angedrückt und geschält

1 rote Chilischote, Samen entfernt, fein gehackt

2 Dosen gehackte Tomaten (à 400 g)

100 ml trockener Rotwein

Meersalz

frisch gemahlener schwarzer Pfeffer

Für die Guacamole

2 Avocados

Saft von 1 Limette

1 grüne Chilischote, Samen entfernt, fein gehackt

4 Frühlingszwiebeln, fein gehackt

Blättchen von 1 Bund Koriander, gehackt

2 EL Olivenöl

Meersalz

frisch gemahlener schwarzer Pfeffer

1. Bohnen über Nacht in kaltem Wasser einweichen. Am nächsten Tag abseihen und in einem großen Topf mit frischem Wasser bedecken. Zum Kochen bringen und 10 Minuten garen, danach auf kleinerer Stufe 30 Minuten köcheln lassen, bis sie weich sind. Abseihen und beiseite stellen.

2. Inzwischen den Backofen auf 180 °C vorheizen. In einem großen Bräter 2 EL Olivenöl erhitzen. Fleisch hineingeben und rundherum anbräunen, anschließend 20 Minuten im Ofen garen. Zwiebeln und Knoblauch sowie die rote Chilischote dazugeben und weitere 5 Minuten garen. Tomaten, Wein und 200 ml Wasser einrühren, salzen und pfeffern. Den Bräter mit Backpapier abdecken und dann mit Alufolie dicht verschließen. 2 Stunden im Ofen backen.

3. Bohnen in den Bräter geben und gut untermischen. Erneut verschließen und das Chili noch 30 Minuten im Ofen garen.

4. Das Fruchtfleisch der Avocados auslösen und mit einer Gabel zerdrücken. Limettensaft, grüne Chilischote, Frühlingszwiebeln, Koriandergrün, 2 EL Olivenöl sowie Salz und Pfeffer hinzufügen. Alles gut vermischen.

5. Das Chili in einzelnen Schalen anrichten. Jeweils einen Klecks Guacamole und saure Sahne daraufgeben. Dazu reichlich getoastetes Fladenbrot zum Auftunken reichen.

Tortilla mit geräuchertem Schinken und Käse

Manche Metzger haben kleine Reststücke im Angebot, die beim Schneiden von Schinken & Co. ja immer wieder anfallen. Sie eignen sich bestens für Pastasaucen, Salate, Eintöpfe oder eben diese Tortilla. Den Cheddar können Sie durch einen beliebigen anderen Käse ersetzen.

Für 4 Personen
Zubereitung: 30 Minuten

1 EL Olivenöl

1 Zwiebel, geschält und in feine Ringe geschnitten

200 g geräucherter Schinken, grob gehackt

200 g gekochte Kartoffeln, gepellt und in Scheiben geschnitten

6 Eier

3 EL Milch

Meersalz

frisch gemahlener schwarzer Pfeffer

125 g Cheddar, gerieben (siehe Rezepteinleitung)

1. Den Backofen auf 180 °C vorheizen. Olivenöl in einer ofenfesten Pfanne bei mittlerer Temperatur erhitzen. Zwiebel und Schinken anbraten, dann die Kartoffeln dazugeben und noch 2 Minuten mitbraten.

2. Eier mit der Milch sowie Salz und Pfeffer nach Geschmack verquirlen. In die Pfanne gießen und 5 Minuten bei niedriger Temperatur stocken lassen. Geriebenen Käse darüberstreuen und die Tortilla 10 Minuten im Ofen überbacken, bis sie fest und oben goldgelb ist.

3. Wie eine Torte aufschneiden und nach Belieben heiß oder kalt servieren, begleitet von einem knackigen grünen Salat.

Pikanter Bohnen-Wurst-Eintopf

Durch das Fett, das die Würste abgeben, wird die Sauce besonders gehaltvoll und schmackhaft, und da einige Bohnen aufplatzen und zerfallen, gerät sie auch schön sämig.

Für 6 Personen
Zubereitung: 1¼ Stunden plus Einweichzeit über Nacht

400 g getrocknete Limabohnen

1 EL Olivenöl

12 Schweinebratwürste

1 rote Zwiebel, geschält und in feine Ringe geschnitten

2 Knoblauchzehen, angedrückt und geschält

2 rote Chilischoten, Samen entfernt, gehackt

1 TL mildes geräuchertes Paprikapulver

2 EL Tomatenmark

100 ml trockener Rotwein

250 ml Rinder- oder Hühnerbrühe plus etwas mehr nach Bedarf

1 EL Balsamico

Meersalz

frisch gemahlener schwarzer Pfeffer

Blättchen von 1 Bund Petersilie, grob gehackt

1. Bohnen über Nacht in kaltem Wasser einweichen. Am nächsten Tag abseihen, abspülen und in einem großen Topf mit frischem Wasser bedecken. Zum Kochen bringen und 10 Minuten garen, danach auf kleinerer Stufe etwa 40 Minuten köcheln lassen, bis die Bohnen weich sind. Abseihen und beiseite stellen.

2. Inzwischen den Backofen auf 180 °C vorheizen. Öl in einer großen, ofenfesten Kasserolle bei mittlerer bis hoher Temperatur erhitzen und die Würste goldbraun anbraten. Zwiebel dazugeben und 5 Minuten mitbraten. Knoblauch und Chilischoten untermischen. Nach 1 Minute Paprikapulver, Tomatenmark, Wein, Brühe und Essig sowie Salz und Pfeffer hinzufügen. Gut vermischen und zuletzt die gegarten Bohnen unterziehen.

3. Einen Deckel auflegen und das Gericht 45 Minuten im Ofen garen. Zwischendurch, falls es zu trocken erscheint, etwas mehr Brühe dazugießen. Die Petersilie einrühren und das Gericht servieren.

Jambalaya mit Huhn und Schinken

Ursprünglich wurde dieses Gericht aus den Südstaaten der USA immer mit rohem oder gekochtem Schinken zubereitet. Es kann eine ganze Reihe verschiedener Zutaten enthalten – bis hin zu luxuriösen Meeresfrüchten.

Für 6 Personen
Zubereitung: 2 Stunden

1 Huhn (etwa 2 kg)

2 EL Olivenöl

400 g Räucherschinken, gewürfelt

2 Knoblauchzehen, angedrückt und geschält

2 rote Paprika, Samen und Scheidewände entfernt, grob gewürfelt

1 Zwiebel, geschält und grob gewürfelt

400 g Langkornreis

125 g Rosinen

125 g Erbsen

¼ TL Cayennepfeffer

1 TL mildes geräuchertes Paprikapulver

Meersalz

Frisch gemahlener schwarzer Pfeffer

Blätter von 1 Bund glatter Petersilie, grob gehackt

1. Huhn in einem großen Topf mit Wasser bedecken. Zum Köcheln bringen und zugedeckt 1 Stunde garen. Zur Probe mit einem Spieß an der dicksten Stelle des Schenkels einstechen: Wenn der austretende Fleischsaft nicht ganz klar, sondern noch leicht rosa ist, einige Minuten weiter garen und die Probe wiederholen. Das fertig gegarte Huhn aus der Brühe nehmen – diese nicht weggießen. Sobald man sich am Huhn nicht mehr die Finger verbrennt, das gesamte Fleisch von den Knochen lösen und hacken.

2. In einem großen Topf das Öl bei mittlerer Temperatur erhitzen und den Schinken 6 Minuten braten. Dann Knoblauch, Paprika und Zwiebel hineingeben und noch 4 Minuten mitbraten. Reis mit den Rosinen in den Topf mit der Brühe geben und 12 Minuten köcheln lassen, bis der Reis sämig und die Brühe fast aufgesogen ist.

3. Fleisch, Erbsen, Cayennepfeffer, Paprikapulver, Salz und Pfeffer zur Schinkenmischung geben und 5 Minuten weiterbraten. Gegarten Reis und Petersilie unterziehen. Jambalaya sollte kräftig und leicht feurig schmecken, daher nach Bedarf nachwürzen.

Gerollte Lammschulter mit sommerlicher Füllung

Lammschulter kostet nicht die Welt und hat, verglichen mit der Keule, einen volleren, leicht süßlichen Geschmack. Bestimmt löst der Metzger das Stück gern für Sie aus, aber Sie können das auch selbst erledigen. Sie brauchen ein kleines Messer, das Sie mit kurzen Schnitten um und über die Knochen führen. In nur etwa 10 Minuten ist die Arbeit getan.

Für 6 Personen
Zubereitung: 2½ Stunden plus 1 Stunde zum Einweichen

125 g getrocknete Aprikosen

125 g Instant-Couscous

1 EL Olivenöl plus etwas mehr für den Bräter

1 rote Zwiebel, geschält und grob gewürfelt

2 Knoblauchzehen, angedrückt und geschält

125 g Pinienkerne, geröstet

Blättchen von 1 großen Bund Petersilie, grob gehackt

1 Ei, verquirlt

Meersalz

frisch gemahlener schwarzer Pfeffer

1,5 kg ausgelöste Lammschulter

1. Backofen auf 180 °C vorheizen. Aprikosen in einer Schüssel mit kochendem Wasser bedecken und 1 Stunde quellen lassen.

2. Couscous mit kochendem Wasser knapp bedecken und mit einer Gabel durchmischen, bis die Körner weich sind. Öl in einem Topf bei niedriger bis mittlerer Temperatur erhitzen und die Zwiebel weich schwitzen, dann Knoblauch noch 2 Minuten mitdünsten. Den Couscous mit den Pinienkernen und der Petersilie gründlich unterrühren. Aprikosen abgießen und hacken. Mit dem Ei sowie Salz und Pfeffer unter den Couscous ziehen.

3. Die Lammschulter mit der Hautseite nach unten flach ausbreiten und die Füllung darauf verteilen. Fleisch aufrollen und in Abständen von 5 cm umbinden.

4. In einen leicht geölten Bräter legen und 1¾ Stunden im Ofen braten. Vor dem Aufschneiden 10 Minuten ruhen lassen. Mit einem Tomatensalat servieren.

Erbsensuppe mit Eisbein

Eisbein und frische Erbsen bilden geschmacklich ein Traumpaar. Daher gehört diese Suppe, wenn Erbsen Hochsaison haben, unbedingt auf den Speiseplan.

Für 6–8 Personen
Zubereitung: 2 Stunden

1 geräuchertes Eisbein (etwa 900 g)

25 g Butter

1 Zwiebel, geschält und fein gewürfelt

2 Stangen Sellerie, fein gehackt

500 g frische, gepalte Erbsen

Meersalz

frisch gemahlener schwarzer Pfeffer

4 EL Crème fraîche

1 EL Dijon-Senf

Blättchen von 2 Minzestängeln, grob gehackt

1. Eisbein in einem großen Topf mit Wasser bedecken. Zum Kochen bringen, Topf verschließen und das Eisbein 1 Stunde köcheln lassen. Aus dem Topf nehmen und so weit abkühlen lassen, dass man sich beim Anfassen nicht mehr die Finger verbrennt. Eisbein sorgfältig von Haut und Knorpeln befreien, Fleisch auslösen und hacken. Die Brühe durch ein mit einem Mulltuch ausgelegtes Sieb seihen.

2. Butter in einem Topf bei niedriger Temperatur zerlassen. Zwiebel und Sellerie ohne Farbe weich schwitzen, dann 1 l der Brühe dazugießen und 20 Minuten köcheln lassen. Die Erbsen hineingeben und 8 Minuten köcheln lassen. Mit dem Stabmixer fein pürieren.

3. Das zerkleinerte Fleisch in die Suppe geben und 5 Minuten köcheln lassen, sodass es richtig durcherhitzt wird. Die Suppe mit Salz und Pfeffer abschmecken. Crème fraîche und Senf gründlich verrühren. Beim Austeilen der Suppe auf jede Portion einen Klecks der Senfcreme geben und gehackte Minze darüberstreuen.

Gebratener Schweinerücken mit Zwiebeln und Äpfeln

Tim bekam die Idee für dieses Rezept von einem Kunden. Schweinerücken schmeckt fast jedem, und in gebratenen Äpfeln und Zwiebeln findet der Braten die perfekte Ergänzung.

Für 4–6 Personen
Zubereitung: 2½ Stunden

1 EL Olivenöl

1,5 kg Schweinerücken

4 Zwiebeln, geschält

4 Tafeläpfel

Blättchen von ½ Bund Petersilie, grob gehackt

Blättchen von ½ Bund Basilikum, grob gehackt

1. Den Backofen auf 190 °C vorheizen. Einen Bräter dünn mit Öl ausstreichen. Die Schwarte des Schweinerückens gleichmäßig einschneiden und das Fleisch mit der Schwarte nach oben in den Bräter legen. Mit Alufolie abdecken und 2 Stunden im Ofen backen, nach 30 Minuten die Ofentemperatur auf 150 °C herunterschalten.

2. Zwiebeln und Äpfel vierteln, Äpfel vom Kerngehäuse befreien. Die Folie vom Bräter entfernen und das Fleisch herausnehmen. Die Ofentemperatur auf 180 °C erhöhen.

3. Zwiebeln und Äpfel in den Bräter geben und mit dem Fond beschöpfen. Fleisch wieder hineinlegen und noch 30 Minuten ohne Folie braten. Mit den Kräutern bestreuen und servieren.

Wok-Ente mit grünem Gemüse

Das Entenfleisch verbindet sich mit den Gewürzen und der Sojasauce zu einem umwerfenden Geschmackserlebnis, in das grünes Gemüse knackigen Biss bringt. Ein gelungener Auftakt für ein Essen mit Gästen.

Für 2 Personen
Zubereitung: 20 Minuten

1 große Entenbrust oder 350 g Reste von gebratener Ente

1 EL Pflanzenöl

5 cm frischer Ingwer, geschält und fein gehackt

1 Knoblauchzehe, angedrückt und geschält

1 rote Chilischote, Samen entfernt, fein gehackt

200 g Sprossen- oder gewöhnlicher Brokkoli, geputzt, Röschen und Stängel längs halbiert

2 kleine Köpfe Pak Choi, Wurzelansatz entfernt, längs halbiert

4 Frühlingszwiebeln, in Scheiben geschnitten

75 ml Hühnerbrühe

1 EL helle Sojasauce

1. Die Entenbrust in möglichst dünne Scheiben schneiden. In einem Wok das Pflanzenöl bei mittlerer bis hoher Temperatur erhitzen von beiden Seiten anbräunen. Reste von gebratener Ente, falls verwendet, zerpflücken und nur kurz im Wok schwenken.

2. Ingwer, Knoblauch und Chilischote dazugeben und alles 2 Minuten pfannenrühren. Brokkoli unter Rühren hinzufügen und gründlich untermischen, gefolgt vom Pak Choi, den Frühlingszwiebeln, der Brühe und der Sojasauce. Bei hoher Temperatur noch 1 Minute garen und sofort servieren.

Tandoori-Hähnchenflügel

Vergessen Sie bei diesen Leckerbissen Messer und Gabel: Nur mit den Fingern lässt sich das ganze Fleisch von den Knochen fieseln. Kaufen Sie die Flügel bei einem guten Metzger und nehmen Sie möglichst welche von Hühnern aus Freilandaufzucht, denn die sind größer und haben viel mehr Geschmack. Falls Kinder mitessen, verzichten Sie auf die Chilischärfe.

Für 4 Personen
Zubereitung: 45 Minuten plus Zeit zum Marinieren

1 Prise Safranfäden

4 Knoblauchzehen, angedrückt und geschält

Saft von 1 Zitrone

10 cm frischer Ingwer, geschält und fein gerieben

2 EL Garam Masala (aus dem Asia-Laden)

1 TL Paprikapulver

1 TL gemahlene Kurkuma

½ TL Chilipulver

1 TL gemahlener Koriander

1 TL gemahlener Kreuzkümmel

Meersalz

frisch gemahlener schwarzer Pfeffer

16 Hähnchenflügel

1. In einer großen Schüssel die Safranfäden mit 4 EL kochendem Wasser übergießen und einige Minuten ziehen lassen. Im Anschluss alle übrigen Zutaten außer den Hähnchenflügeln dazugeben und gut durchmischen.

2. Von den Flügeln das vordere Glied mit einem scharfen Messer am Gelenk abtrennen (diese kleinen Flügelspitzen lassen sich noch für eine Brühe verwerten). Vorbereitete Flügel in die Schüssel geben und kräftig rundherum mit der Marinade einreiben. Abgedeckt entweder über Nacht im Kühlschrank oder 1 Stunde bei Zimmertemperatur marinieren lassen.

3. Den Backofen auf 180 °C vorheizen. Hähnchenflügel auf zwei Bräter verteilen und im Ofen 35–40 Minuten goldbraun und knusprig backen.

Deftig gefüllte Hähnchenkeulen

Gebratene Hähnchenkeulen entpuppen sich hier als geschmackliches Überraschungspaket der feinsten Art und verlässlicher Sattmacher in einem. Sollte Ihr Metzger selbst Würste herstellen, bekommen Sie bei ihm wahrscheinlich auch das Brät.

Für 4 Personen
Zubereitung: 45 Minuten

600 g Bratwurstbrät

Blättchen von 3 Salbeizweigen, fein gehackt

1 kleine Zwiebel, geschält und fein gewürfelt

Meersalz

frisch gemahlener schwarzer Pfeffer

8 große Hähnchenkeulen ohne Knochen

8 Scheiben durchwachsener Speck

2 EL Olivenöl

1. Den Backofen auf 180 °C vorheizen. Wurstbrät, Salbei und Zwiebel mit Salz und Pfeffer in eine Schüssel geben. Alles mit den Händen gleichmäßig vermengen. Die Masse in acht Portionen teilen und die Hähnchenkeulen damit füllen. Jeweils mit 1 Speckscheibe umwickeln, sodass geschlossene Pakete entstehen, und die Speckenden jeweils mit einem Holzzahnstocher feststecken.

2. In einer ofenfesten Pfanne das Olivenöl bei mittlerer bis hoher Temperatur erhitzen und die Hähnchenkeulen darin rundherum bräunen. Anschließend im Ofen noch 30 Minuten braten.

AUGUST

August auf der Farm

Tim Wilson beim Füttern seiner geliebten Galloways.

Wenn ich all meine Schafe mit ihrer perfekten neuen Frisur über die Moorheide traben sehe, bin ich ganz begeistert. Meine Schafscherer, zwei junge Männer aus der näheren Umgebung, haben an einem einzigen Tag 630 Muleschafe geschoren und brauchten dann nur noch einen weiteren Termin, um einige Nachzügler und die sechshundert Hornschafe von ihrer Wolle zu befreien. Die beiden können wirklich zupacken! Als Erstes legen sie sich morgens fünf saubere T-Shirts parat. Wenn eines völlig besudelt ist, ziehen sie ein neues über. So verschaffen sie sich über den Tag immer wieder einen Frischekick, während sie, stets in gebückter Haltung, ein Tier nach dem anderen „rasieren": Einer hält es, der andere schert. „Wenn du einmal innehältst, kommst du nicht mehr in die Gänge", sagen sie, „deshalb lassen wir nicht locker, bis das letzte Schaf geschoren ist. Danach können wir uns erholen, essen und trinken."

Alan und ich haben den Mähdrescher, ein tolles Spielzeug für große Jungs, aus dem Schuppen geholt. Wir laden die Batterie auf und machen einen kompletten Check-up. Ich kann es kaum erwarten, dass sich Weizen und Gerste endlich goldgelb färben und ich mit der Ernte loslegen kann. Für die ordnungsgemäße Inspektion habe ich dann das Gerät hinüber zur Blansby Farm gefahren – und bin mitten auf der Hauptstraße liegen geblieben. Was als kurzer Routinetermin eingeplant war, raubte mir letztlich den ganzen Tag und löste nebenbei einen weiträumigen Verkehrsstau rings um Pickering aus.

Da das Getreide wunderbar gedeiht, haben wir ein ernsthaftes Problem mit den Krähen. In einem Tag putzen sie auf großen Flächen die Gerstenähren ratzekahl blank. Es ist zum Verrücktwerden! Arthur hat eifrig alte Overalls mit Heu ausgestopft und als Vogelscheuchen auf den Feldern aufgestellt. Gestern traf ich ihn, unterwegs mit dem Quad und bepackt mit mächtigen Blechtrommeln. Was er denn vorhabe, fragte ich ihn. Auf seiner letzten Arbeitsstelle, erklärte er mir, habe er gelernt, dass es doch riskant sei, bei trockener Witterung entlang den Hecken Knallkörper auszulegen. Einmal habe er nach seiner solchen Aktion bei seiner Rückkehr auf die Farm die Feuerwehr dort angetroffen. Deshalb habe er diesmal die Knaller in die Trommeln gesteckt. So würden sie auch mehr Krach erzeugen und hoffentlich die Krähen wirksam vertreiben.

Die Besetzung unserer Geschäfte in London bereitet mir Kopfzerbrechen. Nachdem die mit Feuereifer geplante Salami- und Schinkenproduktion im Sande verlaufen ist, hat Patrice uns verlassen. Er verdient jetzt seine Brötchen als LKW-Fahrer und denkt darüber nach, was er wirklich mit seinem Leben anfangen will.

Paulo, ursprünglich Auslieferer in unserer Filiale in der Moxon Street, bis er sich als Küchentalent offenbarte, hat ein Jobangebot von einer Bäckerei erhalten und ist daran brennend interessiert. Von Nathan, meinem Metzger vom Borough Market, erhielt ich die Kündigung, da ein Freund von ihm ein Grillrestaurant im amerikanischen Stil eröffnet und ihn dafür als Fleischzerleger angeheuert hat. Zu allem Überfluss habe ich David drei Wochen frei gegeben, er will im Wohnmobil zusammen mit seiner Mutter Spanien erkunden. David ist meine rechte Hand, und ich bräuchte ihn dringend, um meine Personalprobleme zu lösen, aber er braucht genauso dringend diesen Urlaub. Ob ich selbst in einem der Londoner Läden vorübergehend einspringen sollte, bis wir dauerhaften Ersatz gefunden haben? Allerdings geht es auf der Farm gerade hoch her, während der August in der Stadt gewöhnlich ein ruhiger Monat ist, sodass wir vielleicht auch so über die Runden kommen.

Wir sind schon mit den Vorbereitungen für Weihnachten beschäftigt. David hat eine neue Datenbank für all die zu erwartenden Bestellungen aufgebaut, und Amy ist etwas nervös. Doch sie ist inzwischen ein Jahr bei uns und in Fleischfragen nun hinreichend sattelfest, um den Kunden Rede und Antwort zu stehen.

Da das Getreide wunderbar gedeiht, haben wir ein ernsthaftes Problem mit den Krähen. In einem Tag putzen sie auf großen Flächen die Gerstenähren ratzekahl blank.

Perry und Borat, zwei unserer Londoner Metzger, sind auf die Farm gekommen, um die Kurse zu besprechen und zu planen. Bisher werden diese an fünf Abenden in der Woche angeboten; es gibt Plätze für jeweils zwölf wissbegierige Gourmets, und sie sind regelmäßig ausgebucht. Den beiden Burschen gefällt es großartig auf der Farm. Bereits um sechs Uhr morgens stattet Perry, der das Landleben in dieser Form bisher nicht kannte, den Schweinen einen Besuch ab, und eine Stunde später sehe ich ihn dann über die Weiden laufen, wo er meine Galloways und die Schafe begrüßt. Zurück in London, wird er dadurch den Kunden viel mehr über unseren Betrieb und unsere Aufzuchtmethoden vermitteln können. Borat dagegen ist auf der väterlichen Schweinefarm in Slowenien aufgewachsen und hat immer wieder Geschichten darüber parat.

Nach vielen Gesprächen haben wir drei entschieden, zusätzliche Kurse anzubieten: Einer wird sich mit den weniger bekannten Stücken vom vorderen und hinteren Teil des Rinds befassen, die sowohl beim Zerlegen des Schlachtkörpers wie bei der Zubereitung größere Kenntnisse voraussetzen, und im zweiten neuen Kurs soll es um die Zubereitung des „Three-Bird Roast" gehen. Ständig erreichen uns Anfragen nach diesem Festtagsbraten, bei dem drei Vögel ineinander geschichtet werden. Ihn in mein Produktangebot aufzunehmen liegt mir fern, aber ich zeige gern, wie man ihn macht. Die Kursteilnehmer werden ein Rebhuhn und ein Perlhuhn vorfinden, beide küchenfertig vorbereitet und komplett entbeint, und dann lernen sie, wie man ein großes Huhn auslöst und die Füllung hineinpackt. Außerdem geht es in diesem Kurs um das Tranchieren einer Lammkeule, eines Huhns und einer Schweinekeule.

So sehr Perry und Borat den neuen Kursen entgegenfiebern, sollen sie vorerst, da im August Pause ist, ihre Auszeit genießen. In unserem Geschäft in der Moxon Street durfte der dortige Metzger Scott kürzlich Nigella Lawson, die gerade ihre neueste Fernsehserie drehte, eine Schweineschulter schmackhaft machen. Es mag seinem besonderen Charme zuzuschreiben sein, dass sich auch die TV-Köchin Gizzi Erskine bei den Dreharbeiten für ihre Show an ihn wandte. Aber ohne Frage ist er auch ein brillanter Metzger.

Meine Berkshire-Sauen sind prächtig trächtig, und es sieht ganz danach aus, als würde mein Wunsch, eine neue Plum-Pudding-Herde aufzubauen, in den nächsten Monaten Wirklichkeit. Darauf freue ich mich riesig. Neulich hat es einer der Tamworth-Kümmerlinge irgendwie geschafft auszubüxen. Er wurde unten im Ort aufgegriffen, und so gierig, wie er nach seiner Rückkehr fraß, muss er mindestens zwei Tage unterwegs gewesen sein.

Auf der Farm kommt niemals Langeweile auf. Regelmäßig werden meine Pläne über den Haufen geworfen, sei es etwa wegen des Wetters, weil bei den Tieren oder den Mitarbeitern etwas Unvorhergesehenes passiert oder weil irgendetwas zusammenbricht. Über all dem habe ich meine eigene Familienplanung wohl aus den Augen verloren. Farmer, die wirklich engagiert bei der Sache sind, können sich keine Verschnaufpausen erlauben. Aber das nehmen wir in Kauf, denn wir fühlen uns unseren Tieren und der Tradition der britischen Landwirtschaft verpflichtet.

Die Gerste ist fast erntereif.

Lamm-Tagine

Lammnacken gehört zu den günstigeren Stücken und eignet sich ideal zum langsamen Schmoren. Dieser sättigende Eintopf ergibt durch das mitgegarte Gemüse eine komplette Mahlzeit, die die exotischen Gewürznoten wundervoll aufnimmt.

Für 4–6 Personen
Zubereitung: 2½ Stunden plus mindestens 2 Stunden zum Marinieren

1 kg Lammnacken mit Knochen, in 6 Stücke geschnitten

1 TL gemahlener Ingwer

1 TL gemahlener Koriander

1 TL gemahlener Kreuzkümmel

1 TL Paprikapulver

1 Prise Safranfäden

1 Prise Chiliflocken

1 EL Olivenöl plus etwas mehr nach Bedarf

2 Zwiebeln, geschält und in feine Scheiben geschnitten

2 Knoblauchzehen, angedrückt, geschält und in Scheiben geschnitten

1 EL Tomatenmark

½ Butternusskürbis, geschält und in 5 cm große Stücke geschnitten

2 Zucchini, in 5 cm große Stücke geschnitten

1. Lammfleisch mit den Gewürzen in eine Schüssel geben und in der Mischung wenden, bis die Stücke rundherum gleichmäßig überzogen sind. Abgedeckt entweder über Nacht in den Kühlschrank stellen oder mindestens 2 Stunden bei Zimmertemperatur ruhen lassen. Rechtzeitig vor der Zubereitung den Backofen auf 170 °C vorheizen.

2. Das Olivenöl in einem ofenfesten Topf bei mittlerer Temperatur erhitzen. Zwiebeln goldgelb anschwitzen, dann den Knoblauch noch 1 Minute mitdünsten. Die Mischung aus dem Topf nehmen und auf einem Teller beiseite stellen. Nach Bedarf etwas mehr Öl in den Topf gießen und die Temperatur auf mittlere bis hohe Stufe erhöhen. Die Fleischstücke rundherum braun anbraten. Zwiebel und Knoblauch zusammen mit dem Tomatenmark wieder in den Topf geben. Fleisch mit kochendem Wasser knapp bedecken und gut durchmischen. Abgedeckt 1½ Stunden im Ofen schmoren.

3. Kürbis und Zucchini gründlich untermischen und den Eintopf noch 30 Minuten garen. Mit einfachem Couscous servieren.

Rinderrolle „Bogotá"

Als mein Neffe aus Kolumbien zurückkehrte, wo er eine Weile Englisch unterrichtet hatte, schwärmte er mir in den höchsten Tönen von der dortigen Küche vor. Hier eines seiner Rezepte in meiner Interpretation.

Für 6 Personen
Zubereitung: 3 Stunden

1 rote Zwiebel, geschält und fein gewürfelt	2 Lorbeerblätter, fein gehackt
2 Knoblauchzehen, angedrückt und geschält	Meersalz
125 g Champignons, fein gehackt	frisch gemahlener schwarzer Pfeffer
2 TL Worcestershire-Sauce	1 kg Fleischdünnung vom Rind
1 TL grober Senf	750 ml Bier
2 TL frisch geriebener Meerrettich	25 g Butter, zerlassen
1 TL Thymianblättchen	125 g Semmelbrösel
4 Petersilienstängel, fein gehackt	

1. Backofen auf 180 °C vorheizen. Zwiebel, Knoblauch, Pilze, Worcestershire-Sauce, Senf, Meerrettich, Thymian, Petersilie und Lorbeerblätter sowie Salz und Pfeffer nach Geschmack vermengen. Das Fleisch flach ausbreiten und die vorbereitete Mischung darauf verstreichen. An einer Längsseite beginnend, aufrollen und in Abständen von 5 cm umbinden.

2. Das Fleisch in eine Kasserolle legen und das Bier dazugeben. Bei mittlerer bis hoher Temperatur aufsetzen und zum Köcheln bringen. Dann abgedeckt 2 Stunden im Ofen garen, bis das Fleisch zart und die Flüssigkeit eingekocht ist.

3. Ofentemperatur auf 200 °C erhöhen. Fleisch aus dem Topf nehmen und mit der zerlassenen Butter bestreichen. Die Semmelbrösel auf einem Teller verteilen und die Fleischrolle darin wenden, bis sie gleichmäßig dick überzogen ist. Wieder in den Topf legen und ohne Deckel nochmals für 15 Minuten in den Ofen schieben, bis sich eine goldbraune Kruste gebildet hat. Aus dem Topf nehmen und an einem warmen Platz ruhen lassen.

4. Den Fond aufkochen und auf die Hälfte reduzieren. Die Rinderrolle aufschneiden, mit der Sauce beträufeln und servieren.

Rindercarpaccio

Für diese Zubereitung brauchen Sie gut abgehangenes Fleisch allererster Güte, denn hier lässt sich nichts übertünchen. Je nach Budget können Sie Roastbeef, Filet oder auch Lende wählen, wobei letztere für manchen Gaumen vielleicht schon ein wenig zu grobfaserig ist. Falls möglich, kaufen Sie ein doppelt so großes Stück, wie im Rezept angegeben. Es lässt sich viel einfacher fein aufschneiden, und den Rest servieren Sie am nächsten Abend als Steaks.

Für 4 Personen
Zubereitung: 10 Minuten plus 1–2 Stunden zum Gefrieren

400 g mageres Rindfleisch (Roastbeef, Filet oder Hüfte, siehe Rezepteinleitung)

125 g Rucola

1 Zitrone

4 EL bestes Olivenöl

Meersalz

frisch gemahlener schwarzer Pfeffer

1. Das Fleisch sorgfältig von Fett und Sehnen befreien. Für 1–2 Stunden ins Gefrierfach geben – so lässt es sich anschließend besser aufschneiden.

2. Unmittelbar vor dem Servieren das angefrorene Fleisch mit einem sehr scharfen Messer quer zur Faser möglichst fein aufschneiden. Die Scheiben sollten wirklich hauchdünn geraten. Nebeneinander so auf vier großen Tellern arrangieren, dass diese bis fast zum Rand bedeckt sind. Das Aufschneiden darf erst im letzten Moment erfolgen, da sich das Fleisch sonst verfärbt.

3. Auf jede Portion eine Handvoll Rucola geben. Etwas Zitronensaft sowie Olivenöl darüberträufeln, salzen und pfeffern. Sofort servieren.

Lasagne

Lasagne mag jeder. Hier gerät sie durch zwei verschiedene Hackfleischsorten besonders schmackhaft. Ein absolutes Muss ist die goldbraune Kruste!

Für 6 Personen
Zubereitung: 2 Stunden

1 EL Olivenöl plus etwas für die Form	1 EL getrockneter Oregano
1 Zwiebel, geschält und fein gewürfelt	100 ml trockener Rotwein
1 Möhre, geschält und fein gewürfelt	Meersalz
1 Stange Sellerie, fein gehackt	frisch gemahlener schwarzer Pfeffer
400 g Rinderhackfleisch	85 g Butter
175 g Schweinehackfleisch	85 g Mehl
2 Knoblauchzehen, angedrückt und geschält	850 ml Milch
75 g Schinkenspeck, fein gewürfelt	1 Lorbeerblatt
2 Dosen gehackte Tomaten (à 400 g)	400 g Spinat-Lasagneblätter ohne Vorkochen
1 EL Tomatenmark	125 g Mozzarella, Cheddar oder Gouda

1. Eine große Auflaufform dünn mit Öl ausstreichen. 1 EL Öl in einer Pfanne bei mittlerer Temperatur erhitzen. Zwiebel, Möhre und Sellerie 5 Minuten weich schwitzen. Hackfleisch mit Knoblauch und Schinkenspeck dazugeben. Unter gelegentlichem Rühren braten, bis es gleichmäßig gebräunt ist. Tomaten, Tomatenmark, Oregano, Wein, Salz und Pfeffer einrühren. 45 Minuten köcheln lassen, dabei ab und zu rühren.

2. Backofen auf 200 °C vorheizen. Für die Bechamelsauce Butter in einem Topf zerlassen. Das Mehl gründlich einrühren, sodass eine glatte Masse entsteht, und 1 Minute anschwitzen. Topf vom Herd nehmen und langsam die Milch hineingeben, dabei nach jeder Zugabe rühren. Das Lorbeerblatt in den Topf geben. Erneut auf die Platte stellen und unter Rühren erhitzen, bis die Sauce sanft köchelt. Vom Herd nehmen.

3. Ein Viertel der Bechamelsauce in der vorbereiteten Form verteilen. Darauf nebeneinander ein Drittel der Lasagneblätter legen und mit einem Drittel der Fleischsauce bedecken. Auf diese Weise die Zutaten weiter einfüllen, bis sie aufgebraucht sind – den Abschluss bildet eine Schicht Bechamelsauce.

4. Mozzarella in Scheiben schneiden oder Cheddar bzw. Gouda reiben und den Käse auf der Lasagne verteilen. Im heißen Ofen 45 Minuten goldbraun überbacken.

Raufußhuhn im Ofen gebraten

Gestandene Briten sehnen den 12. August herbei. An dem Tag wird die Jagd auf das Raufußhuhn eröffnet, und man feiert das Ereignis mit einem zünftigen Braten. Wenn man kein Raußfußhuhn bekommt (es gibt sie tiefgefroren als Importware auch in Deutschland), eignet sich auch ein Wildrebhuhn.

Für 2 Personen
Zubereitung: 45 Minuten

2 Raufußhühner (ersatzweise Wildrebhühner)

Meersalz

frisch gemahlener schwarzer Pfeffer

25 g Butter, weich

1 EL Olivenöl

4 Scheiben geräucherter durchwachsener Speck

125 g Brunnenkresse

1 EL Walnussöl

½ EL Rotweinessig

1. Den Backofen auf 220 °C vorheizen. Das Geflügel salzen und pfeffern, anschließend rundherum mit einem der Großteil der Butter einreiben.

2. Einen Bräter dünn mit der restlichen Butter ausstreichen. Die Vögel mit dem Rücken nach unten hineingeben und die Brustpartien mit dem Speck abdecken. 20 Minuten im Ofen braten. Zur Garprobe die dickste Stelle des Schenkels mit einem Spieß einstechen: Es muss klarer Saft austreten. Das fertig gegarte Geflügel aus dem Ofen nehmen und warm stellen.

3. Die Brunnenkresse mit dem Walnussöl und dem Essig anmachen. Das Geflügel mit dem pikanten Brunnenkressesalat und Brotsauce (siehe Seite 323) servieren.

Gebratene Taubenbrust auf Blauschimmelkäse-Walnuss-Salat

Das wundervolle Aroma der fleischigen Taubenbrust kommt dann voll zur Geltung, wenn sie im Kern noch rosa (medium) ist und fein aufgeschnitten wird.

Für 4 Personen
Zubereitung: 25 Minuten

1 EL Olivenöl

4 Taubenbrüste ohne Haut

1 Romana- oder anderer grüner Salat, gewaschen, Blätter grob zerkleinert

1 Bund Schnittlauch, in Röllchen geschnitten

85 g Walnüsse, grob gehackt

1 EL Rotweinessig

3 EL Walnussöl

Meersalz

frisch gemahlener schwarzer Pfeffer

125 g Roquefort, zerbröckelt

1. In einer Pfanne das Olivenöl bei mittlerer bis hoher Temperatur erhitzen und die Taubenbrüste rasch braten: 1–2 Minuten pro Seite für „rare" (im Kern noch blutig) beziehungsweise 2–3 Minuten für „medium" (im Kern noch rosa). Aus der Pfanne nehmen und warm stellen

2. Inzwischen in einer Schüssel den grünen Salat mit dem Großteil des Schnittlauchs sowie den Walnüssen, dem Essig, dem Walnussöl, Salz und Pfeffer vermischen. Auf vier Teller verteilen.

3. Die Taubenbrüste mit einem scharfen Tranchiermesser in möglichst feine Scheiben schneiden und auf dem Salat anrichten. Mit dem Roquefort sowie dem restlichen Schnittlauch bestreuen und sofort servieren.

Entenkeulen mit Pflaumen in süß-saurer Sauce

Gehaltvolles Entenfleisch mit säuerlichen Pflaumen, orientalischen Gewürzen und feurigen Chilischoten als Kontrapunkt – eine sensationelle Komposition.

Für 4 Personen
Zubereitung: 2¼ Stunden plus Marinierzeit über Nacht

3 EL helle Sojasauce

2 TL Fünf-Gewürz-Pulver

2 Sternanis

1 Zimtstange

2 rote Chilischoten, Samen entfernt und gehackt

1 EL Demerara-Zucker

4 große Entenkeulen

1 EL Weißweinessig

16 Pflaumen, entsteint

1. Sojasauce mit Fünf-Gewürz-Pulver, Sternanis, Zimtstange, Chilischoten und Zucker in einer größeren Schüssel vermischen. Entenkeulen hinzufügen und rundherum mit der Marinade einreiben. Zugedeckt über Nacht kalt stellen.

2. Am nächsten Tag den Backofen auf 200 °C vorheizen. Entenkeulen in einen Bräter geben und 1 Stunde im Ofen braten. Essig und Pflaumen hinzufügen und durchmischen – die Keulen sollen am Schluss obenauf liegen. Die Temperatur auf 170 °C herunterschalten und das Gericht noch 1 Stunde garen.

3. Es ist servierbereit, wenn das Fleisch so zart ist, dass es sich den Knochen löst, die Pflaumen musig zerkocht sind und sich eine konzentrierte Sauce gebildet hat. Dazu passt als Beilage Jasminreis.

Beigaben & mehr

Es gibt nichts Besseres als ein schönes Stück Fleisch, ohne großes Brimborium im Ofen gebraten und serviert. Was aber keinesfalls dabei fehlen darf, ist eine Bratensauce, bereitet mit dem konzentrierten Saft, der während des Garens ausgetreten ist. In diesem Kapitel habe ich Rezepte für weitere klassische Saucen und andere Beigaben zusammengestellt, die für mich den Fleischgenuss ebenfalls krönen.

Vor dem Aufschneiden sollte man einen Braten unbedingt ruhen lassen, damit die Fleischfasern entspannen und sich der Saft gleichmäßig verteilen kann. So wird das Stück vollendet zart. Außerdem haben Sie dadurch genügend Zeit, um die Bratensauce zuzubereiten, in die Sie dann auch den köstlich aromatischen Saft rühren sollten, den das Fleisch während des Ruhens noch abgibt.

Wichtig ist es, den Braten in der Zwischenzeit warm zu halten (glückliche Besitzer eines Aga-Herdes können dafür den zweiten, zum langsamen Schmoren vorgesehenen Ofen nutzen). Heben Sie das Fleisch aus dem Bräter und stellen Sie es auf einer Servierplatte an einen geeigneten Ort. Nun können Sie direkt im Bräter aus dem gehaltvollen und intensiven Fond auf dem Herd die Bratensauce zubereiten.

Bei der Wahl anderer Saucen lasse ich mich von den Jahreszeiten inspirieren. Im Sommer liebe ich die Kräuterfrische von Salsa verde ganz besonders, und manchmal steht mir der Sinn nach der feurigen Hitze von Harissa (beide Rezepte siehe Seite 324). Aber auch der kühle Hauch einer klassischen Minzsauce (siehe Seite 323) hat durchaus seinen Reiz. Nachfolgend finden Sie noch eine Reihe weiterer Vorschläge. Lassen Sie sich inspirieren!

Rinderbrühe

Aromafülle und eine tiefbraune Farbe bekommt die Brühe, wenn man die Knochen kräftig anröstet, bevor man sie in den Topf gibt.

Ergibt 2–3 l
Zubereitung: 5 Stunden

2 kg Rinderknochen

2 Zwiebeln, geschält, in größere Stücke geschnitten

2 Möhren, geschält, in größere Stücke geschnitten

2 Stangen Sellerie, in größere Stücke geschnitten

3 Lorbeerblätter

4 Petersilienstängel

10 Pfefferkörner

1. Knochen mit Zwiebeln, Möhren und Sellerie in einem Bräter in den Backofen schieben. Ofen auf 230 °C aufheizen und die Zutaten 1 Stunde braun rösten – so kräftigen sie später Farbe und Geschmack der Brühe.

2. Angeröstete Zutaten in einen großen Suppentopf geben. Lorbeerblätter, Petersilienstängel und Pfefferkörner hinzufügen. Alles mit 3–4 l Wasser bedecken. Aufkochen und den Schaum mit dem Sieblöffel abschöpfen. Bei verminderter Temperatur mit schräg aufgelegtem Deckel 4 Stunden ganz leicht köcheln lassen – sprudelndes Kochen würde die Brühe trüben.

3. Die Brühe in einen sauberen Topf seihen. Abkühlen lassen, anschließend das erstarrte Fett von der Oberfläche schöpfen und wegwerfen. Die Rinderbrühe nach Belieben gleich verwenden oder für die Zubereitung von Saucen, Eintöpfe und Suppen in einzelnen kleineren Dosen einfrieren.

Meerrettichsauce

Frischer Meerrettich sieht aus wie eine zu lang und dünn geratene Pastinake. Falls Sie ihn beim Einkauf entdecken, sollten Sie zugreifen und diese Sauce bereiten. Zu einem schlichten Rinderbraten ist sie mit ihrer herzhaften Schärfe das Tüpfelchen auf dem i, und am nächsten Tag unter Kartoffelpüree gezogen, gibt sie den kalten Bratenresten einen reizvollen Kick.

Für 6 Personen
Zubereitung: 10 Minuten plus 2 Stunden zum Marinieren

75 g frischer Meerrettich, geschält und geraspelt

1 TL Weißweinessig

1 TL kräftiger Senf

110 g Crème fraîche plus etwas mehr nach Bedarf

Meersalz

frisch gemahlener schwarzer Pfeffer

1. Meerrettich in einer Schüssel mit Essig und Senf vermengen.

2. Die Crème fraîche untermischen, die Sauce salzen und pfeffern. Vor dem Servieren 2 Stunden ziehen lassen, sodass sich die Aromen schön entfalten. Nochmals abschmecken und, falls die Sauce zu scharf schmeckt, weitere Crème fraîche unterziehen.

Hühnerbrühe

Mit ihrem frischen und vollen Aroma schlägt selbstgemachte Hühnerbrühe die vielfältigen Fertigprodukte um Längen und wertet jede Zubereitung deutlich auf. Bei manchen Gerichten, etwa pochierter Hähnchenbrust mit Nudeln in würziger Brühe (siehe Seite 260), ist sie geradezu ein Muss.

Ergibt 2–3 l
Zubereitung: 2½ Stunden

4 rohe Hühnerkarkassen (als Stammkunde erhalten Sie sie bei Ihrem Metzger wahrscheinlich gratis)

2 Zwiebeln, geschält, in größere Stücke geschnitten

1 Lauchstange, gründlich gewaschen, in größere Stücke geschnitten

2 Möhren, geschält, in größere Stücke geschnitten

2 Stangen Sellerie, in größere Stücke geschnitten

10 Pfefferkörner

2 Lorbeerblätter

2 Thymianzweige

1. Alle Zutaten in einen großen Suppentopf geben und mit 3–4 l Wasser bedecken. Aufkochen und mit dem Sieblöffel den Schaum abschöpfen. Bei reduzierter Temperatur mit schräg aufgelegtem Deckel 2 Stunden leicht köcheln lassen.

2. Die Brühe in einen sauberen Topf seihen. Abkühlen lassen, anschließend das erstarrte Fett von der Oberfläche abnehmen und wegwerfen. Die Hühnerbrühe nach Belieben gleich verwenden oder für die Zubereitung von Saucen, Eintöpfe und Suppen in einzelnen kleineren Dosen einfrieren.

Brühe von Geflügelklein

Unter Geflügelklein versteht man die verwertbaren Innereien des Tieres – also Herz und Magen – sowie Hals und Flügel. In manchen Ländern gehören auch Kopf und Füße dazu, doch ist deren Verkauf in Deutschland untersagt. Bei Geflügelklein vom Truthahn, wo ja alles etwas größer ausfällt, verdoppeln Sie die übrigen Zutatenmengen.

Ergibt 600 ml
Zubereitung: 2 Stunden

1 komplettes Geflügelklein (siehe Rezepteinleitung)

1 Möhre, geschält, in größere Stücke geschnitten

1 Zwiebel, geschält, in größere Stücke geschnitten

1 Stange Sellerie, in größere Stücke geschnitten

1 Lauchstange, gründlich gewaschen, in größere Stücke geschnitten

5 Pfefferkörner

2 Petersilienstängel

1. Alle Zutaten in einen Topf geben und mit 1 l Wasser bedecken. Aufkochen und mit dem Sieblöffel den Schaum abschöpfen. Bei reduzierter Temperatur mit schräg aufgelegtem Deckel 1½ Stunden sanft köcheln lassen.

2. Die Brühe in einen sauberen Topf seihen und abkühlen lassen. Anschließend das Fett von der Oberfläche schöpfen und wegwerfen. Die Brühe für die Zubereitung einer Sauce zu gebratenem Geflügel verwenden.

Rotes Johannisbeergelee

Dieses vollfruchtige Gelee ergänzt Lammfleisch perfekt und schmeckt selbst gemacht am allerbesten.

Ergibt 8 Gläser (à 500 ml)
Zubereitung: 25 Minuten plus 1 Stunde zum Abtropfen

2 kg rote Johannisbeeren

2 kg Gelierzucker 1:1

1. Johannisbeerrispen in einen schweren Topf geben. Langsam erhitzen und dabei mit einem Löffelrücken zerdrücken, sodass die Beeren ihren Saft abgeben. Einige Minuten köcheln lassen, dann von der Platte nehmen und 1 Stunde ziehen lassen.

2. Gläser sterilisieren. Eigentlich sollte man sie im Backofen bei mäßiger Temperatur erhitzen, doch ich spüle sie nur heiß in der Maschine. Abkühlen lassen.

3. Johannisbeeren zuerst durch ein Sieb in einen sauberen Topf füllen, dabei gut mit einem Löffel ausdrücken. Ein Sieb mit einem Mulltuch auslegen und über eine große Schüssel hängen. Den entstandenen Saft hineingeben und durch das Sieb passieren. Zucker einrühren und die Mischung unter häufigem Rühren 4 Minuten sprudelnd kochen lassen.

4. Einen kleinen Löffel Gelee auf einen Teller geben und 2 Minuten abkühlen lassen: Es muss sich eine Haut bilden, die sich bei Berührung mit der Fingerspitze leicht kräuselt. Ist dies nicht der Fall, weiter kochen lassen und die Gelierprobe in Abständen von 3 Minuten wiederholen.

5. Wenn die richtige Konsistenz erreicht ist, das Gelee in die sterilisierten Gläser füllen, gleich verschließen, abkühlen lassen und beschriften. An einem kühlen, dunklen Ort gelagert, hält sich das Gelee bis zu 5 Monate.

Quittengelee

Falls Sie beim Einkaufen Quitten entdecken, bereiten Sie dieses besondere Gelee zu. Es passt vorzüglich zu gebratenem Fleisch.

Ergibt etwa 4 Gläser (à 500 ml)
Zubereitung: 3 Stunden plus 12 Stunden zum Abtropfen

1,8 kg Quitten, ungeschält, nur grob gehackt

Gelierzucker 1:1 (Menge siehe Anleitung im Rezept)

Saft von 2 Zitronen

etwas Butter

1. Quitten in einem schweren Topf knapp mit Wasser bedecken. Aufkochen und zugedeckt etwa 2 Stunden weich köcheln lassen. Nach Bedarf mehr Wasser hinzugeben.

2. Ein großes Sieb mit einem Mulltuch auslegen und über eine Schüssel hängen. Gesamten Topfinhalt hineingeben und 12 Stunden abtropfen lassen.

3. Abgetropften Saft abmessen und in einen schweren Topf füllen. Pro 600 ml Saft 500 g Zucker und den Zitronensaft einrühren, bis sich der Zucker gelöst hat. Langsam erhitzen und 4 Minuten sprudelnd kochen lassen. Einen kleinen Löffel Gelee auf einen Teller geben und 2 Minuten abkühlen lassen: Es muss sich eine Haut bilden, die sich bei Berührung mit der Fingerspitze leicht kräuselt. Ist dies nicht der Fall, weiter kochen lassen und die Gelierprobe in Abständen von 3 Minuten wiederholen.

4. Wenn die richtige Konsistenz erreicht ist, die Butter ins Gelee geben, um den Schaum aufzulösen. Gelee vorsichtig in sterilisierte Gläser gießen (zum Sterilisieren siehe links, Schritt 2). Gleich verschließen, abkühlen lassen und beschriften. Kühl und dunkel gelagert, hält sich das Gelee bis zu 5 Monate.

Minzsauce

Die Sauce ist schnell gemacht und mit ihrer ausgesprochen frischen, klaren Note genau das Richtige zu eher deftigem Lammfleisch.

Für 6 Personen
Zubereitung: 10 Minuten

Blättchen von 1 Bund Minze, fein gehackt

6 EL Rotweinessig

2 TL feiner Zucker

1. Die gehackte Minze in einer Schüssel mit dem Essig und dem Zucker vermischen.

2. Zu Lammbraten servieren.

Brotsauce

An dieser Sauce scheiden sich die Geister. Mit der Zeit habe ich ihre cremige Konsistenz und die sanfte, aber raffinierte Würze, die hervorragend mit Geflügel harmoniert, schätzen gelernt.

Für 6 Personen
Zubereitung: 1 Stunde

50 g Butter

1 kleine Zwiebel, geschält, eine Hälfte fein gewürfelt, die andere Hälfte unzerteilt

3 Gewürznelken

500 ml Milch

1 Lorbeerblatt

1 Prise geriebene Muskatnuss

Meersalz

frisch gemahlener schwarzer Pfeffer

125 g frische Weißbrotkrumen

1. In einem Topf die Hälfte der Butter bei niedriger Temperatur zerlassen. Zwiebelwürfel sanft darin anschwitzen. Ganze Zwiebelhälfte mit den Nelken spicken.

2. Milch mit Lorbeerblatt, Muskatnuss und gespickter Zwiebel in den Topf geben und zum Kochen bringen. Mit Salz und Pfeffer würzen und 10–15 Minuten köcheln lassen. Vom Herd nehmen und 30 Minuten ziehen lassen.

3. Gespickte Zwiebel und Lorbeerblatt aus dem Topf nehmen und wegwerfen. Brotkrumen einrühren. Ein Drittel der Sauce im Mixer mit dem Momentschalter pürieren. Zusammen mit der restlichen Butter zurück in den Topf geben und gleichmäßig einrühren. Die Brotsauce auf dem Herd nochmals erhitzen, abschmecken und servieren.

Salsa verde

Am besten schmeckt die Sauce, wenn alles von Hand gehackt wird. Schneller geht es natürlich im Mixer. Dabei aufpassen, dass die Zutaten nur fein zerkleinert und nicht etwa püriert werden.

Für 6 Personen
Zubereitung: 20 Minuten

6 Sardellenfilets, fein gehackt

3 Knoblauchzehen, angedrückt, geschält und gehackt

2 EL Kapern, abgespült und fein gehackt

2 EL fein gehackte Gewürzgurken

Blättchen von 1 Bund Petersilie, fein gehackt

Blättchen von 1 Bund Basilikum, fein gehackt

Blättchen von 1 Bund Estragon, fein gehackt

Saft von 1 Zitrone

2 TL Dijon-Senf

frisch gemahlener schwarzer Pfeffer

6 EL natives Olivenöl extra

1. Alle gehackten Zutaten vermengen. Zitronensaft, Senf und Pfeffer nach Geschmack untermischen.

2. Langsam Olivenöl dazugeben und rühren, sodass sich alle Zutaten gleichmäßig mit dem Öl verbinden. Für eine dickere Sauce eher weniger und für eine flüssigere Mischung mehr Öl verwenden.

3. Salsa verde passt zu ziemlich allem, von Brathuhn bis zu Rindfleisch. Auch bei einer Grillparty sollte diese sommerliche Sauce nicht fehlen.

Harissa

In der arabischen Küche hat diese sehr feurige Paste einen festen Platz. Mit den hier verwendeten Zutatenmengen erhält man ein Marmeladenglas Harissa, das sich im Kühlschrank bis zu zwei Monate hält.

Für 6 Personen
Zubereitung: 25 Minuten

85 g getrocknete Chilischoten

1 TL gemahlener Kümmel

3 Knoblauchzehen, geschält

1 EL gemahlener Kreuzkümmel

175 g rote Paprika, Samen und Scheidewände entfernt, enthäutet

Meersalz

frisch gemahlener schwarzer Pfeffer

100 ml Olivenöl plus etwas mehr zum Bedecken

1. Chilischoten mit kochendem Wasser bedecken und 15 Minuten einweichen.

2. Die übrigen Zutaten dazugeben. Alles mit dem Stabmixer zu einer glatten Paste verarbeiten. Nach Belieben weiteres Wasser hinzufügen.

3. Mit einer dünnen Schicht Olivenöl bedeckt, hält sich die Paste im Kühlschrank bis zu 2 Monate.

4. Harissa unverdünnt zu gegrilltem Fleisch reichen oder, mit Zitronensaft und Olivenöl geschmeidig gerührt, einfach nur über gegrillten Fisch träufeln.

Petersiliensauce

Eine köstliche Sauce, die beispielsweise gekochten Rollschinken (siehe Seite 253) zu einem schier himmlischen Genuss macht, und auch ein Klassiker zu weißem Fisch.

Für 6 Personen
Zubereitung: 1½ Stunden

500 ml Milch

1 Zwiebel, geschält

2 ganze Gewürznelken

2 Lorbeerblätter

50 g Butter

50 g Mehl

Blätter von 1 Bund Petersilie, fein gehackt

Meersalz

frisch gemahlener schwarzer Pfeffer

1. Milch in einem Topf bei niedriger Temperatur erhitzen. Zwiebel mit den Nelken spicken und mit den Lorbeerblättern hineingeben, wenn die Milch beinahe schon siedet. Topf vom Herd nehmen und die Milch 1 Stunde ziehen lassen.

2. Die Milch durchseihen. In einem frischen Topf die Butter zerlassen. Mehl einrühren, sodass eine gleichmäßige Masse entsteht, und 1 Minute anschwitzen. Vom Herd nehmen. Milch in kleinen Mengen mit dem Schneebesen einrühren, bis sie aufgebraucht ist. Topf wieder auf den Herd setzen und die Sauce noch einige Minuten sanft sprudelnd kochen lassen, dabei ständig rühren.

3. Petersilie einrühren, mit Salz und Pfeffer würzen.

Tomatensauce

Ohne dieses Basisrezept kommt kein Koch aus. Bei den Hackbällchen auf Seite 104 etwa oder dem Hackbraten auf Seite 219 ist eine gute Tomatensauce das A und O.

Für 6 Personen
Zubereitung: 1 Stunde

1 Zwiebel, geschält und fein gewürfelt

2 Knoblauchzehen, angedrückt, geschält und fein gehackt

3 EL Olivenöl

2 Dosen gehackte Tomaten (à 400 g)

1 rote Chilischote, Samen entfernt, gehackt (nach Belieben)

1 EL Rotweinessig

2 TL feiner Zucker

Meersalz

frisch gemahlener schwarzer Pfeffer

1. Zwiebel und Knoblauch im Öl 5 Minuten sanft anschwitzen, aber nicht bräunen. Tomaten und Chilischote, falls verwendet, dazugeben. Gut umrühren und 20 Minuten köcheln lassen, dabei häufig rühren.

2. Mit dem Stabmixer glatt pürieren. Essig, Zucker, Salz und Pfeffer untermischen. Wieder auf den Herd stellen und weitere 20 Minuten köcheln lassen, dabei häufig rühren. Die Sauce nach Bedarf mit etwas Wasser verdünnen.

3. Wenn Tomaten Saison haben, nehmen Sie statt Dosenware 1 kg frische Tomaten, die Sie enthäuten und hacken. (Zum Enthäuten die Tomaten kreuzweise einritzen und 30–40 Sekunden in kochendes Wasser geben. Abgießen und, sobald sie sich anfassen lassen, einfach die Schale abziehen.)

Die allerbeste Vinaigrette

Für eine große Gästeschar empfehle ich – auch im Interesse Ihres Budgets – Schweineschulter auf italienische Art (siehe Seite 275), dazu einen Salat sowie neue Kartoffeln, beides mit dieser Vinaigrette beträufelt. Bei mehr Bedarf verdoppeln Sie einfach die Zutatenmengen.

Für 6 Personen
Zubereitung: 15 Minuten

2 TL Dijon-Senf

1 Knoblauchzehe, angedrückt und geschält

2 TL feiner Zucker

2 EL Weißweinessig

6 EL natives Olivenöl extra

Meersalz

frisch gemahlener schwarzer Pfeffer

1. Senf, Knoblauch, Zucker und Essig in ein sauber gespültes Marmeladenglas geben. Verschließen und die Zutaten durch Schütteln gut vermischen.

2. Olivenöl sowie Salz und Pfeffer hinzufügen, Glas wieder verschließen. Schnell und kräftig schütteln, bis sich das Öl mit den übrigen Zutaten gleichmäßig verbunden hat.

3. Das Dressing im Kühlschrank aufbewahren. Vor der Verwendung erneut gründlich schütteln.

Yorkshire Pudding

Bereiten Sie diesen Klassiker der britischen Küche unbedingt in einer Form aus Metall zu, da es sich stärker erhitzt als jedes andere Material. Wichtig ist auch, dass die Form und das Fett beim Einfüllen der Masse ganz heiß sind.

Für 4 Personen
Zubereitung: 35 Minuten

110 g Mehl

2 Eier

300 ml Milch

Meersalz

frisch gemahlener schwarzer Pfeffer

2 EL Rindertalg oder Pflanzenöl

1. Backofen auf 200 °C vorheizen. Mehl, Eier, Milch, 50 ml Wasser, Salz und Pfeffer in den Mixer geben. Alles vermischen.

2. Rindertalg oder Pflanzenöl in eine metallene Kuchenform mit 23 cm Durchmesser oder in die einzelnen Mulden einer Muffinform aus Metall geben. 5 Minuten im Ofen erhitzen, anschließend das Fett gleichmäßig verstreichen.

3. Nochmals in den Ofen schieben, bis das Fett sehr stark erhitzt ist.

4. Vorsichtig den Teig in die heiße Form füllen. Auf der oberen Schiene im Ofen 25 Minuten backen, bis er locker aufgegangen, goldbraun und knusprig ist. Sofort servieren.

Brattemperaturen und -zeiten

	Temperatur °C		Garzeit	
	E-Herd	Umluft	Min./kg	Zusatzzeit (Min.)
Rindfleisch: beginnen mit	240	220	für die ersten 20 Min.	
Rindfleisch: reduzieren auf	190	170	30	
Kalbfleisch:	200	180	55	20
Lammfleisch:	210	190	55	
Schweinefleisch:	220	200	65	
Huhn:	200	180	40	20
Truthahn: weniger als 6 kg	220	200	30	
Truthahn: über 6 kg	200	180	35	
Ente:	210	190	45	
Gans:	210	190	55	
Perlhuhn:	210	190	35–40	
Fasan:	210	190	35–40	
Rebhuhn:	210	190	30	
Birkhuhn:	210	190	25	
Wachtel:	210	190	20	
Taube:	210	190	20	
Krickente:	210	190	20	
Stockente:	210	190	40	
Schinken:			40	

Hinweis: Die Zeitangaben zum Garen von Geflügel gelten für ungefüllte Tiere.

Küchentipps

Einen Braten binden

Das Binden eines gefüllten, gerollten Bratens mit Küchengarn verhindert, dass die Füllung beim Garen herausquillt. Zudem erhält er eine gleichmäßige Form und gart so perfekt.

1. Ein Stück Garn abspulen, das Ende des Bratens einmal quer umwickeln und auf der Oberseite einen doppelten Knoten machen – das freie Garnende sollte etwa 10 cm lang sein.

2. Das mit der Rolle verbundene Ende mit der rechten Hand senkrecht nach oben und über den gespreizten Zeige- und Mittelfinger der linken Hand, die vom Körper weg zeigt, wieder bis zur Arbeitsfläche hinunterziehen, dort mit dem Daumen festhalten: das Garn bildet ein umgekehrtes langes und schmales U.

3. Die linke Hand um 180 Grad nach links drehen, sodass sich die beiden Fäden zu einem X verkreuzen und eine Schlaufe entsteht. Diese um das noch nicht gebundene Bratenende legen und unter dem Braten weiterschieben, bis der Abstand zur ersten Wicklung etwa 3–5 cm beträgt. Das Garn festziehen.

4. Garn wieder nach oben ziehen und wie beschrieben Wicklung um Wicklung weiter verfahren, bis das Ende des Bratens erreicht ist.

5. Garn so abschneiden, dass das Reststück der Länge des Bratens plus einem größeren Zuschlag entspricht. Braten umdrehen. Garn um das Ende des Bratens auf die neue Oberseite führen und in Längsrichtung unter den Wicklungen hindurchziehen (dabei für mehr Halt nach Belieben um die Wicklungen herumschlingen).

6. Braten wieder umdrehen. Garnende nach oben führen und mit dem anderen Garnende verknoten.

Hinweis: Bevor Sie an der beschriebenen Technik verzweifeln, binden Sie den Braten mit einzelnen kurzen Garnabschnitten und machen beliebige Knoten. Selbst Schleifen tun es notfalls.

Geflügel tranchieren

Ein Huhn bietet weißes Fleisch (Brust) und auch das dunkle Fleisch der Ober- und Unterschenkel, das ich persönlich sehr viel schmackhafter finde. Achten Sie beim Tranchieren und Vorlegen darauf, dass jeder Gast von beidem probieren kann – beziehungsweise bekommt, was er besonders mag.

Grundsätzlich sollte Geflügel, nachdem es aus dem Ofen genommen wurde, 10 Minuten ruhen. Zum Tranchieren mit dem Rücken nach unten auf ein Schneidebrett legen. Eine Fleischgabel am Oberschenkel ansetzen. Mit einem gut geschärften Fleischmesser die Haut zwischen Keule und Brust durchtrennen, dann die Klinge weiter nach unten führen, um die ganze Keule so auszulösen, dass das ovale Fleischstück am Rückenknochen mit dem Oberschenkelgelenk verbunden bleibt.

Das Gelenk zwischen Ober- und Unterschenkel durchtrennen. Auf der zweiten Seite des Huhns genauso verfahren. Beide Flügel jeweils zusammen mit einer kleinen Scheibe des Brustfleischs auslösen. Somit haben Sie bisher sechs Stücke. Zuletzt das Brustfleisch in Längsrichtung in Scheiben schneiden.

Truthahn zerlegt man genauso wie Huhn. Da er aber größer ist, wird das Fleisch vom Ober- und Unterschenkel parallel zum Knochen in dünnen Scheiben abgeschnitten.

Ente und Gans (wie die Gebratene Michaelisgans rechts, Rezept Seite 116) werden ähnlich zerteilt. Denken Sie aber beim Vorlegen daran, dass das meiste Fleisch an der Brust sitzt, während Ober- und Unterschenkel eher wenig hergeben.

Knusprige Schwarte

Eine Grundvoraussetzung ist Schweinefleisch von hoher Qualität, das unter der Schwarte eine ordentliche Fettauflage aufweist. (Bei modernen Hybridschweinen ist das nicht der Fall.) Bitten Sie den Metzger, die Schwarte mit einem scharfen Messer sorgfältig einzuschneiden.

Um eine knusprige Schwarte zu erhalten, setzt man den Schweinebraten entweder gleich am Anfang hoher Hitze aus oder man macht dies ganz zuletzt. Beides funktioniert gleichermaßen, solange nur die Temperatur hoch genug ist, um das Fett zum Schmelzen zu bringen, das dann die Schwarte knusprig werden lässt.

Wenn der Braten zwar gar ist, die Schwarte aber noch nicht knusprig genug erscheint, diese einfach herunterschneiden und nochmals 15 Minuten in den Ofen geben. Inzwischen trinken Sie mit Ihren Gästen einen Gin Tonic als Aperitif, und danach erwartet Sie ein Knuspergenuss vom Feinsten.

Klein geschnittenes Fleisch schmoren

Les aus unserer Bäckerei nutzt diese geniale Methode, um das Fleisch für seine Schmorgerichte zu bräunen. Anstatt es portionsweise auf dem Herd anzubraten, können Sie es direkt in einem Bräter in etwas Öl wenden und dann im heißen Ofen anbräunen. Danach fügen Sie das Gemüse dazu und lassen es im Ofen weich werden.

Schließlich alle übrigen Zutaten dazugeben. Den Bräter mit Backpapier abdecken (ganz wichtig!) und mit Alufolie dicht verschließen. Das Gericht im Ofen fertig garen.

Diese Methode hat, wie ich finde, gleich mehrere Vorteile: Die Hitze, die auf das Fleisch einwirkt, ist gleichmäßiger. Außerdem bekommt es eine kräftigere Farbe, und man erhält eine überaus herzhafte Sauce. Man kann sogar noch einen Schritt weiter gehen: Das Gericht bereits am Vortag zubereiten, abkühlen lassen, über Nacht in den Kühlschrank stellen und am nächsten Tag im Ofen langsam erwärmen. Alle Schmorgerichte und Eintöpfe gewinnen dadurch enorm in puncto Geschmack und Konsistenz.

Schweinefleisch pökeln

Als Kühlgeräte noch keine Selbstverständlichkeit waren, mussten Bauern, wenn sie ein Schwein schlachteten, das Fleisch, das ihre Familie über den Winter bringen sollte, auf andere Weise konservieren. So wurde schon vor langer Zeit das Pökeln ersonnen. Grundsätzlich unterscheidet man das Nass- und das Trockenpökeln. Beide Verfahren verwenden Salz, Zucker und Gewürze.

Das Trockenpökeln eignet sich gut für Speckseiten, die ja nicht allzu dick sind, sodass das aufgetragene Salz bis in den Kern vordringen kann. Beim Einreiben dürfen keine Risse und Löcher ausgespart werden, denn das Salz entzieht dem Fleisch nicht nur Feuchtigkeit, sondern verhindert auch, dass sich Bakterien ansiedeln. Nach dem Pökeln wird das Fleisch bis zu seiner Verwendung an einem luftigen Ort aufgehängt.

Beim Nasspökeln legt man das Fleisch in eine Salzlake ein (siehe Rezept für selbst gepökelten Schinkenbraten auf Seite 146). Viele ziehen dieses Verfahren vor, da es weniger Aufwand und Fachkenntnis erfordert und entschieden weniger kostbares Fleisch verloren geht als beim Trockenpökeln.

Nass oder trocken gepökeltes Fleisch kann anschließend nach Belieben noch geräuchert werden und erhält so je nach verwendetem Holz eine besondere Note.

Je nach Land oder Region werden das Pökelsalz oder die Pökellake mit unterschiedlichen Gewürzen, Zuckersorten, Bieren oder Weinen angereichert. Die Liste möglicher Zutaten ist schier endlos, und es macht Spaß, eine ganz eigene Mischung zu entwickeln. Zum Experimentieren bietet sich das Rezept auf Seite 146 an.

The Ginger Pig – die Besetzung

Grange Farm
Tim Wilson: Farmer
Sue Armstrong: Haushälterin
Sarah Clubley: kümmert sich um die Tiere, außerdem eine gute Freundin
Alan Miller: Viehbetreuer und Farmhelfer
Arthur Ramage: Schäfermeister, Oberaufseher über die Tiere auf der Grange Farm
Ewan Ramage: Schäferlehrling
Lesley Ramage: betreut die Schafe und ist als Gärtnerin tätig

Blansby Farm
Johnny Hodgson: Viehbetreuer
Kevin Hodgson: betreut die Schweine, leitet die Blansby Farm (nicht mit Johnny verwandt)

Eastmoor
Mike Cleasby: betreut die Rinder, leitet Eastmoor
Richard Smith: Viehbetreuer

Büro auf der Grange Farm
Amy Fletcher: koordiniert die Metzgerkurse, nimmt Fleischbestellungen entgegen
David Harrison: Betriebsleiter und Tims rechte Hand
Nathalie Stockhill: Buchhaltung
Ian Welford: Buchhalter
Anne Wilson: Mitbegründerin

Metzger bei The Ginger Pig
Nick Askew
Andy Holmes
Mike Jenkins
Steve Triffitt

Bäcker bei The Ginger Pig
John Bowes: Bäckergehilfe
Les Bowes
Sandra Brown
Hester Forshaw
Julie Howe

Fahrer bei The Ginger Pig
Christian Baker
Buggy Battulga
John Welburn
Andy Woolcott: Transportmanager

Moxon Street
Jayne Charlesworth: leitet die Londoner Geschäfte
Erika Kaulokaite: Metzgerin
Scott McCarthy: Metzger
Vida Mikutiene
Arueuil Porter
Steve Smythe: Metzger

Borough Market
John Baron: Metzger
Thomas Pasternak: Wurstmacher
Charlie Shaw: Metzger

Hackney
Costih Dumitrache: Metzger
Daniel Dumitrache: Metzger (Bruder von Costih)

Waterloo
Thomas Aston: Metzger, leitet das Geschäft
Adam Brooks: Metzger

Metzgerkurse
Perry Bartlett: Metzger
Borut Kozelj: Metzger

Register

A
Äpfel:
    Gebratene Michaelisgans 116
    Gebratener Schweinerücken mit Zwiebeln und Äpfeln 297
    Schweinerollbraten mit Fenchelgewürz 147
Aprikosen, getrocknet:
    Gerollte Lammschulter mit sommerlicher Füllung 295
Asiatisches Rindercurry 131

B
Balsamico, Geschmorte Beinscheiben mit Zwiebelchen und 204
Beef Ribs American Style 250
Beinscheiben, geschmort, mit Zwiebelchen und Balsamico 204
Bohnen-Wurst-Eintopf, pikant 293
Brandy: Entenpastete mit Pistazien 259
Brot:
    Brotsauce 323
    Langsam gegarte Hammelkeule mit Petersilienkruste 162
Brühe:
    Hühnerbrühe 321
    Rinderbrühe 320
    Brühe von Geflügelklein 321
Burger:
    Der ultimative Sandwich-Burger 270
    Pikante Chili-Burger 111
    Rehfrikadellen auf getoastetem Ciabatta 144
Bürgermeisterstück kurz im Ofen gebraten 203
Bürgermeisterstück, geschmort 110

C
Ciabatta, Rehfrikadellen auf getoastetem 144
Cassoulet 198
Chili mit Rindfleisch und schwarzen Bohnen 290
Chili-Burger, pikant 111
Coq au vin 167
Curry, Asiatisches Rinder- 131

D
Deftig gefüllte Hähnchenkeulen 301
Deftige Kaninchen-Paella 109
Der ultimative Sandwich-Burger 270
Die allerbeste Vinaigrette 326
Duftende Lamm-Kebabs 197

E
Eier 100–101
    Scotch Eggs 277
    Toad in the hole 238
    Tortilla mit geräuchertem Schinken und Käse 291
    Yorkshire Pudding 326
Enten:
    Aylesbury 86
    Barbary 86
    Cassoulet 198
    Gressingham 86
    Krickente 84
    Moschusente 86
    Pekingente 86
    Rassen 86
    Stockente 84, 86
    Wildente 84
Entenfleisch:
    Entenkeulen mit Pflaumen in süß-saurer Sauce 316
    Entenkeulen mit Puy-Linsen 187
    Entenpastete mit Pistazien 259
    Gebratene Ente mit Kirschen 278
    tranchieren 328
    Wok-Ente mit grünem Gemüse 298
Erbsensuppe mit Eisbein 296

F
Fasan:
    Fasanentopf 151
    Wildpie 112–113
Fenchelsamen, Schweinerollbraten mit Fenchelgewürz 147
Festlicher Zitronen-Truthahnbraten 168
Filetsteak, königlich 237
Fladenbrot:
    Duftende Lamm-Kebabs 197
    Lammköfte vom Spieß 234
Fleisch:
    am Knochen 11
    auswählen 11
    lagern 11
    ruhen lassen 319
    Zubereitungsmethoden 11
Fleischdünnung vom Rind, gegrillt 130
Frühlingslamm, gebraten, mit Oregano 221
Frühlingspasta mit Sirloin-Steak 239

G
Gans 84–85
Gänsefleisch 84
    Cassoulet 198
    Fett 84
    Gebratene Michaelisgans 116
    tranchieren 328
Gebratene Ente mit Kirschen 278
Gebratene Michaelisgans 116
Gebratene Taubenbrust auf Blauschimmelkäse-Walnuss-Salat 314
Gebratener Schweinerücken mit Zwiebeln und Äpfeln 297
Gebratenes Frühlingslamm mit Oregano 221
Geflügel:
    Brühe aus Geflügelklein 321
    entbeinen 89
    free-range 78
    industrielle Aufzucht 73
    spatchcocking 89
    tranchieren 328
    zerlegen 89
Gegrillte Fleischdünnung vom Rind 130
Gekochter Rollschinken mit Petersiliensauce 253
Gelatine, selbstgemacht 113
Gelee:
    Quittengelee 322
    rotes Johannisbeergelee 322
Gepökeltes Rindfleisch (Salt beef) 182
Geräucherte Schweinshachse mit Petersilienpasta 124
Gerollte und gefüllte Lammbrust 255
Geschmorte Beinscheiben mit Zwiebelchen und Balsamico 204
Geschmorter Ochsenschwanz 166
Geschmortes Bürgermeisterstück 110
Geschmortes Rindfleisch auf mexikanische Art 150
Geschmortes Schweinefleisch mit Paprikasauce 242
Ginger-Pig-Pie „Bœuf bourguignon" 256

H
Hackbällchen in Tomatensauce 104
Hackbraten mit würziger Tomatensauce 219
Hähnchenbrust, pochiert, mit Nudeln in würziger Brühe 260
Hähnchenkeulen, deftig gefüllt 301
Hammelfleisch 60, 139
    auswählen 62
    Eigenschaften 62
    Lancashire Hot pot 184
    Langsam gegarte Hammelkeule mit Petersilienkruste 162
    Shepherd's Pie vom Hammel 149
Hammelkeule, langsam gegart, mit Petersilienkruste 162
Harissa 324
    Gegrillte Fleischdünnung vom Rind 130
Wildbret 94–95
    Alter 91
    Arten 94–95
Hochrippe aus dem Ofen 163
Huhn/Hühner:
    Araucaner 73, 80
    corn-fed 79
    Eierfarben 102
    Eigenschaften 80
    farm-fed 79
    free range 78
    Freedom Food 78
    French Maran, Eier 102
    industrielle Aufzucht 73
    Innereien 76
    Label 78–9
    Lagerung 76
    Leghorn 73, 80
    Maran 73, 74, 80
    Organic 78
    Red Tractor 78
    Rhode Island Red 73, 80, 101
    rupfen 79
    Schlachthähnchen 76
    Sussex 247
    Weiße Sussex 72, 73, 75, 80
    Welsumer 73–75, 80
    White Leghorn 74
Hühnerfleisch:
    auswählen 76
    Coq au vin 167
    Deftig gefüllte Hähnchenkeulen 301

Hackbraten mit würziger
   Tomatensauce 219
Huhn in Weißwein mit Steinpilzen 132
Hühnerbrühe 321
Hühnerschenkel mit Olivenfüllung 224
Hühner-Schinken-Pie „The Ginger
   Pig" 134
Jambalaya mit Huhn und Schinken 294
Marokkanisches Huhn mit eingelegten
   Zitronen 281
Pochierte Hähnchenbrust mit Nudeln in
   würziger Brühe 260
Stubenküken mit süßer Thai-Sauce 223
Tandoori-Hähnchenflügel 300
Teilstücke 81
Tims Brathuhn 152
tranchieren 328
Hühnerleber:
   Entenpastete mit Pistazien 259
   Hackbraten mit würziger
      Tomatensauce 219

I
Innereien:
   Huhn 76
   Brühe von Geflügelklein 321

J
Jambalaya mit Huhn und Schinken 294
Jambon persillé 276
Johannisbeergelee, rot 322

K
Kaninchen:
   Alter 91
   gezüchtet 92
   Wildkaninchen 92
   Zubereitung 94
Kaninchenfleisch:
   Kaninchen-Paella, deftig 109
Kapern: Lammschulter mit Kapern, Oliven
   und Koriandergrün 222
Kartoffelpfanne mit Schweinebratenresten
   und Ei 252
Käse:
   Geräucherte Schweinshachsen mit
      Petersilienpasta 124
   Gerollte und gefüllte Lammbrust 255
   Lamm-Moussaka 274
   Pikante Chili-Burger 111
   Stilton 36
   Tortilla mit geräuchertem Schinken und
      Käse 291
Kirschen, Gebratene Ente mit 278
Knoblauch:
   Die allerbeste Vinaigrette 326
   Harissa 324
   Salsa verde 324
   Schmetterlingskoteletts mit Knoblauch
      und Sardellen 273
Knochen:
   BSE 40
   entfernen 12
   Fleisch an 11
   Schmoren 330
Knuspriger Schweinebauch 142

Kohl:
   Gekochter Rollschinken mit
      Petersiliensauce 253
   Pot au feu 214
   Würziges pfannengerührtes
      Schweinefleisch 107
Königliches Filetsteak 237
Kurz gebratenes Onglet 271
Kurz gebratenes Rumpsteak auf Papaya-
   Sojasprossen-Salat 236

L
Lammfleisch:
   auswählen 62
   Bandbreite 57
   Bratenstücke aus der Schulter
      schneiden 70–71
   Cassoulet 198
   Duftende Lammkebabs 197
   Eigenschaften 62
   Gebratenes Frühlingslamm mit
      Oregano 221
   Gerollte Lammschulter mit sommerlicher
      Füllung 295
   Gerollte und gefüllte Lammbrust 255
   Lamm „Henrys" mit Bohnen 160
   Lammfilet auf römische Art 186
   Lammkarrees mit Minzekruste 232
   Lammköfte vom Spieß 234
   Lamm-Moussaka 274
   Lamm-Navarin 127
   Lamm-Pilaw, würzig 194
   Lammschulter mit Kapern, Oliven und
      Koriandergrün 222
   Lamm-Tagine 308
   Langsam gegarte Hammelkeule mit
      Petersilienkruste 162
   Langsam gegarte Lammschulter 128
   Saisonabhängigkeit 58
   Teilstücke 68–69
   Würziger Lamm-Pilaw 194
Lammen 211
Lammleber mit Salbei 183
Lammnieren in cremiger Rotweinsauce 196
Lancashire Hot pot 184
Langsam gegarte Hammelkeule mit
   Petersilienkruste 162
Langsam gegarte Lammschulter 128
Langsam gegarte Schweineschulter auf
   italienische Art 275
Lasagne 312
Lauch:
   Gekochter Rollschinken mit
      Petersiliensauce 253
   Geschmortes Bürgermeisterstück 110
   Hühnerbrühe 321
   Festlicher Zitronen-Truthahnbraten 168
   Brühe aus Geflügelklein 321
Limabohnen:
   Pikanter Bohnen-Wurst-Eintopf 293
   Wursteintopf mit Limabohnen 126

M
Marokkanisches Huhn mit eingelegten
   Zitronen 281
Meerrettichsauce 320

Messer 12
Michaelisgans, gebraten 116
Milch:
   Petersiliensauce 325
   Yorkshire Pudding 326
Minzsauce 323
Möhren:
   Brühe von Geflügelklein 321
   Fasanentopf 151
   Gekochter Rollschinken mit
      Petersiliensauce 253
   Geschmorter Ochsenschwanz 166
   Geschmortes Bürgermeisterstück 110
   Jambon persillé 276
   Knuspriger Schweinebauch 142
   Lamm-Navarin 127
   Lancashire Hot pot 184
   Langsam gegarte Hammelkeule mit
      Petersilienkruste 162
   Langsam gegarte Lammschulter 128
   Lasagne 312
   Pot au feu 214
   Rinderbrühe 320
   Schmetterlingskoteletts mit Knoblauch
      und Sardellen 273
   Shepherd's Pie vom Hammel 149
   Würziges pfannengerührtes
      Schweinefleisch 107
   Zarte Schweineschulter mit herzhaftem
      Gemüse 199
Nudeln, Pochierte Hähnchenbrust mit
   Nudeln in würziger Brühe 260

O
Ochsenschwanz, geschmort 166
Oliven:
   Festlicher Zitronen-Truthahnbraten 168
   Frühlingspasta mit Sirloin-Steak 239
   Hühnerschenkel mit Olivenfüllung 224
   Lammschulter mit Kapern, Oliven und
      Koriandergrün 222
   Marokkanisches Huhn mit eingelegten
      Zitronen 281
Onglet, kurz gebraten 271
Oregano, Deftige Kaninchen-Paella 109
Gebratenes Frühlingslamm mit 221

P
Paella, Deftige Kaninchen- 109
Papaya: Kurz gebratenes Rumpsteak auf
   Papaya-Sojasprossen-Salat 236
Paprika: Schweinefleisch, geschmort mit
   Paprikasauce 242
Pasta:
   Frühlingspasta mit Sirloin-Steak 239
   Geräucherte Schweinshachse mit
      Petersilienpasta 124
Pastete:
   Entenpastete mit Pistazien 259
   Ginger-Pig-Pie „Bœuf bourguignon" 256
   Hühner-Schinken-Pie „The Ginger
      Pig" 134
   Schweinefleischterrine mit Madeira 165
   Shepherd's Pie vom Hammel 149
   Wild-Pie 112–113

Perlhuhn:
   Perlhuhn „Mittelmeerart" 206
   Zitronen-Perlhuhn aus dem Ofen 135
   zubereiten 86
Petersiliensauce 325
Pfannengerührtes Schweinefleisch, würziges 107
Pflaumen: Entenkeulen mit Pflaumen in süß-saurer Sauce 316
Pikante Chili-Burger 111
Pikanter Bohnen-Wurst-Eintopf 293
Pilze:
   Coq au vin 167
   Entenkeulen mit Puy-Linsen 187
   Gerollte und gefüllte Lammbrust 255
   Geschmorte Beinscheiben mit Zwiebelchen und Balsamico 204
   Ginger-Pig-Pie „Bœuf bourguignon" 256
   Huhn in Weißwein mit Steinpilzen 132
   Lammnieren in cremiger Rotweinsauce 196
   Rinderrolle „Bogotá" 310
   Pochierte Hähnchenbrust mit Nudeln in würziger Brühe 260
Pot au feu 214

Q
Quittengelee 322

R
Rare Breeds Survival Trust 36
Raufußhuhn im Ofen gebraten 313
Rebhuhn ganz klassisch 114
Reh:
   Rehfrikadellen auf getoastetem Ciabatta 144
   Rehtopf mit Backpflaumen und eingelegten Walnüssen 280
Reis:
   Deftige Kaninchen-Paella 109
   Würziger Lamm-Pilaw 194
Rhabarber: Schweinefilet mit jungem Rhabarber 200
Rillettes vom Schwein 178
Rinderbrühe 320
Rindercarpaccio 311
Rindercurry, asiatisches 131
Rindfleisch:
   Asiatisches Rindercurry 131
   auswählen 44–46
   Beef Ribs American Style 250
   britisches 35
   Bullenfleisch 40
   Bürgermeisterstück kurz im Ofen gebraten 203
   Chili mit Rindfleisch und schwarzen Bohnen 290
   Cote du Bœuf vorbereiten 50–51
   Der ultimative Sandwich-Burger 270
   Frühlingspasta mit Sirloin-Steak 239
   Gepökeltes Rindfleisch (Salt beef) 182
   Geschmorte Beinscheiben mit Zwiebelchen und Balsamico 204
   Geschmortes Bürgermeisterstück 110
   Geschmortes Rindfleisch auf mexikanische Art 150
   Ginger-Pig-Pie „Bœuf bourguignon" 256
   Hackbällchen in Tomatensauce 104
   Hochrippe aus dem Ofen 163
   Königliches Filetsteak 237
   Kurz gebratenes Onglet 271
   Kurz gebratenes Rumpsteak auf Papaya-Sojasprossen-Salat 236
   Lasagne 312
   Pikante Chili-Burger 111
   Pot au feu 214
   reifen 43–44
   Rinderbrühe 320
   Rindercarpaccio 311
   Rinderrolle „Bogotá" 310
   Rinderschmorbraten mit Chili 258
   Rumpsteak mit Salsa verde 288
   Scharf gebratenes Rindfleisch auf knackigem Salat im Asia-Stil 268
   Schmortopf vom Rind mit Kräuterklößchen 181
   Steak tartare 216
   Steaks 52–54
   Teilstücke 46, 48–49
Rinder:
   aufziehen 38–39
   Belted Galloways 37–38, 42, 122, 230, 285–286
   Eigenschaften 42
   Fütterung 41
   Galloways 37–39, 42, 47, 122–123, 284, 304
   Herefords 36, 42
   Holstein Friesian 40
   Kalb 55
   kalben 230
   Lebensstationen 41
   Longhorns 34, 35–36, 42, 191–193, 230
   Longhorns 35
   Milchherde 38
   Milchvieh 38
   Murray Greys 38
   Rassen 35–38
   Red Devons 38
   Riggits 38, 42, 122–123, 230, 265–266
   schlachten 40–41
   Shorthorns 36, 42
   Westmorland 36
   White Galloway 39, 47
   Zucht 122–123
Rinderrolle „Bogotá" 310
Rinderschmorbraten mit Chili 258
Rollschinken, gekocht, mit Petersiliensauce 253
Rosinen:
   Jambalaya mit Huhn und Schinken 294
   Schmorbraten vom Schwein mit Rosinen auf spanische Art 106
Rotes Johannisbeergelee 322
Rumpsteak mit Salsa verde 288
Rumpsteak, kurz gebraten, auf Papaya-Sojasprossen-Salat 236

S
Salbei, Lammleber mit Salbei 183
Salsa verde 324
   Rumpsteak mit Salsa verde 288
Salt beef 182
Sandwich-Burger 270
Sardellen:
   Salsa verde 324
   Schmetterlingskoteletts mit Knoblauch und Sardellen 273
Saucen:
   Brotsauce 323
   Harissa 324
   Meerrettichsauce 320
   Minzsauce 323
   Petersiliensauce 325
   Tomatensauce 325
Sausage Rolls nach Art des Hauses 179
Schafe:
   Blackface 57–58, 65–66, 140, 211
   Bluefaced Leicesters 58, 66, 140
   Böcke kaufen 247–248
   Charollais 58, 66
   decken 122, 140–141
   Dorsets 56, 58, 61, 63–64, 66, 138–141, 174, 247–249
   Eigenschaften 66
   kommerzielle Schafzucht 58
   lammen 211, 213
   Lebensstadien 60, 65
   Muleschafe 58–59, 61–66, 122, 140
   scheren 249, 305
   schlachten 60
   Suffolks 58, 66
   Texel-Kreuzung 63, 246
   Texelschafe 58, 66
   traditionelle Haltung 57–58
   Wolle 60
   Zuchtkombinationen 65
Schalotten:
   Duftende Lamm-Kebabs 197
   Entenkeulen mit Puy-Linsen 187
   Geschmortes Schweinefleisch mit Paprikasauce 242
   Huhn in Weißwein mit Steinpilzen 132
   Lammnieren in cremiger Rotweinsauce 196
   Schmorbraten vom Schwein mit Rosinen auf spanische Art 106
Scharf gebratenes Rindfleisch auf knackigem Salat im Asia-Stil 268
Schinken:
   Erbsensuppe mit Eisbein 296
   Lasagne 312
   pökeln 28
   Schinkenbraten mit Senfkruste 220
   Schinkenbraten selbst gepökelt 146
   Schinkenstücke 28–29
   Tortilla mit geräuchertem Schinken und Käse 291
Schmetterlingskoteletts mit Knoblauch und Sardellen 273
Schmorbraten vom Schwein mit Rosinen auf spanische Art 106
Schmortopf vom Rind mit Kräuterklößchen 181
Schwarze Bohnen, Chili mit Rindfleisch und 290
Schweine:
   Aufzucht 229
   Berkshire 15–16, 21, 157–158, 229, 267

Eigenschaften 21
Ferkel 18, 229, 267
Fett 15
Futter 17
Gloucester Old Spot 15, 17, 20–21, 229
Holländische Landrasse 17
Kreuzungen 15
Large White/Yorkshire 17, 21
Lebensstationen 18
Lop 15, 17, 19, 21, 22
Plum Pudding/Oxford 15, 16, 21, 157, 229, 307
Rassen 15–17
Saddleback 15, 19–21
Schlachten 22
Tamworth 14–16, 21–22, 120–121, 229, 267, 307
Welsh 15, 21–22
Zerlegen 23
Schweinefleisch:
 auswählen 23–24
 Cassoulet 198
 Entenpastete mit Pistazien 259
 Fett, Rolle bei der Zubereitung 18
 Gebratene Michaelisgans 116
 Gebratener Schweinerücken mit Zwiebeln und Äpfeln 297
 Geräucherte Schweinshachse mit Petersilienpasta 124
 Geschmortes Schweinefleisch mit Paprikasauce 242
 Hackbraten mit würziger Tomatensauce 219
 Kartoffelpfanne mit Schweinebratenresten und Ei 252
 knusprige Schwarte 330
 Knuspriger Schweinebauch 142
 Langsam gegarte Schweineschulter auf italienische Art 275
 Lasagne 312
 pökeln 330
 Rillettes vom Schwein 178
 Saisonabhängigkeit 18
 Sausage Rolls nach Art des Hauses 179
 Schmorbraten vom Schwein mit Rosinen auf spanische Art 106
 Schweinefilet mit jungem Rhabarber 200
 Schweinefleischterrine mit Madeira 165
 Schweinekoteletts mit süß-würziger Zitrusmarinade 240
 Schweineelende entbeinen, füllen und rollen 30–31
 Schweinerollbraten mit Fenchelgewürz 147
 Schweineschulter auf peruanische Art 217
 Schweineschulter auslösen und aufrollen 30–33
 Scotch Eggs 277
 Spareribs 202
 Teilstücke 26–27
 Ungarisches Schweinegulasch 176
 Wildpastete 112–113
 Würziges pfannengerührtes Schweinefleisch 107

 Zarte Schweineschulter mit herzhaftem Gemüse 199
 Schweineleber, Schweinefleischterrine mit Madeira 165
Schweinsfüße:
 Jambon persillé 276
 Selbstgemachte Gelatine 113
Scotch Eggs 277
Selbstgemachte Gelatine 113
Shepherd's Pie vom Hammel 149
Sojasprossen:
 Kurz gebratenes Rumpsteak auf Papaya-Sojasprossen-Salat 236
 Rindfleisch, scharf gebraten, auf knackigem Salat im Asia-Stil 268
Spareribs 202
Spinat: Taube mit Spinatfüllung aus dem Ofen 205
Speck:
 Coq au vin 167
 Deftig gefüllte Hähnchenkeulen 301
 Gebratener Schweinerücken mit Zwiebeln und Äpfeln 297
 Ginger-Pig-Pie „Bœuf bourguignon" 256
 Hackbraten mit würziger Tomatensauce 219
 Lasagne 312
 Speckstücke 28
 Toad in the hole 238
 Wild-Pie 112
 Zitronen-Truthahnbraten, festlich 168
Steak siehe Rindfleisch
Steak tartare 216
Stubenküken mit süßer Thai-Sauce 223

T
Tandoori-Hähnchenflügel 300
Taube:
 Gebratene Taubenbrust auf Blauschimmelkäse-Walnuss-Salat 314
 Taube mit Spinatfüllung aus dem Ofen 205
 Wildpie 112–113
Tims Brathuhn 152
Toad in the hole 238
Tomatensauce 325
Tortilla mit geräuchertem Schinken und Käse 291
Truthahn, freilaufend 82
Truthahnfleisch:
 Festlicher Zitronen-Truthahnbraten 168
 tranchieren 328

U
Ungarisches Schweinegulasch 176

V
Vinaigrette, allerbeste 326

W
Wachteln, würzig 243
Walnüsse, Rehtopf mit Backpflaumen und eingelegten Walnüssen 280
Wein:
 Chili mit Rindfleisch und schwarzen Bohnen 290
 Coq au vin 167
 Entenkeulen mit Puy-Linsen 187

Festlicher Zitronen-Truthahnbraten 168
Gerollte und gefüllte Lammbrust 255
Geschmorter Ochsenschwanz 166
Geschmortes Rindfleisch auf mexikanische Art 150
Ginger-Pig-Pie „Bœuf bourguignon" 256
Hammelkeule, langsam gegart, mit Petersilienkruste 162
Huhn in Weißwein mit Steinpilzen 132
Lamm „Henrys" mit Bohnen 160
Lammfilet auf römische Art 186
Lammnieren in cremiger Rotweinsauce 196
Lammleber mit Salbei 183
Lamm-Moussaka 274
Lammschulter mit Kapern, Oliven und Koriandergrün 222
Lasagne 312
Perlhuhn „Mittelmeerart" 206
Pikanter Bohnen-Wurst-Eintopf 293
Rinderschmorbraten mit Chili 258
Schmortopf vom Rind mit Kräuterklößchen 181
Schweinefleischterrine mit Madeira 165
Shepherd's Pie vom Hammel 149
Wild 91–95
 Alter 91
 erlegen 91
 Wildgeflügel kaufen 91
Wildfleisch:
 Wild-Pie 112–113
Wok-Ente mit grünem Gemüse 298
Wurst und Wurstbrät:
 Cassoulet 198
 Deftig gefüllte Hähnchenkeulen 301
 Festlicher Zitronen-Truthahnbraten 168
 Pikanter Bohnen-Wurst-Eintopf 293
 Sausage Rolls nach Art des Hauses 179
 Toad in the hole 238
 Wursteintopf mit Limabohnen 126
 Wurstherstellung 230–231
Würzige Wachteln 243
Würziger Lamm-Pilaw 194
Würziges pfannengerührtes Schweinefleisch 107

Y
Yorkshire Pudding 326

Z
Zarte Schweineschulter mit herzhaftem Gemüse 199
Zitronen:
 Festlicher Zitronen-Truthahnbraten 168
 Lammköfte vom Spieß 234
 Langsam gegarte Schweineschulter auf italienische Art 275
 Marokkanisches Huhn mit eingelegten Zitronen 281
 Salsa verde 324
 Schweinekoteletts mit süß-würziger Zitrusmarinade 240
 Zitronen-Perlhuhn aus dem Ofen 135

DANK

Großer Dank gebührt all jenen, die an der Entstehung dieses besonderen Buchs beteiligt waren. An erster Stelle sei dabei Anna Powell genannt, die die Idee entwickelte, die Verleger dafür begeisterte und mir schließlich nach der Lektüre meines Manuskripts ebenso diplomatisch wie deutlich zu verstehen gab, wo ich noch feilen müsste. Anna, zusammen mit Michael Alcock und Francesca Barrie warst du mein unverzichtbarer Logik-Check. Dank auch an das Spitzenteam von Alcock and Johnson, die Tim und mich vertreten, und Glückwunsch an Anna zur Geburt ihres Babys Billy.

Allen bei Mitchell Beazley sei dafür gedankt, dass sie so vorbehaltlos an dieses Buch geglaubt haben, allen voran Becca Spry für ihre engagierte Beratung und Energie sowie Pene Parker für ihre unerschöpfliche Kreativität, mit der sie für das Buch ein Layout entwickelt hat, das voll und ganz zu The Ginger Pig passt. Unserer wunderbaren Fotografin Kristin Perers, deren klassischer und doch ganz eigener Stil das Flair der Farm auf diesen Seiten lebendig werden lässt und Bilder von den Zubereitungen entstehen ließ, die geradezu wie gemalt aussehen. Dank auch an Lucy Bannell, die das Lektorat mit unglaublicher Effizienz und Schnelligkeit über die Bühne brachte. An Joanne Wilson, die all meine Änderungen und Fehler geduldig hinnahm – es war stets ein Vergnügen, mit ihr zu telefonieren. An Tracey Smith für ihre gute Laune, ihr Adlerauge und ihr grenzenloses Engagement bis hin zu mancher Nachtsitzung oder Wochenendschicht mit Pene und Joanne. Unser Dank geht auch an unsere Herstellungsleiterin Katherine Hockley, ohne deren Erfahrung, Sorgfalt und Hingabe das Buch niemals so schön geraten wäre. Nicht zuletzt sei Sonja Edridge gedankt, die mir bei den Zubereitungen für die Food-Fotos half: meine Zauberfee, immer mit einem Lächeln auf den Lippen und jeden Tag mit einer anderen selbstgemachten Marmelade im Gepäck, die wir dann kosten durften. Ein Genuss, das kann ich dir versichern, mache ein Geschäft daraus! Wir sind absolut glücklich über dieses Team. Mehr Einsatz, Kompetenz und Bereitschaft, auf unsere Bitten und Ideen einzugehen, hätten wir uns nicht wünschen können.

Natürlich haben wir all denen zu danken, die sich bei The Ginger Pig um die Tiere und das Land kümmern, den Metzgern, Bäckern, Fahrern, Verkäufern in den Läden und, nicht zu vergessen, den Mitarbeitern im Büro, die das ganze Räderwerk am Laufen halten. Leute, ohne euch hätten wir nicht die Preise und Auszeichnungen erhalten, die wir inzwischen gemeinsam gesammelt haben!

Für die deutschsprachige Ausgabe dankt der Verlag dem Obermeister der Fleischerinnung Hamburg, Michael Durst, für die fachliche Unterstützung. Bei der Anpassung der britischen auf die in Deutschland übliche Zerlegungsweise war er eine unermessliche Hilfe.

Dank gilt auch den Kunden, die die Qualität unserer Erzeugnisse erkennen oder mit Eifer unsere Metzgerkurse besuchen. Hoffentlich haben Sie Spaß daran, durch dieses Buch nicht nur etwas über unsere Mitarbeiter und unsere prächtigen Tiere zu erfahren, sondern auch Ihr Wissen über Fleisch und seine Zubereitung zu erweitern. Zu guter Letzt ein hohes Lob auf die Tiere selbst, die wahren Helden dieses Buches! Denn ohne sie würde es The Ginger Pig nicht geben.

Deutsche Ausgabe
Verlagskoordination: Teresa Grenzmann, Christina Holona
Übersetzung: Jochen Stremmel (Seite 11–95),
Susanne Vogel (Seite 101–336)
Lektorat: Bettina Snowdon, www.bsnowdon.de
Satz: Johannes Steil, www.brotschrift.de

ISBN 978-3-8321-9403-1
www.dumont-buchverlag.de

Printed in China

© 2011 der deutschen Ausgabe
DuMont Buchverlag, Köln

Die englische Originalausgabe erscheint 2011 bei Mitchell Beazley, einem Imprint der Octopus Publishing Group Ltd.

© 2011 Text: Tim Wilson und Fran Warde

Alle Rechte vorbehalten

Herausgeber: Rebecca Spry
Art Director: Pene Parker
Fotografien: Kristin Perers
Design und Illustration: Pene Parker
Design-Assistenz: Freddie Villiers, Mark Kan
Produktion: Katherine Hockley
Lektorat: Joanne Wilson
Lektoratsleitung: Tracey Smith
Redaktion: Lucy Bannell